가장 쉬운 독학 LITE

NFT 첫걸음

가장 쉬운 독학 느프트 NFT 첫걸음

초판 인쇄 | 2023년 6월 1일
초판 발행 | 2023년 6월 12일

지은이 | 설로몬 · 배수현
발행인 | 김태웅
기획 | 김귀찬
편집 | 유난영
표지 디자인 | 남은혜
본문 디자인 | HADA DESIGN 장선숙
표지 일러스트 | 김동호
마케팅 | 나재승
제작 | 현대순

발행처 | (주)동양북스
등록 | 제 2014-000055호
주소 | 서울시 마포구 동교로22길 14 (04030)
구입 문의 | 전화 (02)337-1737 팩스 (02)334-6624
내용 문의 | 전화 (02)337-1763 이메일 dybooks2@gmail.com

ISBN 979-11-5768-929-3 13320

국가가 한 단계 성장하기 위한 필수 조건은 불필요한 사회적 비용을 낮추는 것이다. NFT는 현실 세상에서 벌어지는 비효율적인 과정들을 축소하고 머지않은 미래에 대다수의 증명들을 대체할 수 있을 것으로 기대한다.

앞으로 다가올 새로운 세상에 필수 불가결한 NFT를 이 책을 통해 한발 앞서 통찰하길 권한다.

— 국회의원 최승재(금융위원회, 국민의힘)

왜 우리는 알지도 못하는 것에 열광하는가? 6년 전 전 세계가 블록체인으로 들썩였지만 블록체인이나 암호화폐의 역할이 뭔지 정확하게 설명할 수 있는 사람들은 극소수에 불과했다. 급격한 가치상승이라는 치명적인 매력에 사로잡혀 스스로도 잘 이해하지 못하는 것들을 서로 간에 전파하는 기이한 현상이 여기저기서 나타났다.

그로부터 수년이 흘렀고 이제 블록체인은 일장춘몽이 아닌 이 시대가 요구하는 역할에 부합할 수 있는 성숙함을 내세워야 할 시기에 돌입했다. 이제 세상은 NFT를 주시하고 있다. 군중심리에 떠밀려 잘 알지도 못하는 것에 열광하는 다수가 되고 싶지 않은 독자들에게 이 책이 나침반이 되어 줄 것이다.

— 前 K-뱅크 은행장 이문환

새 술은 새 부대에 담아야 하듯 새로운 관심사는 새로운 입문서를 통해 그 막막함을 해소해야 한다. 이 책은 원숭이 그림이 왜 NFT의 대표적인 상징이 되었는지, 왜 금전적 가치가 매겨지는지 등 평소 궁금했던 부분들에 대해 잘 설명해 준다. NFT 입문서이지만 상위 개념인 블록체인에 대한 간략한 정의, 그리고 상호 연동되는 가상화폐와의 관계 역시 이해하기 쉽게 기술되어 있다.

— 前 하나카드 대표이사 장경훈

글을 읽지 못해 까막눈이 되는 시대는 끝났다. 하지만 현재 세상에서 단순히 문맹이 아니라고 까막눈이 아니라 단정할 수 있겠는가. 이제 우리는 인터넷으로 대표되는 3차 산업혁명을 지나 AI와 로봇으로 대표되는 4차 산업혁명 시대에 진입했다.

기득권자들이 이룩한 세상만이 무조건 진리라 우길 수 있는 시간이 과연 얼마나 남았을까. 암호화폐와 NFT를 투자 대상으로 바라보는 군중들의 욕망을 무작정 천박하다 단정 짓기에 앞서, 욕망을 걷어 낸 자리에 혹 우리의 미래가 존재하는 건 아닌지도 함께 통찰해 봐야 하지 않을까? 이 책으로 까막눈에서 벗어날 수 있다면 그대들은 어떻게 하겠는가.

— NFT 거래 플랫폼 "비스킷" 대표이사 이필립

"현재 우리의 세상은 가상현실일 가능성이 더 높다."

— 일론 머스크

"현재 우리의 세상은 가상현실일 가능성이 더 높다." 스티브잡스 이후 가장 혁신적인 기업의 CEO이자 리더로 평가받는 일론 머스크는 한 인터뷰를 통해 이런 충격적인 메시지를 던졌습니다. 자칫 몽상가처럼 느껴질 수도 있는 이 자극적인 발언을 조금만 더 자세히 들여다보면 훨씬 흥미로운 철학적 시사점을 발견할 수 있습니다. VR과 더불어 인공지능 AI의 발전이 가속화되고 뇌에 칩을 심어 사람의 두뇌를 컴퓨터화하는 연구들도 의미 있는 성과를 내고 있는 현시대의 발전 속도를 미래에 대입했을 때, 언젠가 인류가 완벽한 수준의 가상현실을 만들어 낼 것이라는 것이 마냥 비현실적인 꿈으로만 느껴지지는 않는다는 점입니다.

그런 예측을 전제로 일론 머스크는 "만약 우리가 살고 있는 지금 이 시대가 오히려 가상현실이 아니라면 우리 미래의 후손들은 발전을 멈췄다는 얘기다."라는 기발한 역발상으로 주장을 뒷받침합니다. 여러분이 일론 머스크의 얘기에 얼마나 공감할지는 개인에 따라 차이가 있겠지만 가상현실이라는 기술에 인류가 엄청난 돈과 시간을 투자하고 있고 나날이 발전 중이라는 사실에는 모두 공감하실 겁니다.

인간이 왜 현실 그 자체에 만족하지 않고, 비현실적으로 느껴지는 기술이나 미래에 많은 관심을 가지고 있는지에 대한 철학적 질문은 우선 뒤로하고, 이미 우리가 가고 있는 가상현실이 가져다줄 미래의 세상에 집중해 보려 합니다. 지난 몇 년간 메타버스라는 마케팅적인 용어가 널리 알려지면서 많은 사람들에게 가상현실이란 단어를 대체하는 고유명사처럼 사용되어지고 있습니다. 우리 자아가 완전히 다른 세상에 있다고 느껴지게 만드는 고전적인 의미의 가상현실과는 달리, 메타버스는 나의 또 다른 자아(부캐)를 생성하여 새로운 세상에서 활동하는 개념이 강합니다. 넓은 의미에서는 이미 십수 년간 서비스되고 있는 온라인게임의 세상도 메타버스의 범주에 포함될 수 있습니다.

하지만 미래의 메타버스는 게임처럼 유통기한이 짧은 형태가 아니라, 새로운 자아가 활동하는 가상의 공간이 보다 일상적이고, 영속적인 개념을 담고 있습니다. 개인의 몰입도에 따라 현실 세상보다 메타버스의 세상이 오히려 더 중요해질 수도 있다는 것입니다. 더 나아가 이런 메타버스의 세상 속에 태어나는 어린 아이들은 어릴 때부터 이 개념에 익숙해져 현실과 가상이라는 구분 자체를 구태라 느낄 수도 있습니다. 이렇게 가상현실이 우리의 일상에 녹아들게 되면 가상현실 속에서의 자산의 가치도 함께 높아질 것입니다. 온라인 게임 속 아이템의 개념이라 생각하면 이해하기 쉽습니다. 하지만 가상현실이 현실만큼 중요한 세상에서는 온라인 게임 아이템 이상의 체계가 필요할 것입니다. 특정 온라인 게임 안에서만 사용이 가능한 게임 아이템은 게임 밖에서는 거래를 제외한 어떤 형태의 기능과 가치도 없기 때문입니다.

가상현실 속 가상자산, 즉 디지털 자산이 특정 플랫폼 안에서만 종속되는 것이 아니라 범용적으로 가치를 인정받고 거래되기 위해서는 이를 위한 규칙과 판이 마련되어야 합니다. 마치 한 국가의 정부가 하는 역할처럼 모두가 신뢰할 수 있는 보증이 필요하죠. 하지만 각 국가에 따라 정부에 대한 신뢰도가 천차만별이듯 사람이 주도하는 시스템은 완전하지 않습니다. 그런데 사람이 운영하는 조직의 신뢰도에 내 소중한 재산을 의존하는 것이 아니라 특정 개인이나 집단에 좌지우지 되지 않는 거대한 시스템이 내 디지털 자산의 가치를 보증해 준다면 어떨까요?

여러분이 궁금해하는 NFT의 역할이 그런 것입니다. 가상현실에서 디지털 자산의 가치를 증명할 수 있고, 현실세상에서의 자산들에 대한 증명을 디지털로 안전하게 기록하는 데 활용될 수도 있습니다. 이제 왜 NFT가 미래의 기술 중 하나인지, 왜 우리는 NFT에 대해 반드시 알아야 하는지 조금은 공감하시나요? 지금부터 더 자세한 NFT의 이야기를 시작해 보고자 합니다.

제6강 NFT 정보와 러그풀

NFT란?

암호화폐를 통해 구현된 기술, 무한한 확장성을 보여 주는 블록
체인의 탄생은 산업혁명이라는 새 시대의 도래를 알렸습니다.
하지만 인류는 여기서 그치지 않고 예술 시장과 블록체인 생태
계를 결합하고 확장하기 위한 새로운 값을 찾기 시작했습니다.
모든 일에 인과관계가 존재하듯 NFT는 발전을 이룩하기 위한
인간들의 작은 호기심에서 출발했지만 현대에 들어서는 다방면
의 산업군에서 그 가치를 인정받으며 21세기 디지털 시대를 선
도하는 새로운 기회로 평가받고 있습니다.

01 ─ NFT란 무엇일까?

2022년 우크라이나와 러시아 사이에 전쟁이 발발하면서 전 세계는 큰 혼란에 빠지게 되었으며 그 여파는 오늘날까지도 이어지고 있습니다. 하지만 그 속에서도 '블록체인Blockchain', 그리고 '비트코인Bitcoin'과 '이더리움Ethereum'은 존재감을 높이고 있습니다. 현금 인출이 어려워진 난민들은 암호화폐를 후원받아 폴란드로 넘어가 비트코인 ATM을 통해 현금화하였고, 우크라이나 정부는 암호화폐 기부금을 지원받는다고 공식적으로 발표하며 지갑주소를 통해 많은 후원을 받았습니다. 하지

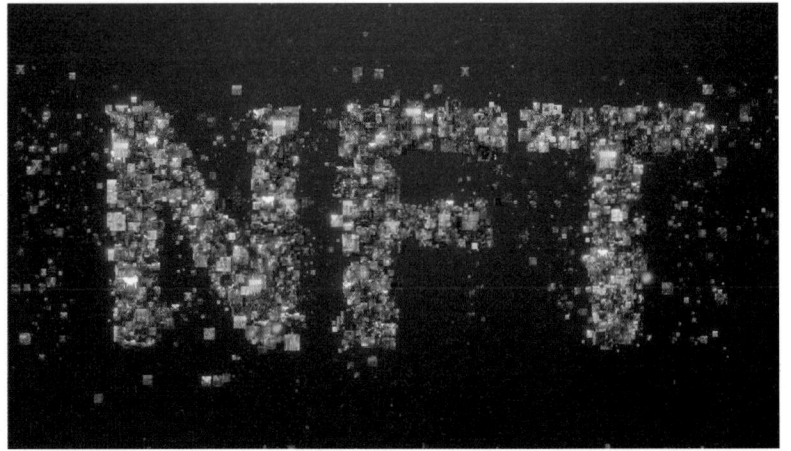

○ 이미 우리는 NFT 시장을 경험하고 있습니다.

만 기부금이 암호화폐, 그 자체로만 이루어진 것은 아니었습니다. 블록체인, 암호화폐와 더불어 가치를 인정받은 'NFT'도 기부 목록의 한 축을 담당하였습니다. 또한 우크라이나는 군비를 마련하기 위해 NFT를 직접 발행하기도 했는데 자금 확보를 위해서만이 아닌 현재 벌어진 일을 다른 국가에서 기억하게 만들기 위함이라고 밝혔습니다. NFT가 무엇이길래 이런 말까지 한 것일까요?

NFT 시장은 가히 상상을 초월합니다.

익살스러운 원숭이가 그려진 단순한 그림이 희소가치를 인정받아 몇 억에 거래되고 심드렁한 표정을 짓고 있는 아이의 사진을 NFT로 판매하여 돈방석에 앉은 한 아버지의 일화는 많은 이들의 이목을 끌기에 충분했습니다.

사람에 따라 보는 시각과 가치의 평가에는 차이가 있지만 NFT가 미래의 먹거리로 거론되며 새로운 기회를 창출하고 있다는 것에는 변함이 없습니다. 이제는 내로라하는 대기업에서도 NFT를 발행하거나 이를 활용하여 기업 특수를 노린다는 소식도 심심치 않게 들려올 정도니 말입니다.

이들은 도대체 왜!? 단순해 보이는 원숭이 그림에 이토록 열광하는 걸까요?

대체불가토큰

NFT는 '대체불가토큰Non-Fungible Token, 상호 간 대체할 수 없는 토큰'이라는 뜻의 약자로 블록체인에 저장되어 있는 데이터를 말합니다. 하지만 간단한 사전적 정의만으로는 NFT가 어떤 녀석인지 이해하기가 쉽지 않을 것입니다.

우리는 NFT를 실생활에서 사용되는 티켓에 대입하여 생각해 볼 수 있습니다. 당신과 친구가 BTS의 콘서트 티켓을 구매한다고 가정해

○ 동일한 가격의 티켓도 좌석에 따라 가치는 다릅니다.

봅시다. 운이 좋게 티켓팅에 성공하여 각각 1장씩 구매할 수 있었습니다. 구매한 티켓을 서로 비교해 봤을 때 우린 NFT의 성격을 엿볼 수 있습니다.

티켓 2장은 BTS 콘서트라는 주제 이외에 일련번호, 좌석, 티켓을 구매한 시간, 구입한 사람 등 모든 정보가 동일하지 않습니다. 즉 티켓 한 장이 발행되면서부터 고유한 성격을 가지기 때문에 동일권은 존재할 수가 없습니다. 특히 중고 거래나 암표상을 통해 일정 금액을 지불하여 판매 및 구매를 할 수는 있어도 티켓마다 등록된 정보가 다르기 때문에 가치의 차이가 생길 수밖에 없습니다.

NFT도 마찬가지입니다. 발행하는 NFT의 주제나 외형은 비슷해 보일지 몰라도 토큰의 발행 번호나 생성 시간, 특징들이 모두 달라 각 NFT 토큰마다 고유한 성격을 지닙니다. 그렇기 때문에 동일한 가치를 지닌 NFT는 존재하지 않게 됩니다.

당신이 소유한 현금 10,000원과 친구가 소유한 현금 10,000원은 성격과 가치가 동일하고 상호 교환을 해도 사실상 교환이 발생하지 않은 것과 마찬가지기 때문에 대체가 가능하지만, 정보가 특정되어 각각의 가치가 다른 NFT는 상호 교환이 불가능하기 때문에 대체할 수가 없습니다.

🦉 짤 · 막 · 상 · 식

── NFT 블록체인 ──

NFT를 발행하는 블록체인 네트워크는 가장 잘 알려진 이더리움(Ethereum), 솔라나(Solana), 폴리곤(Polygon), 그리고 메타콩즈의 기반이 된 한국 블록체인 클레이튼(Klaytn) 등이 있지만 사실 제일 처음 발행에 사용된 블록체인은 네임코인(Namecoin)입니다.

○ 네임코인은 탈중앙화된 인터넷 도메인 이름(DNS)과 인프라 발전을 위해 개발되었습니다.

NFT만의 특징

NFT는 다양한 특징이 결합되어 탄생한 새로운 자산으로, 형태를 가리지 않고 토큰화시켜 효율적인 사용을 가능케 한다는 특징을 지니고 있습니다. 특히 디지털 자산이라고 평가받는 NFT에는 모든 장점을 극대화할 수 있는 '3가지 요소'가 존재합니다. 고유한 성질을 유지하는 '고유성', 작품마다 부여되는 '희소성' 그리고 명확한 증명이 가능한 '소유성(권)'이 핵심입니다.

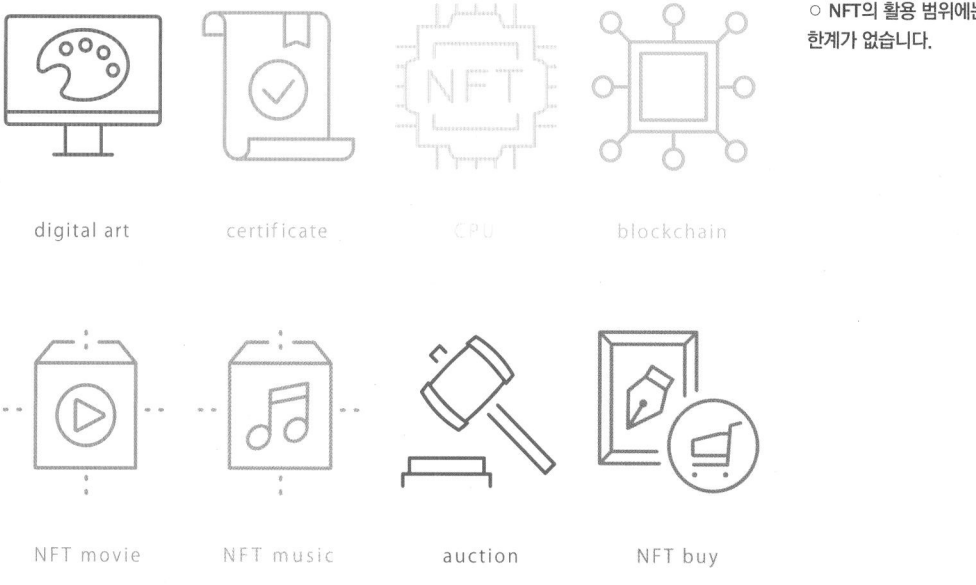

○ NFT의 활용 범위에는 한계가 없습니다.

digital art   certificate   CPU   blockchain

NFT movie   NFT music   auction   NFT buy

NFT의 3가지 요소

1. 고유성

어떠한 파일이나 작품, 자산을 NFT화시키면 제작자, 발행 일시, 거래 내역, 특성과 같은 세부 정보들이 특정되고 누구도 해당 기록을 위·변조할 수 없도록 블록체인에 영구적으로 저장되기 때문에 각각의 가치를 지닌 '고유성'을 가질 수 있습니다.

○ 희소성에 의한 가치는
발행량이나 발행일, 일련번호,
스타일, 특성에 따라서
변화하기도 합니다.

2. 희소성

인터넷을 통해 사진을 업로드하면 무단으로 사용하거나 복사가 가능
하기 때문에 사실상 가치가 없다고 할 수 있습니다. 하지만 NFT화된
사진의 경우 고유성을 지니기 때문에 세상에 단 하나밖에 없는 작품으
로 탄생하게 되며 그 결과 모든 NFT에는 '희소성'이 따라오게 됩니다.
만약 동일한 사진을 다시 NFT화시켜도 각각의 고유성을 지닌 NFT
의 특성상 다른 NFT 사진으로 탄생하는 것입니다.

3. 소유성(권)

NFT의 바탕은 블록체인이고 모든 내역은 저장됩니다. 위·변조는 불

○ NBA 스타 르브론 제임스
NFT 중 일련번호 23번은
등번호와 같아 억 단위에
거래되었습니다.

가능하지만 언제 어디서든 간단하게 모든 내역을 추적할 수 있기 때문에 원본의 증명은 물론 현재 소유하고 있는 사람이 누구인지 확인할 수 있는 '소유성(권)'을 보장받을 수 있습니다.

짤 막 상 식

대체가능토큰(Fungible Token)?

대체가능토큰(Fungible Token)은 상호작용을 통해 대체할 수 있는 토큰, 즉 비트코인이나 이더리움과 같은 암호화폐를 말합니다. 본인이 보유한 1BTC와 친구의 1BTC는 서로 동일한 가치를 지니고 교환한다 해도 가치가 변하지 않기 때문에 서로가 서로를 대체할 수 있습니다.

왜 NFT인가?

NFT는 예술가의 시각을 통해 시장의 불합리함을 타파하고 발전시키기 위해 첫걸음을 내디뎠지만 현재는 예술 시장뿐만 아니라 엔터테인먼트, 게임, 부동산, 스포츠 등 다양한 분야에서 통용되고 있습니다.

특히 제한이 없기 때문에 직접 촬영한 사진이나 동영상, 그림, 음악, 게임 심지어는 직접 메모한 글자조차 NFT화시킬 수 있고 작품으로서의 가치를 부여할 수 있습니다.

○ NFT 시장 러시는 이제 막 시작일 뿐입니다.

최근에는 NFT가 메타버스, AI, Web3와 같은 미래 산업 분야에서 핵심 키워드로 손꼽힐 만큼 각광받고 있으며 다양한 비즈니스 모델까지 속속 등장하면서 자신의 가치를 증명해 내고 있습니다.

NFT 시장의 대중화를 이끌었다고 평가받는 원숭이 그림 B.A.Y.C Bored Ape Yacht Club의 경우 참여하는 사람들이 늘어날수록 가치가 커진다는 시장의 원리를 그대로 반영하여 구매자들에게 지적재산권IP을 부여했습니다. 즉 지적재산권 부여라는 메리트를 기반으로 시장 진입을 독려하였고 그 결과 가치는 상상을 초월할 정도로 상승했습니다. 특히 상업적 사용을 허용하는 지적재산권 부여로 인해 BAYC NFT 보유자들은 부가적인 수익 창출까지 가능하여 지속적인 가격 유지를 가능케 하였고, 이는 새로운 비즈니스 모델을 제공하였다는 평가를 받고 있습니다.

물론 NFT는 해법을 제공하는 프로젝트들이 지속적으로 탄생하고 있지만 그에 반해 아직 초창기 시장의 불완전 요소를 해소하지는 못했다는 평가를 받고 있습니다. 그렇다 보니 표준적으로 정립되지 않은 부

○ 각국의 부처에서는 이미 NFT에 대한 논의를 이어가고 있습니다.

분은 물론 '법률적인 문제', '국가적 규제'라는 꼬리표가 뒤따르고 있는 게 사실입니다.

하지만 세계 여러 국가에서는 NFT를 자산으로 인정하고 정부가 직접 나서 대안을 마련하고 있는 추세이며, 지적받고 있는 문제점들은 점차적으로 해결되어 안정화를 이룰 것으로 예측되고 있습니다.

NFT의 문제점은 무엇일까?

현시점에서 가장 큰 혼란을 주는 것은 소유권과 저작권에 대한 경계입니다. 어떠한 저작물을 독점적으로 사용하거나 남에게 사용을 허락할 수 있는 권리를 말하는 저작권은 NFT 생태계에서 큰 혼란을 야기하기도 합니다. NFT를 구매하였다는 것은 저작물을 소유하고 있다는 것을 증명하는 '소유권'을 확보하는 것이지 '저작권'까지 얻게 되는 것은 아니기 때문입니다. 특히 NFT를 발행하는 과정에서 원작자의 허락 없이 무단으로 제작을 하여 저작권을 침해할 수도 있고 이 같은 사실을 모르는 사람들이 직접 구매하여 피해자가 될 가능성도 존재합니다.

다만 위에서 언급했던 BAYC 같은 프로젝트는 저작권이 아닌 지적재산권을 부여하여 저작권 문제에서 비교적 자유롭고 법적 문제가 일어날 확률이 매우 낮으며 이를 시작으로 지적재산권을 부여하는 프로젝트들이 늘어나고 있다는 것은 매우 긍정적인 시장의 변화가 아닐 수 없습니다.

저작권과 소유권의 테두리 내에서 법률적으로 미흡한 부분이 있는 것은 사실이지만 국내에서는 이 같은 문제와 피해자 발생을 막기 위해 각 부처와의 협의를 통해 가이드라인을 제작하여 배포하였고 앞으로도 꾸준히 문제점을 보완하기 위해 노력하겠다고 밝히기도 했습니다.

예술 시장에서 바라본 NFT

오프라인 경매, 온라인 경매 시스템을 거치면서 다양한 문제의 갈림길에 놓인 예술 시장은 NFT를 만나며 또 한 번 진화하게 됩니다. NFT를 활용하여 탄생한 예술 작품은 진위 여부를 판단하기에 수월했고 블록체인을 기반으로 시장의 투명성이 보장되면서 낮아진 허들을 통해 일반 대중들도 유입되기 시작했습니다. 특히 코로나 팬데믹 사태로 인해 비대면 시대가 도래하면서 예술 산업 분야에서는 온라인 시장을 겨냥하여 NFT 시장을 노크하고 있습니다.

시장 진입 자체가 어렵던 신진 작가들은 NFT를 주목합니다. 이미 이름이 잘 알려진 작가나 유명 셀럽들이 아니라면 시장 진입은 물론 작

품을 알리는 것조차 쉽지 않았지만, NFT의 등장으로 인해 등용이 어려운 신진 작가들의 새로운 진입 활로가 개척되었고 누구나 참여 가능하다는 특징으로 인해 새로운 기회의 장으로 자리 잡았습니다.

개인과 개인의 거래가 가능한 간편한 시스템도 한몫합니다. 기존의 거래 시스템은 전문 업체나 협회를 이용해야 하는 번거로움이 존재하였고 작품의 수도 생각보다 많지 않기 때문에 제한된 작품을 구매해야 하는 아쉬움이 있었습니다. 하지만 이제는 장소나 시간 제약 없이 NFT 전문 마켓을 통해 작품을 거래할 수 있으며 다양한 작가들의 진입도 늘어나다 보니 다양한 작품들이 꾸준히 발행되어 시장의 규모는 점차 커지고 있습니다.

또한 업체의 수수료, 부가세 등 추가되는 금액이 생각보다 많은 것은 구매자들에게는 부담을 안겨줬지만 결과적으로는 제3자의 개입이 최소화되어 무분별한 수수료의 추가 지출 비용이 크게 줄어들게 되었습니다.

밈도 수익화하는 시대

재앙의 소녀Disaster girl

2005년 노스캐롤라이나주에 거주하던 4살 여자아이 조이 로스Zoë Roth
는 이웃집에 불이 난 것을 보고 확인 차 밖으로 나왔습니다. 아마추어 사
진작가였던 아버지는 불이 난 집을 배경으로 딸 조이를 사진에 담았고
웃음기 띤 얼굴로 인해 인터넷상에서는 '재앙의 소녀Disaster girl'라는 이
름이 붙으면서 각종 사건 사고에 합성되는 밈Meme으로 자리 잡았습니
다. 이후 해당 사진은 NFT로 제작되었으며 경매를 통해 180ETH에 판
매되면서 5억 원이 넘는 큰 수익을 올렸습니다.

찰리가 또 내 손가락을 물었어Charlie bit my finger – again!

2007년 유튜브에는 "찰리가 또 내 손가락을 물었어!"라는 제목의 영상이
업로드 되었는데, 1살의 어린 동생 찰리가 3살의 형 해리의 손가락을 물
자 해리는 찰리가 내 손가락을 물었다고 말하는 단순한 영상입니다. 이
영상은 2021년 기준으로 8억 뷰를 돌파했으며 NFT화된 영상은 경매를
통해 8억 원 이상의 수익을 올렸습니다.

도지 주인공 시바견

도지 코인의 주인공 도지밈 사진도 NFT화되어 판매되었습니다.
해당 도지밈을 판매한 사람은 도지 코인의 실제 주인공인 시바견의 주인
으로 2010년 블로그에 올린 시바견 사진이 점차 확산되면서 밈으로 발
전했다고 알려졌습니다. 시바견 NFT는 온라인 경매를 통해 1,696ETH
에 판매되어 약 45억 원 이상의 수익을 올렸습니다.

02 NFT와 블록체인

NFT의 시작, 블록체인

4차 산업혁명의 중심이 되는 기술로 잠재력을 인정받은 블록체인은 익명의 인물 사토시가 개발한 비트코인을 통해 문제점을 해결하고 실제 구현을 가능케 했습니다. NFT 생태계에서 바라보는 블록체인은 없어서는 안 될 매개체이자 핵심 기술이 아닐 수 없습니다.

세계에서 가장 많은 사용자를 보유한 '인스타그램Instagram'이나 '페이스북Facebook'과 같은 SNS는 대기업이라는 후광 아래 사용자들의 신

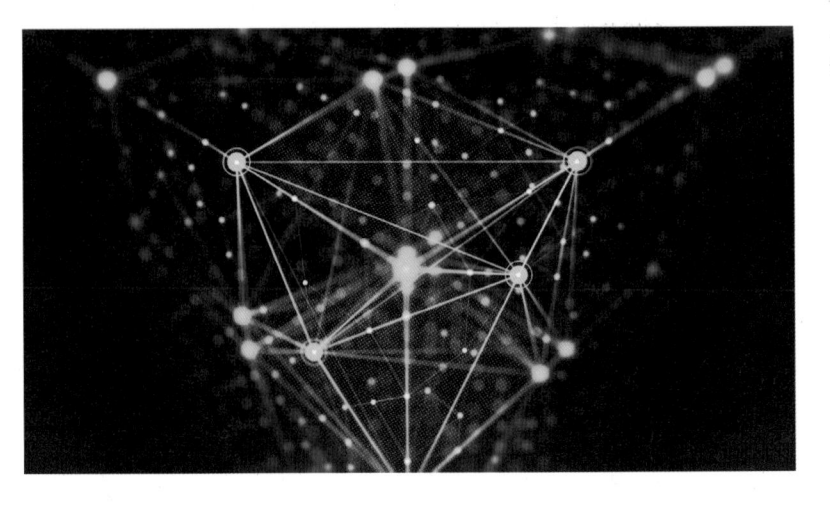

○ 생태계의 핵심 기술로 평가 받는 블록체인

뢰가 뒷받침되어 서비스를 제공하고 있습니다. 이런 기업에서는 중앙 집중식의 중앙 서버를 사용하며 해당 서버가 해킹을 당한다면 사용자들의 정보가 유출되는 것은 시간 문제일 것입니다. 하지만 많은 사용자들을 보유하고 있는 SNS에 블록체인이 적용된다면 어떻게 될까요? 블록체인이 각광받는 데에는 어떤 이유가 있는 것일까요?

간단히 알아보는 블록체인

블록체인 네트워크에서 블록은 내부에 블록의 높이, 생성 날짜, 거래내역 등의 각종 데이터가 기록됨과 동시에 생성됩니다. 새롭게 생성된 블록과 이전에 생성된 블록이 체인처럼 꾸준하게 연결되어 네트워크를 구성하기 때문에 블록체인이라는 이름이 붙여졌습니다.

블록체인 네트워크는 노드Node라고 불리는 수많은 참여자들에 의해 유지되는데, 데이터 전송 시 모든 노드들에게 전파되어 분산 저장되

◗ 짤 막 상 식 ◖

노드(Node)?

노드는 블록체인 네트워크를 생성하고 구성하는 참여자들로 컴퓨터를 통해 클라이언트를 다운로드해 데이터를 동기화시키는 것을 기본으로 합니다. 크게 2가지로 분류하자면 수십 기가(GB)에 이르는 모든 데이터를 보유하고 있는 '풀 노드(Full node)'와 채굴을 중점적으로 진행하는 '채굴 노드(Mining node)'로 나눌 수 있습니다.

특히 블록체인은 중앙집권적으로 운영되고 있는 기존의 데이터 처리 시스템과는 매우 상반된 메커니즘이지만 누구든지 해당 정보를 확인할 수 있다는 것을 바탕으로 매우 공정하고 투명하게 운영됩니다. 또 모든 노드가 데이터를 저장하고 있기 때문에 중앙 서버만 해킹하면 무력화되는 시스템과 달리 네트워크의 과반수 노드를 한 번에 해킹해야 한다는 전제가 붙어 상대적으로 해킹에 안전합니다.

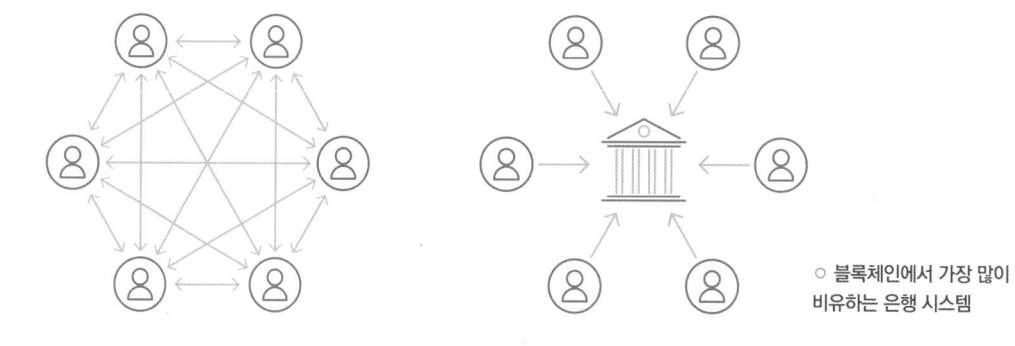

○ 블록체인에서 가장 많이 비유하는 은행 시스템

고 서로 교차 비교해 가면서 데이터를 검증하여 위조와 변조를 막습니다. 검증된 데이터만 암호화되어 블록체인에 기록되기 때문에 일종의 분산 장부 시스템으로도 부릅니다.

비트코인과 이더리움

블록체인에 대한 이론은 이미 존재했지만 몇 가지의 문제점으로 구현하기에는 어려움이 있었습니다. 그중 가장 해결하기 어려운 문제는 "비잔틴 장군 문제Byzantine Fault Tolerance"입니다. 이름만 들었을 때에는 어렵다고 생각할 수 있지만 쉽게 말해 의사소통 문제로 비유를 하여 블록체인 네트워크에 해커와 같은 악성 참여자가 존재했을 때 어떻게 합의에 도달하고 거래를 확정할 수 있냐는 것입니다.

간단히 알아보는 비트코인

2008년 공개한 익명의 개발자(혹은 팀) 사토시 나카모토Satoshi Nakamoto는 "Bitcoin: A Peer-to-Peer Electronic Cash System"이라는 논문을 통해 비트코인으로 문제를 해결하고 블록체인을 사용하는 방법을 설명했습니다.

Bitcoin: A Peer-to-Peer Electronic Cash System

Satoshi Nakamoto
satoshin@gmx.com
www.bitcoin.org

Abstract. A purely peer-to-peer version of electronic cash would allow online payments to be sent directly from one party to another without going through a financial institution. Digital signatures provide part of the solution, but the main benefits are lost if a trusted third party is still required to prevent double-spending. We propose a solution to the double-spending problem using a peer-to-peer network. The network timestamps transactions by hashing them into an ongoing chain of hash-based proof-of-work, forming a record that cannot be changed without redoing the proof-of-work. The longest chain not only serves as proof of the sequence of events

사토시는 "작업 증명Proof of Work" 방식을 적용하여 네트워크 참여자 중 과반수가 합의해야 기록이 작성(블록 연결)되는 방식을 선택했습니다. 말 그대로 네트워크 참가자들은 하드웨어 기기를 사용하여 일종의 수학 문제를 풀게 되는 작업을 진행하고 가장 먼저 해답을 찾은 참가자에게는 블록 생성 권한이 주어집니다. 다른 참여자들은 이전 블록 기록과 대조하여 데이터의 정당성을 검증하고, 과반수의 참여자가 정당하다고 판단하면 블록이 체인 형식으로 이어지고 비트코인 보상이 전달됩니다.

○ 암호화폐 채굴은 일종의 수학 문제를 푸는 것과 같습니다.

비잔틴 장군 문제

비잔틴 장군 문제Byzantine Fault Tolerance

비잔틴의 장군 5명이 부대를 이끌고 A라는 지역을 공격한다고 가정해 봅시다. 이 장군들은 한날한시 같은 지점을 공격해야 하지만 서로의 거리가 너무 멀어 공격 시간을 작성한 전략 문서를 순차적으로 전달해야 합니다.

첫 번째 장군이 "내일 오후 2시 공격 시작"이라는 내용의 전략을 문서로 작성하여 두 번째 장군에게 전달하였고 두 번째, 세 번째 장군 역시 해당 문서에 동일한 내용을 작성하여 네 번째 장군에게 전달합니다. 하지만 네 번째 장군은 배신자였고 "내일 오후 5시 공격 시작"이라고 메시지를 수정하여 다섯 번째 장군에게 전달합니다.

다섯 번째 장군은 가짜 메시지를 받고 공격에 나서지 않았으며 해당 전략을 실패하게 됩니다. 이런 비잔틴 장군 문제는 1982년 컴퓨터 과학자 레슬리 램포트Leslie Lamport, 로버트 쇼스탁Robert Shostak, 마샬 피스Marshall Pease가 논문에서 처음 언급하였으며 어떠한 시스템에서 일어나는 악의적 상황 속에서 어떻게 신뢰 가능한 결과를 도출하는지에 대한 문제를 말하고 있습니다.

○ 비잔틴 장군 문제라는 이야기를 통해 문제를 파악하고 해결합니다.

비트코인을 이야기할 때 비잔틴 장군 문제가 빠지지 않는 이유는 비트코인은 '작업 증명Proof of Work'이라는 합의 알고리즘 방식을 통해 문제를 해결한다고 말하고 있기 때문입니다.

비잔틴 장군 문제를 해결한 비트코인

위에서 이야기한 비잔틴 장군 문제를 비트코인 블록체인에 적용한다면 아래와 같습니다. 예를 들어 네트워크를 구성하는 노드(참여자)의 수가 100명이라고 가정해 보겠습니다.

비트코인은 정보를 보유하고 있는 노드(참여자)가 과반수를 넘어가면 진짜 정보라고 판단하여 합의하고 새롭게 생성된 블록을 연결하게 됩니다. 즉, 블록체인을 무용지물로 만들기 위해서는 과반수에 해당하는 51명의 노드(참여자)를 해킹해야 합니다. 또한 비트코인 블록체인은 평균적으로 10분에 1개의 블록을 생성하기 때문에 새로운 블록이 생성되어 데이터 값이 바뀌기 전인 10분 안에 51명의 노드(참여자)를 해킹해야 한다는 결론에 도달하게 됩니다.

이는 이론적으로 불가능하며 10~15년 후 개발될 가능성이 있다는 '양자 컴퓨터'의 수준이라면 블록체인을 무력화시킬 수 있다고 알려져 있지만, 블록체인의 수준도 현재에 머물러 있지는 않을 것이기 때문에 이마저도 긍정적으로 보기는 어렵습니다.

문제를 푸는 작업을 채굴Mining, 데이터를 전파하는 참여자를 노드Node, 작업을 진행하는 참여자를 채굴자Miner라고 칭합니다. 하지만 초창기와 달리 비트코인 데이터가 거대해지면서 개인 PC를 이용하여 노드에 참가하기보다는 대형 채굴자들이 채굴자 겸 노드를 겸하고 있습니다.

사토시는 위와 같은 방식을 서술함과 동시에 중앙은행 시스템과 같이 특정 기관, 특정 인물의 개입 없이 누구나 쉽고 빠른 거래가 가능하도록 하는 것을 목표로 하였으며, 논문 공개와 동시에 현대 사회의 중앙화된 은행, 통화, 금융 시스템에 신랄한 비판을 남겼습니다.

사토시가 혁명으로 남은 것은 블록체인을 실제로 구현했기 때문입니다.

짤·막·상·식

중국의 채굴왕

컴퓨터와 그래픽카드를 이용한 채굴이 보편적이었던 암호화폐 시장에서 ASIC 채굴기의 탄생은 가히 혁명적이었습니다. 중국인 우지한은 중국과학기술원 출신의 잔커퇀과 함께 반도체를 이용한 고성능 비트코인 전용 채굴기 ASIC 개발에 성공하였고 생산·채굴 전문업체인 비트메인(Bitmain) 창업을 가능하게 했습니다.

우지한은 중국의 채굴왕이라는 칭호를 얻어 한때 아시아인으로 10대 부자 리스트에 오르기도 했지만, 잔커퇀과의 불화로 경영 다툼을 벌이다 비트메인을 나오게 되었으며 현재는 디지털 금융 서비스 기업인 매트릭스포트(Matrixport)를 창업하여 운영하고 있습니다.

○ 채굴장이라는 단어는 ASIC 채굴기의 탄생 전후로 나뉩니다.

NFT의 상징 이더리움

○ BAYC가 APECOIN까지 생태계를 확장할 수 있었던 것은 이더리움 플랫폼이 존재했기 때문일 수도 있습니다.

2015년 개발자 비탈릭 부테린Vitalik Buterin은 비트코인의 단점을 보완하며 확장성에 중점을 둔 "이더리움Ethereum 플랫폼Platform"을 개발합니다.

이더리움은 비트코인과 달리 플랫폼 기능에 중점을 두었습니다. 비트코인이 화폐로서의 기능에 초점을 두었다면, 플랫폼의 기능을 하는 이더리움은 높은 '확장성Scalability'을 자랑함과 동시에 누구나 이더리움 블록체인을 활용하여 개발을 가능케 한 '퍼블릭 블록체인public blockchain'이라는 장점을 지니고 있습니다.

또한 이더리움 플랫폼은 화폐로서의 기능을 수행할 뿐 아니라 중앙관리자 없이 자동으로 내역을 검증하고 계약을 체결할 수 있는 '스마트 컨트랙트Smart contract' 기능을 탑재하고 있습니다. 나아가 '분산형 앱Decentralized Application' 개발이 가능하기 때문에 이더리움을 기반으로 다양한 프로젝트 개발은 물론 토큰을 발행하는 게 가능합니다.

짤 막 상 식

플랫폼(Platform)?

이더리움 플랫폼에서 말하는 플랫폼은 컴퓨팅 플랫폼을 의미합니다. 소프트웨어를 실행시키기 위하여 쓰이는 하드웨어, 소프트웨어가 결합된 형태를 말하는데, 쉽게 이해할 수 있는 예제가 마이크로소프트사의 윈도입니다.

보편적으로 잘 알려진 윈도는 어떠한 운영체제들보다 컴퓨터를 사용하기 쉽게 제공하는 운영체제로, 윈도를 사용하면 다양한 프로그램을 쉽게 사용할 수 있다는 장점이 있습니다. 이더리움 플랫폼은 이와 비슷한 성격을 가지는데, 블록체인 기반의 이더리움 플랫폼을 통해 새로운 프로그램을 만들 수 있도록 서비스를 제공한다고 생각하면 쉽게 이해할 수 있습니다.

'스마트 컨트랙트'와 '분산형 앱'

스마트 컨트랙트

스마트 컨트랙트Smart contract는 계약 내용을 프로그래밍 하여 해당 조건
이 충족되었을 때 중개인과 같은 제3자의 개입 없이 자동으로 계약이 실
행되도록 할 수 있습니다. 이는 실생활을 살펴보면 쉽게 이해할 수 있습
니다.

집주인 A와 구매자 B가 부동산을 거래하기 위해서는 공인중개사라는
매개자가 필요합니다. 중개사는 실제 집주인임을 확인시키고 매매 대금
을 언제, 어떻게 지불할지 등 계약서를 작성해 거래를 진행합니다. 그러
나 스마트 컨트랙트를 사용하면 금액 입금과 동시에 소유권이 넘겨지도
록 규칙을 설정하기 때문에 제3자의 개입이 필요하지 않습니다.

스마트 컨트랙트가 주목 받은 이유는 현재, 미래의 다양한 활동에 적용
이 가능하다는 것입니다. 제3자의 개입 없이 개인과 개인의 거래가 가능
하고 블록체인을 사용하기 때문에 위·변조가 불가능하며 매우 안전한 보
관이 가능합니다.

분산형 앱

줄여서 dApp이라고 부르는 분산형 애플리케이션Decentralized Application
은 탈중앙화된 앱을 의미합니다.

쉽게 말해 중앙 서버를 통해 운영되는 '인스타그램Instagram'이나 '페이스
북Facebook'과 같이 중앙 집중식의 앱이 아니라, 블록체인을 사용하여 개
발되는 형태의 앱을 의미합니다. 페이스북이 블록체인 기반의 분산형 앱
이 된다면 자신의 정보가 해킹으로 노출될 위험은 물론 회사의 통제가
사라져 무분별한 검열을 방지하게 됩니다. 이더리움 기반의 앱이라고 말
하는 프로젝트들은 이와 같이 이더리움 플랫폼을 기반으로 제작한 분산
형 앱이라고 이해할 수 있습니다.

NFT와 ERC

Ethereum Request for Comment, 줄여서 ERC는 이더리움에 대한 의견을 요청하는 제안서입니다.

"얘들아, 내가 이더리움 토큰을 만들었는데 너희들은 어떻게 생각하니? 의견 좀 줘!"

ERC		
Final		○ 기술 제안 넘버, 이름, 제안자의 목록을 확인할 수 있습니다.

Number	Title	Author
20	Token Standard	Fabian Vogelsteller, Vitalik Buterin
55	Mixed-case checksum address encoding	Vitalik Buterin, Alex Van de Sande
137	Ethereum Domain Name Service - Specification	Nick Johnson
162	Initial ENS Hash Registrar	Maurelian, Nick Johnson, Alex Van de Sande
165	Standard Interface Detection	Christian Reitwießner, Nick Johnson, Fabian Vogelsteller, Jordi Baylina, Konrad Feldmeier, William Entriken
181	ENS support for reverse resolution of Ethereum addresses	Nick Johnson
190	Ethereum Smart Contract Packaging Standard	Piper Merriam, Tim Coulter, Denis Erfurt, RJ Catalano, Iuri Matias
191	Signed Data Standard	Martin Holst Swende, Nick Johnson
600	Ethereum purpose allocation for Deterministic Wallets	Nick Johnson, Micah Zoltu

개발자가 자신이 생각한 아이디어, 작동 방식, 적용 방법 등을 포럼에 제안하고 다른 참여자들은 이에 대한 의견을 작성하게 됩니다. 토론을 통해 채택 유무를 결정하게 되는데, 이렇게 채택된 것이 한 번쯤은 들어봤을 법한 '이더리움 토큰 표준Token Standard'인 ERC-20입니다.

현재 가장 많이 언급되는 토큰 표준은 ERC-20, ERC-721, ERC-

짤·막·상·식

'이더(ETH)'와 'ERC-20'은 같은 것?

종종 이더리움 플랫폼 코인 이더(ETH)와 ERC-20을 동일하게 보는 경우가 있지만 실상은 다른 개념으로 놓고 봐야 합니다.

이더(ETH)는 이더리움 플랫폼이 탄생함과 동시에 함께 생성된 기본 통화를 말합니다. 이더(ETH)는 비트코인과 같이 통화의 기능을 하며 이더리움 블록체인에서 사용되는 코인을 말합니다.

ERC-20은 이더리움 생태계에서 모두 호환될 수 있도록 특정 기준을 정하고 그에 맞춰 발행하는 토큰을 말합니다.

앞에서 말했듯 이더리움을 활용하여 개발하는 dApp들은 자신들의 분야에 맞춰 사용 가능한 것은 물론 이더리움과도 호환이 되는 토큰을 발행해야 하기 때문에 이더리움 생태계에서 사용이 가능한 토큰의 표준인 ERC-20을 따릅니다. 그렇기 때문에 이더리움을 이용하여 개발한 dApp의 토큰은 이더리움 지갑으로 전송이 가능하고 서로 호환됩니다.

ERC-20의 가장 큰 특징은 '스마트 컨트랙트(Smart contract)' 기능 속성을 지원한다는 것입니다.

1155가 있는데, ERC-20 토큰을 변형하여 NFT가 탄생하였고, 이를 보완한 것이 오늘날의 NFT 토큰인 ERC-721입니다. 여기서 한 단계 더 진화시켜 NFT로 전파되고 있는 토큰은 ERC-1155에 해당합니다.

ERC-20

ERC-20은 이더리움 창시자 비탈릭 부테린과 파비안 보겔스텔라 Fabian Vogelsteller가 제안한 이더리움 블록체인의 토큰 표준으로, 스마트 계약은 물론 ERC-20 토큰 간의 상호 호환이 가능합니다. 흔히 이더리움 기반으로 만들어진 알트 토큰Alternative coin들을 ERC-20 토큰이라고 부르기도 합니다.

이더리움을 기반으로 탄생한 프로젝트 토큰들이 이더리움 지갑 간의 전송이 가능한 이유는 ERC-20을 차용하고 있기 때문입니다. ERC-20은 가치가 동등하기 때문에 구매와 판매, 교환이 가능하여 '대체 가능 토큰Fungible Token'으로 분류됩니다.

다만 ERC-20은 호환되지 않는 계약 주소로 전송하게 된다면, 즉 잘못된 주소로 전송했을 때 토큰을 다시 되돌려 받는 것이 불가능하다는 단점이 존재합니다. 그래서 수신처에서 전송 수신 거부를 적용하여 토큰의 분실 문제를 해소할 수 있는 ERC-223 토큰 표준이 제안되기도 했지만, 인프라 부족으로 사실상 지원하는 곳을 찾기 힘들며 현재까지도 대부분 ERC-20을 사용하고 있습니다.

NFT의 시조새로 알려진 '크립토 펑크Crypto Punk'가 ERC-20 토큰을 변형하여 NFT를 제작하였고 현재의 NFT 토큰인 ERC-721을 만드는 데 일조했다고 알려져 있습니다.

ERC-721

ERC-721은 '대체불가토큰Non-Fungible Token', 즉 NFT의 토큰 표준으로 잘 알려져 있습니다. 모두 동일한 가치를 지니는 ERC-20과 달리 토큰마다 각각의 가치가 다르고 제작자는 물론 소유자, 가격, 소유권 등의 정보를 기록하여 쉽게 추적할 수 있다는 특징이 있습니다. 다만 대량 전송이 불가능하고 한 번에 한 개의 토큰만 전송할 수 있기 때문에 수수료가 많이 발생한다는 단점이 존재합니다.

NFT 마켓플레이스인 '오픈씨Opensea'에서 이더리움 기반으로 탄생한 NFT의 디테일 탭을 확인해 보면 대부분의 토큰 표준Token Standard이 ERC-721이라고 표기된 걸 확인할 수 있습니다.

디지털 예술품의 원본 인증과 소유자 증명을 위해 고안되었으며 게임, 엔터테인먼트 등 다양한 분야에서 활용하고 있습니다.

○ 크립토펑크	
Contract Address	0xb47e...3bbb
Token ID	5512
Token Standard	CryptoPunks
Blockchain	Ethereum
Creator Fees	0%

○ 이더리움 기반 NFT	
Contract Address	0xe21e...30b1
Token ID	4237
Token Standard	ERC-721
Blockchain	Ethereum
Creator Fees	7.5%

○ 실제로 ERC-20 토큰을 변형하여 제작된 크립토펑크는 별도의 ERC 표기가 없습니다.

ERC-1155

○ ERC-1155는 다양한 상품을 단 한 번에 결제하는 것과 같습니다.

ERC-1155는 '다중 토큰 표준Multi-Token Standard'이라고 부르는 토큰으로, '대체 가능 토큰Fungible Token', '대체 불가능 토큰Non-Fungible Token'의 조합으로 이루어져 있는 것이 특징입니다. 토큰을 전송할 때 1개의 자산만 전송이 가능한 ERC-721과 달리 한 번의 거래를 통해 여러 개의 토큰을 전송할 수 있다는 특징이 있어 수수료가 상당히 절감됩니다.

또한 대체 가능 토큰인 ERC-20과 대체 불가능 토큰인 ERC-721을 함께 처리할 수 있다는 장점으로 인해 게임 NFT 시장에서 크게 주목을 받았습니다.

다양한 아이템을 빈번하게 거래하는 게임 시장에서는 ERC-20으로 제작된 '대체 가능 물약 아이템 20개', ERC-721로 제작된 '대체 불가 검 아이템 10개'를 전송한다면 한 번의 거래를 통해 원하는 수량을 다중으로 전송할 수 있습니다.

특히 ERC-1155 토큰은 게임 아이템 거래를 위해 탄생한 암호화폐 프로젝트, '엔진ENJ'의 최고 기술 책임자CTO인 비텍 라돔스키Witek Radomski에 의해 제안되어 더욱 유명합니다.

WETH

WETH는 '랩드이더Wrapped ETH'의 약자로 쉽게 말하자면 '이더ETH'를 랩핑, 즉 포장해 호환을 가능하게 한다는 의미를 가지고 있습니다.

대표적인 NFT 마켓 플레이스인 오픈씨Opensea를 접속하면 ETH 라고 표기되어 있는 것이 아닌 WETH라고 표기된 것을 볼 수 있습니다.

○ 오픈씨에서는 주로 경매 입찰을 진행할 때 자주 사용되고 아이콘 색상이 다르다는 특징이 있습니다.

위에서 말한 ERC는 각자의 특성이 있고 ERC가 만들어지기 전 이더리움과 함께 탄생한 기본 통화 이더ETH와는 호환되지 않기 때문에 이더를 포장하여 이더ETH와 ERC 계열 토큰이 서로 호환되어 거래를 가능하게 만들어주는 역할을 합니다.

반대로 랩드이더WETH를 이더ETH로 변환하는 '언랩핑UNWrap'도 가능합니다. 두 가지 토큰은 서로 동일한 1:1 비율을 유지하기 때문에 포장을 해도 가치는 동일합니다.

클레이튼 기반의 코인인 '클레이KLAY'와 '랩드클레이WKLAY'도 같은 개념으로 이해할 수 있습니다.

위에서 말한 랩핑이 NFT 현금화를 위한 통화 거래에 중점을 뒀다면 최근 진행되는 프로젝트들은 NFT 자체에 랩핑을 적용해 더 수월한 거래를 가능케 하고 가능성을 확장시키고 있습니다.

고전 NFT인 '크립토펑크Crypto Punk'는 조건에 맞는 특정 네트워크에서만 거래가 가능했지만, NFT에 랩핑을 가능케 하면서 다른 네트워크와 호환이 가능해져 오픈씨 마켓 등록이 가능하게 되었습니다.

○ 상품을 포장하지 않으면 택배 발송을 못하는 것과 같습니다.

대표 NFT 중 하나인 '두들스 Doodles'가 진행했던 프로젝트 중 '우주의 두들스Doodles in Space'는 기존 두들스 NFT를 랩핑하여 우주선을 타고 있는 캐릭터로 업그레이드하거나 언랩핑 하여 다시 기존의 모습으로 돌아오게 할 수도 있도록 적용하였습니다.

짤·막·상·식

코인과 토큰의 차이?

독립적으로 메인 네트워크를 구성하여 운영하는 경우 코인이라고 부르며, 다른 플랫폼의 네트워크를 사용하는 경우 토큰이라고 말할 수 있습니다. 대표적으로 '트론(TRX)'은 이더리움 기반의 토큰이었지만 2018년 메인넷을 개발하여 독립하였습니다.

03 NFT의 시작

NFT

첫 번째 NFT의 탄생

케빈 맥코이Kevin Macoy는 한 장르에 국한되지 않는 혼합형 예술 작품에 늘 관심이 많았습니다. 그중에서도 가장 큰 관심을 가진 것은 예술과 시스템의 조합이었습니다.

맥코이는 전자 스케치북, 요즘으로 비유하자면 패드를 이용해 '퀀텀Quantum'이라는 이름의 디지털 작품을 만들었지만, 여기서 그치지 않고 판매에서부터 제작자가 누구인지 추적 가능한 혁신적인 기술을 적용하고 싶었습니다. 그래서 찾은 것이 예술을 지원하는 단체로 알려진

○ 컨퍼런스에 참가한 맥코이와 대시

'라이좀Rhizome'입니다. 라이좀은 맥코이를 위해 예술 작가들과 기술 개발자들이 모여 다양한 작품을 발표하는 콘퍼런스 'Seven on Seven7x7'에 참여해 볼 것을 추천하였고, 맥코이는 그곳에서 개발자 애닐 대시Anil Dash와 만나게 됩니다.

이들은 의기투합하여 디지털 예술품에 대한 소유권을 주장할 수 있는 방법을 찾고 있었는데, 독학으로 코딩을 배운 맥코이는 스스로에 대해 부족함을 느꼈지만 이 부분은 애닐 대시가 채워줬습니다. 이들은 마침내 비트코인을 바탕으로 만들어진 '네임코인Namecoin' 블록체인을 활용하여 제작자, 그리고 소유권과 추적을 검증할 수 있는 프로토콜Protocol을 탄생시켰고 새로운 탄생에 대한 발표를 앞두게 됩니다.

2014년 뉴욕에서 열린 'Seven on Seven 콘퍼런스'에서 청중들 앞에 선 맥코이와 대시는 네임코인 블록체인을 활용하여 제작자 표기, 작품 추적을 진행하였으며 작품 '퀀텀'의 소유권을 이전하는 작업을 시연하였습니다.

당시 NFT라는 개념이 존재하지 않았기 때문에 맥코이는 블록체인과 예술 작품이 결합된 이 기술을 "모노그래프monograph"라고 불렀습니다.

N NMC		Hash: fdd4caa2c878cb28b047e740e9e3617825b0301b471899af9faa5eaedd6e56ea	
Block Height	Time	Size	Transaction Fees
174923	05/03/2014 10:27:34	1554 Bytes	0.00500000 NMC
Confirmations	Total Amounts	Mining Difficulty	Transaction Counts
434731	0.02 NMC	4875808649.933481	2

○ 첫 NFT 기록은 NameCoin Explorer를 스캔하면 확인할 수 있습니다.

최초의 NFT인 퀀텀Quantum은 174923번 네임코인 블록을 통해 '05/03/2014 10:27:34'의 타임스탬프가 기록되며 영구 저장되었습니다. 2021년 경매 기업 소더비는 맥코이의 '퀀텀'을 경매에 올렸으며 약 16억의 가격으로 낙찰되었습니다.

NFT 프로젝트의 시작

2015년 런던에서는 이더리움 개발자 콘퍼런스인 '데브콘DEVCON1'이 개최되었습니다. 베를린에서 개최된 '데브콘DEVCON0'보다 더욱 규모가 커졌고 다양한 아이디어들이 쏟아져 나왔습니다. 그중에서도 프로젝트형 NFT인 '이더리아Etheria'의 발표는 개발자들의 큰 관심을 모았습니다.

이더리아는 이더리움 블록체인을 기반으로 가상 세계의 NFT 타일을 소유하거나 거래할 수 있고, 제한적이지만 어느 정도는 입맛에 맞게 변형할 수 있다는 특징이 있습니다.

이더리아는 이더리움 메인 네트워크Mainnet가 탄생한 지 얼마 지나지 않아 공식적으로 출시되었는데 육각형의 타일 하나 당 1ETH의 가격을 책정하였습니다. 당시 이더리움이 '1이더ETH'에 250원 정도의 가격으로 크라우드세일Crowd Sale을 진행했다는 걸 감안한다면 매우 저렴한 가격이었습니다.

이더리아 공식 웹사이트에 접속하면 타일 거래소가 존재하는데, 신기한 것은 현재까지도 거래가 진행되고 있으며 평균 입찰 가격은 14ETH, 마지막 판매 가격은 12ETH로 기록되어 있습니다.

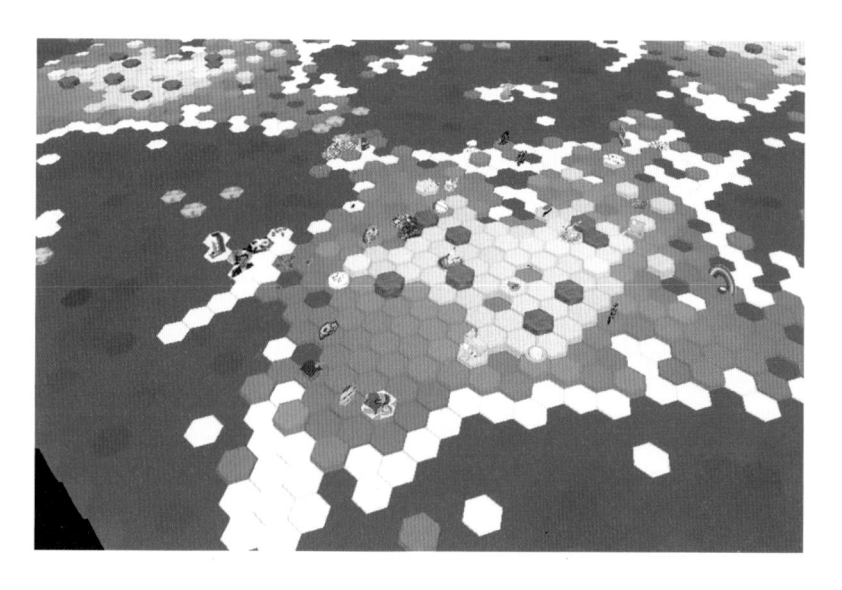

○ 이더리아의 실제 지도는 공식 웹사이트에서 확인 가능합니다.

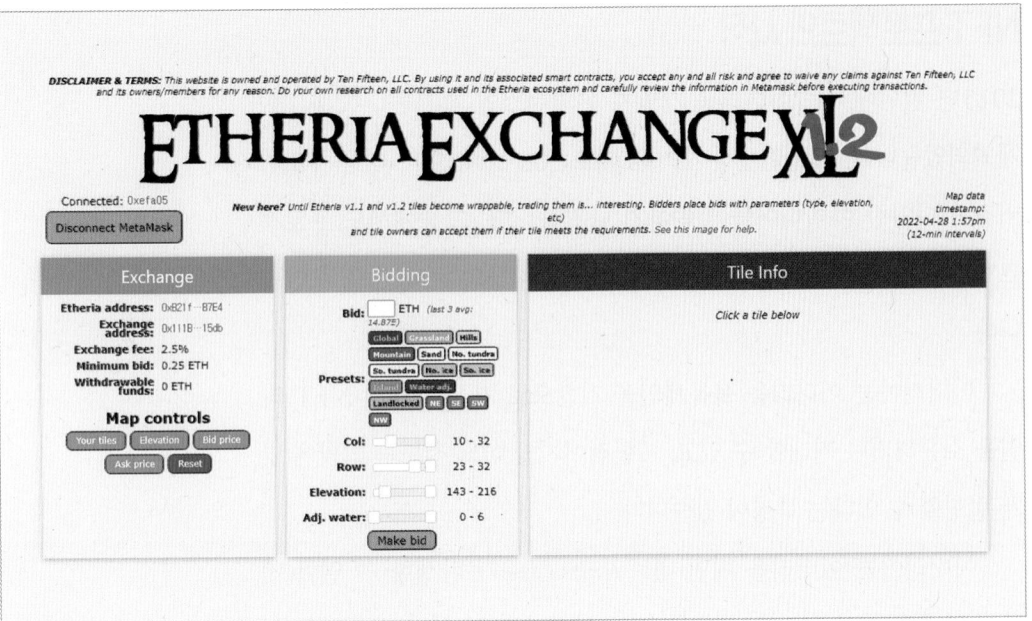

○ 이더리아 공식 웹사이트에서 확인할 수 있는 거래소

　　NFT 대표 마켓플레이스인 오픈씨Opensea에는 공식 릴리스가 되기 전 테스트 계약 형식의 이더리아 0.9 버전이 등록되었으며 7.25이더ETH의 바닥가가 형성되어 있습니다.

　　이더리아가 탄생하면서 자산의 개념이 잡히기 시작했고 디지털 자산의 거래를 통해 수익화가 실현되었습니다. 겉으로 보기에는 빈약해 보이는 이더리아가 주목 받은 건 최초로 진행한 프로젝트형 NFT이기 때문입니다.

비트코인 NFT의 탄생 '오디널스'

이더리움은 조건이 충족되면 자동으로 거래가 이루어지는 스마트 컨트랙트를 지원하여 앱 개발 및 활용이 가능하고 화폐로서의 기능까지 갖추고 있어 플랫폼으로 잘 알려져 있습니다. 하지만 비트코인의 경우 철저하게 결제와 거래가 가능한 화폐로서의 기능만 제공하기 때문에

NFT를 발행할 수 없었습니다.

지난 1월 소프트웨어 엔지니어 '카세이 로다모Casey Rodarmor'는 비트코인 블록체인에 텍스트, 이미지 등의 다양한 정보를 기록할 수 있는 '오디널스 프로토콜Ordinals Protocol'을 개발하였습니다. 이로써 비트코인 블록체인에서도 NFT를 발행할 수 있게 된 것입니다.

그러나 일각에서는 우려를 표하기도 했습니다. 비트코인을 탄생시킨 사토시 나카모토는 당시 전통적인 중앙집권형의 금융시스템을 부정하였고 이를 타파하고자 블록체인을 활용하여 탈중앙화된 새로운 화폐를 제안한 것인데, 만약 화폐 기능 이외에 새로운 기술을 추가한다면 사토시 정신에 위배됨과 동시에 트랜잭션의 과부하로 인해 거래 수수료 인상 문제가 나타날 수도 있다는 것이 그 이유였습니다.

하지만 이런 우려와 달리 비트코인 오디널스가 알려지자마자 시장에서 큰 돌풍을 일으키며 가격과 발행량이 꾸준히 상승세를 기록하고 있습니다.

NFT도 피할 수 없는 환경오염 문제

최근 글로벌 기업은 물론 연예인들의 NFT 발행 소식이 늘어나고 있습니다. 희귀한 굿즈를 디지털 작품으로 만날 수 있다는 소식에 크게 반기는 팬덤이 있는가 하면 환경오염 문제를 야기한다는 이유로 반대하는 경우도 있습니다.

NFT와 환경오염이 무슨 상관이 있는 걸까요?

비트코인은 작업 증명Proof of Work 알고리즘을 사용합니다.

아시다시피 블록체인은 중앙 기관에 의해 유지되지 않고 채굴자라고 불리는 노드(컴퓨터)들이 네트워크를 유지합니다. 블록을 생성하기 위해서는 일종의 수학 문제를 풀어야 하는데 이걸 가장 먼저 풀어낸 채굴자에게 새 블록을 추가할 수 있는 권한이 주어지고 그에 대한 보상으로 비트코인을 지불합니다.

CPU나 GPU를 통해 지속적으로 연산을 진행하던 비트코인은 경쟁이 치열해짐에 따라 점점 수학 문제의 난이도가 올라가기 시작했고, 그 결과 반도체를 사용한 전용 채굴기 하드웨어가 등장하기에 이릅니다.

이런 하드웨어가 사용하는 에너지, 전력 소모량은 상상 이상으로, 뉴스

○ 환경 단체는 물론 팬덤에서도 전력 문제를 지적하고 있습니다.

에 보도된 내용을 살펴보면 채굴에 사용되는 전력은 핀란드에서 550만 명이 연간 사용하는 전력량보다 많다고 합니다.

이더리움도 마찬가지입니다. 채굴자의 대부분은 GPU를 통해 채굴을 진행하는 편인데, 전용 채굴기가 아닌 GPU를 사용하더라도 전력 소비량은 높은 편입니다. 또한 NFT 1건을 발행하는 경우 많은 양의 전력을 소비한다고 알려져 있으며 이더리움 기반의 NFT가 시장을 장악하고 있기 때문에 환경오염 문제가 대두되기도 했습니다.

이러한 문제를 해결하기 위하여 꾸준하게 진행하던 것이 이더리움 '머지 The merge' 업그레이드로, 작업 증명 방식을 지분 증명 방식으로 전환하는 작업입니다. 지분 증명 방식은 말 그대로 전용 채굴기와 같은 하드웨어를 통해 네트워크를 유지하는 게 아닌 일정 금액의 자산을 보유할 경우 이를 통해 블록을 검증하고 유지할 수 있는 노드가 되어 보상을 받을 수 있는 방식입니다.

2022년 말 이더리움 머지는 성공적으로 업그레이드되었으며, 전력 소비량은 2022년 5월 기록했던 최대 소비량에 비해 99.9% 이상 줄었습니다.

NFT의 대중화

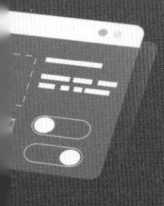

암호화폐 시장이 대중화되기 전 우리는 알게 모르게 NFT 시장
을 경험하고 있었을지도 모릅니다. 오프라인 시장에서 활동하
던 수집품 마니아들은 온라인 시장의 가능성을 통해 NFT 수집
컬렉터로서 새로운 명성을 떨치기 시작했고 암호화폐에 관심이
있던 일반 대중들도 손쉽게 NFT를 접할 기회가 늘어났습니다.
이처럼 낮아진 진입 장벽은 NFT 시장에 누구나 참여할 수 있다
는 또 다른 가능성을 보여 줬습니다.

01 NFT의 대중화는 현재 진행형

대중화의 시작은 대중들의 인식 변화와 기술의 이해, 그리고 참여를 독려하는 것에서 출발합니다. 즉 대중들의 관심과 참여가 없다면 빛을 보기도 전에 사장되는 것이 시장 순리이기 때문이죠.

하지만 절대적으로 다수의 대중들이 문화를 받아들이고 경험하는 것만이 생태계 성장의 출발점은 아닙니다. 이와는 다른 방향성을 통해 성장을 도모해 온 시장이 있기 때문입니다. 바로 NFT 생태계입니다.

NFT의 시작은 마니아층을 겨냥하였고 그들의 문화에 스며드는

○ K-POP이 유행하면서 이를 겨냥한 다양한 NFT가 탄생하고 있습니다.

것을 첫 번째 목표로 잡았습니다.

국내 음악 시장을 한번 살펴볼까요?

과거의 음악 시장과 비교해 봤을 때 인기 있는 아이돌, 그리고 팬덤의 영향력은 나날이 커지고 있습니다. 팬들은 선망의 대상인 아이돌 멤버들의 모든 것을 원하고 소속사는 이를 충족시켜 주기 위해 아이돌과의 이벤트, 굿즈 판매 등 다양한 루트를 개척하고 있습니다.

그렇다면 다른 문화에서는 어떤 모습을 보일까요?

자신이 좋아하는 신발 브랜드에서 새롭게 출시하는 제품의 판매 공지가 올라오면 치열한 경쟁을 통해 구입하는가 하면 가장 좋아하는 만화 캐릭터의 의상을 제작하고 실제 착용하는 것을 즐기는 문화는 '코스프레'라는 새로운 장르를 개척하기도 했습니다.

이들의 공통점은 모두 '마니아'라는 것입니다.

아이돌의 '팬덤Fandom', 브랜드 신발을 수집하는 '컬렉터Collector', 만화 캐릭터의 '코스프레Costume play를 즐기는 마니아' 등 이들은 다양한 문화권 속에 고루 분포되어 이제는 매우 큰 비중을 차지하고 있습니다.

대중들이 마니아들의 생태계에 참여하지 않더라도 마니아들이 만든 문화를 인지하고 있다는 것 자체가 그들의 파급력을 보여 주는 결과

○ 이제 유명인사를 시작으로 인플루언서들이 NFT 대중화를 이끌고 있습니다.

가 아닐 수 없습니다.

아이돌을 모델로 한 NFT 상품을 시작으로 유명 브랜드들의 '콜라
보 NFT', '만화 캐릭터 NFT' 등 마니아라는 특정 계층을 겨냥한 NFT
의 발행이 줄줄이 이어지고 있다는 것은 시장의 가능성은 물론 늘어나
는 수요로 인해 대중들에게도 시장의 존재가 알려진다는 것을 의미합
니다.

최근에는 이런 문화 현상이 유명 '셀럽celebrity'들의 세계에서 나타
나기 시작했습니다. 초창기 NFT 시장을 형성했다고 평가받는 고전작
'PFP NFT'는 2018년에 처음 탄생한 것에 비해 비교적 늦은 시기에 입
소문을 타기 시작하면서 셀럽들에게는 자신을 상징하는 수단으로 자
리 잡았고 대중들에게는 NFT를 인식시키는 결과를 낳았습니다.

PFP NFT란?

한 번쯤은 메신저, SNS, 게임, 커뮤니티 활동을 하면서 내 프로필 사진
은 무엇으로 할지 고민한 경험이 있을 겁니다.

○ 정체성을 표현하는 방식은
시대의 흐름에 따라 변화하고
있습니다.

일반적으로 셀카, 친구들과 촬영한 사진, 애완동물, 풍경 등을 등록하는 것이 대다수였지만 시장이 확대되면서 자신의 정체성을 각양각색으로 표현하는 문화가 자리 잡고 있습니다.

PFP NFT는 'Profile Picture NFT'의 약자로 프로필 사진 형태를 가진 NFT를 뜻합니다. PFP는 다양한 캐릭터나 인물의 외형, 그리고 독특한 특징이 적용되어 가치를 적용한 NFT로 최근에는 유명 셀럽들이 PFP NFT를 구매하여 자신의 '트위터Twitter', '인스타그램Instagram'의 프로필로 등록하였고 이를 뒤따르듯 SNS의 프로필 사진을 NFT로 등록하는 대중들의 모습도 늘어나고 있습니다.

그중에서도 셀럽들의 'PFP NFT' 중 가장 눈에 띄는 컬렉션은 시장 최초로 탄생한 프로젝트인 '크립토펑크Cryptopunks'가 아닐 수 없습니다.

크립토펑크

유명 셀럽들이 트위터나 인스타그램의 프로필 사진을 크립토펑크Cryptopunks로 등록하면서 대중들에게 각인되기 시작했습니다.

크립토펑크는 NFT가 주목받기 시작하면서 비교적 근래에 알려졌지만 실상은 'PFP NFT'의 시조 격으로 그 역사가 매우 길다고 할 수 있습니다.

NFT가 'ERC-721' 토큰 표준으로 발행되는 것에 반해 크립토펑크는 'ERC-721'이 만들어지기 전 'ERC-20' 토큰 표준을 수정하여 탄생하였는데 이 대목만 봐도 얼마나 오랜 역사를 자랑하는지 알 수 있습니다.

2017년 개발자 존 왓킨슨John Watkinson과 매트 홀Matt Hall은 라바랩스Larva Labs 스튜디오를 설립하면서 디지털 작품에 대한 생각을 바꾸기 위해 실험적인 프로젝트 '크립토펑크'를 진행하게 됩니다.

○ 크립토펑크는 위와 같은 그림이 총 10,000개 발행된 컬렉션으로 PFP NFT의 시초로 인정받고 있습니다.

24×24 픽셀 아트 이미지로 단 10,000개만 제작된 크립토펑크는 남자, 여자, 좀비, 유인원, 외계인으로 구성되어 있고 각 NFT마다 외형, 특성이 랜덤하게 부여되었기 때문에 희귀한 특성이 포함될수록 가치가 크게 변화합니다.

현재는 매우 고가의 NFT로 대중들이 쉽게 구매하기는 어렵지만 발행 당시에는 이더리움 지갑을 보유한 사람이라면 블록체인 수수료만 지불하고 무료로 받을 수 있었습니다.

크립토펑크에는 10,000개의 컬렉션 중 단 9개만 존재하는 희귀 외계인 펑크가 존재합니다. 그중에서도 마스크를 쓰고 있는 #7523 펑크는 우연하게도 코로나 시대와 맞물려 최고의 희귀 특성을 가졌다고 평가받고 있으며 '소더비Sotheby's'에서 진행한 경매를 통해 $11,754,000, 현재 원화 가치로 약 148억 원에 판매되었습니다.

Attributes

This punk has **3 attributes**, one of 4501 with that many.

Stringy Hair	Chinstrap	Eye Patch
463 punks have this.	**282** punks have this.	**461** punks have this.

Current Market Status

This punk is currently owned by address **0x561786**.
This punk is currently for sale by owner for 80 ETH ($84,331.20 USD).
There are currently no bids on this punk.

Transaction History

Type	From	To	Amount	Txn
Offered			80Ξ ($92,147)	Jul 11, 2022
Transfer	0x938bd2	0x561786		Apr 19, 2021
Transfer	0x577ebc	0x938bd2		Feb 06, 2021
Transfer	0xcbd482	0x577ebc		Jan 30, 2021
Claimed		0xcbd482		Jun 23, 2017

○ 라바랩스 웹사이트에서는 거래는 물론 종류나 거래 내역을 한눈에 볼 수 있습니다.

그 밖에도 '#5822 펑크'는 8,000ETH, '#3100', '#7804 펑크'는 4,200ETH에 판매되며 현재까지도 가장 비싸게 판매된 NFT 목록에서 상위권을 유지하고 있습니다.

크립토펑크는 'PFP NFT'의 시작을 알린 실험적인 프로젝트로 'ERC-20' 토큰을 변형하여 제작하였기 때문에 'ERC-721' NFT 토큰 표준이 탄생할 수 있는 영감을 준 프로젝트로 꼽히고 있으며 현재는 라바랩스 공식 웹사이트에 구축된 마켓을 통해 거래할 수 있습니다.

크립토키티

'PFP NFT'에 '크립토펑크Cryptopunks'가 있다면 'NFT 게임계'의 시조는 '크립토키티CryptoKitties'라고 말할 수 있습니다.

크립토펑크가 출시된 지 얼마 지나지 않아 '대퍼랩스Dapper Labs'에서는 이더리움 'ERC-721' 토큰 표준을 따르는 블록체인 게임 '크립토키티CryptoKitties'를 출시합니다.

크립토키티는 '컬렉션Collection' 요소를 가미한 고양이 육성 게임입니다.

각각 고유성을 가지는 'ERC-721' 토큰을 사용하였기 때문에 첫 번째로 탄생한 '0세대GEN' 고양이의 경우 외형과 특성은 랜덤하게 발행되도록 설계되었습니다.

이 게임의 특징은 고양이들을 '교배Breeding'하여 새로운 고양이를

○ 고양이들의 모음인 크립토키티는 단순해 보이지만 나름 NFT 게임의 시조입니다.

탄생시킨다는 점입니다. 특히 고양이들의 유전자에 따라서 자손 고양이의 DNA와 특성이 결정되며 교배한 '세대GEN'에서 높은 세대에 1을 더한 숫자가 자손 고양이의 세대로 결정됩니다. 예를 들어 1세대의 고양이와 2세대의 고양이를 교배하면 2세대에 1을 더하여 3세대의 자손 고양이가 탄생합니다.

'창립자Founder'라는 이름의 '#18 캣'은 253ETH에 판매되었고, '드래곤Dragon #896775 캣'은 이름의 희귀도를 이용하여 600ETH로 판매 가격을 책정하기도 했습니다. 이같이 고양이 세대나 외형, 이름, 가지고 있는 특성에 따라 가치가 크게 변화하여 가격 차이가 생기기도 합니다.

크립토키티도 디지털 작품의 복제와 소유권 문제로 시작된 프로젝트 사례 중 하나로 블록체인을 활용한 디지털 컬렉션의 가치를 상승시키고 발전하는 데 의의를 두고 있는 프로젝트입니다.

Founder Cat #18

18   X Gen 0   ◷ Brisk Cooldown (1h)

○ 크립토키티 웹사이트에서는 창립자 캣의 정보를 확인할 수 있습니다.

⋖   ♡ 47   **Not in any Collection**

Bio ⓘ

"hissing noises"! I'm Founder Cat #18. I enjoy tripping my owner, eating until I loathe myself, and reading garfield. When no one's home, I invite my pals over and we listen to Rihanna. I look forward to riding unicorns with you.

● Hatched by
COO

📅 Birthday
Nov 23 2017

Special features ⓘ

founder
#18 / 100

NBA 탑샷

전설 '마이클 조던Michael Jordan'을 시작으로 '르브론 제임스LeBron James', '스테판 커리Stephen Curry' 등 꾸준하게 등장하는 슈퍼스타들의 향연 NBA.

NBA는 경기당 티켓의 가격이 억 단위를 기록하는가 하면 영업 이익이 조 단위를 넘어설 만큼 세계 스포츠 시장의 우위를 점하면서 영향력을 뽐내고 있습니다.

NBA는 스포츠뿐 아니라 브랜드의 가치를 통해 글로벌 미디어 사업체로 자리 잡았는데, 여기에 그치지 않고 온라인 시장의 점령을 위해 디지털 자산 사업에 진출했습니다. NBA가 주목한 것은 트레이딩 카드, 블록체인, 그리고 NFT입니다.

○ 트레이딩 카드는 스포츠를 넘어 다양한 분야에 마니아층을 형성하고 있습니다.

미국에서는 약 150년 이상의 역사를 자랑할 만큼 '트레이딩 카드 Trading Card'의 인기가 매우 높고 수많은 마니아를 양성할 정도로 가치를 인정받고 있습니다. 심지어 우리들도 유년기 시절 동네 문방구에서 유명 스포츠 선수나 게임 캐릭터 카드를 한 번쯤은 접해 봤을 정도로 방대한 시장 루트가 형성되어 있습니다.

2019년, 미국 '농구선수협회NBPA'와 '프로농구리그NBA' 그리고 크립토키티CryptoKitties 개발사 '대퍼랩스Dapper Labs'가 손잡고 '플로우 FLOW' 블록체인을 기반으로 한 'NBA 탑샷NBA TopShot'을 출시합니다.

NBA 탑샷은 세계 최고의 농구 리그인 NBA 경기 중 탄생한 최고의 순간을 NFT화하여 보유하거나 거래를 할 수 있다는 특징이 있는데, 쉽게 말하면, 현물로 모을 수 있는 트레이딩 카드를 디지털화한 것으로 선수의 순간을 영상으로 감상할 수 있고 음악과 디자인 요소를 가미해 최근 트렌드에 맞게 재구성하였습니다.

현물 트레이딩 카드와의 가장 큰 차이점은 활용도를 꼽을 수 있습니다. 일반 트레이딩 카드는 소유를 했다는 것에 그치지만 NBA 탑샷

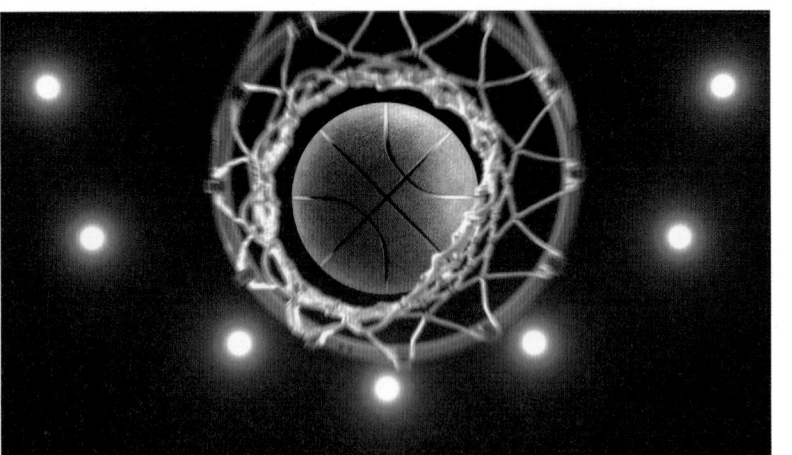

NFT는 보유 카드를 활용하여 웹을 통한 게임 플레이, 첼린지 이벤트를 통해 특정 미션을 완수하여 이에 대한 보상을 받을 수 있습니다.

또한 암호화폐 결제만 지원하는 것이 아닌 달러 구입을 지원하기 때문에 해외 결제가 가능한 카드를 보유했다면 공식 웹사이트를 통해 NBA 탑샷 NFT를 구입할 수 있습니다.

이를 의식한 것인지 NBA와 더불어 미국 4대 스포츠로 알려진 '프로미식축구NFL'와 '프로야구MLB' 그리고 '프로아이스하키리그NHL'에서도 트레이딩 카드 형식의 NFT를 출시하였습니다.

NBA는 어떻게 최고의 인기 리그가 되었을까?

국내에서는 축구와 야구가 가장 인기 있는 스포츠로 손꼽힙니다. 그러나 스포츠 리그의 인기도를 따지자면 야구 리그의 인기가 대부분을 차지하고 있다고 해도 과언이 아닙니다. 하지만 프로야구 개막을 앞두고 시행한 갤럽의 프로야구 관심도 여론조사를 살펴보면 과거 45%에 육박하던 프로야구 관심도는 30%대로 하락했으며 20대의 젊은 팬층은 전무할 정도의 낮은 수치를 나타냅니다. 반면 미국은 어떨까요?

미국은 '프로농구NBA', '프로미식축구NFL', '프로야구MLB', '프로아이스하키 리그NHL' 총 4개의 스포츠 리그의 인기가 양분화되어 있습니다.

미국의 스포츠 리그와 국내의 스포츠 리그는 공통점이 존재합니다. 바로 젊은 층의 관심은 날이 갈수록 줄어들고 기성세대 팬층만 남아 고령화되고 있다는 것입니다. 하지만 이를 거부하고 젊은 층의 유입을 꾸준히 늘리고 있는 리그가 있습니다. 바로 NBA입니다.

NBA의 콘텐츠 활용

NBA는 어떻게 고령화되고 있는 스포츠 리그의 팬층을 젊은 세대의 유입으로 변화시킬 수 있었을까요?

NBA는 MZ 세대라고 불리는 젊은 층이 좋아하는 콘텐츠를 제한하지 않고 적극적으로 활용합니다. 이들이 가장 즐겨 이용하는 플랫폼은 SNS입니다. 그중에서도 인스타그램의 '릴스Reels', 유튜브의 '쇼츠Shorts'와 같은 매우 짧은 영상을 통해 서로 소통하는 것을 즐깁니다. 특히 유튜브의 트렌드도 과거 긴 재생 시간이 주를 이루었던 것에 반해 점점 짧아지는 추세로 변하였고 NBA는 해당 콘텐츠에 업로드되는 경기 영상을 적극 활용하였습니다.

만약 스포츠 경기에서 나온 진귀하고 멋진 플레이나 경기를 편집하여 하이라이트를 업로드하였다면 어땠을까요?

아마 다른 스포츠 리그였다면 저작권을 행사하여 해당 영상들을 삭제하고 채널의 폐쇄, 그리고 법적 조치까지 이어질 수도 있습니다. 하지만

NBA는 이런 콘텐츠들을 제재하기는커녕 적극 활용하고 있습니다. 하루에도 수십, 수백 개의 NBA의 멋진 플레이가 릴스나 쇼츠로 업로드되고 유튜브에서는 경기 영상을 편집하여 하이라이트만 업로드하는 채널들이 다수 존재하지만 NBA에서는 이를 따로 관리하거나 처리하지 않습니다. 그들은 SNS를 통한 콘텐츠 공유는 리그의 발전과 인기를 높일 수 있다고 판단한 것입니다.

메타버스와 NBA

두 번째로는 현시대에 맞는 다양한 기술을 적용했다는 것입니다. 메타버스 시대가 도래하면서 해당 산업이 매우 중요한 요소로 자리 잡았다는 건 다들 아실 겁니다. 특히 메타버스를 이루는 중요한 요소로 '가상현실VR; Virtual Reality'과 '증강현실AR; Augmented Reality'이 있습니다. NBA는 이 2가지의 기술을 접목해 볼거리와 즐길거리를 동시에 제공합니다. 다양한 카메라 각도를 통해 생중계를 시청할 수 있고 집에서 포털을 통해 마치 내가 경기장에 들어가 있는 듯한 느낌을 전해 줍니다. 또한 게임을 플레이하듯 선수들의 머리 위로 실시간 스탯이 표기되는가 하면 패스나 슛을 시도할 때 번개가 치거나 불꽃이 나오는 등의 특수 효과를 적용하여 MZ 세대의 흥미를 유발하고 있습니다.

미래에 대한 투자, NFT

마지막 요소는 바로 NFT입니다.

위에서 언급했던 것처럼 미국의 트레이딩 카드 역사는 상상을 초월합니다. 특히 스포츠 리그에서는 실물 수집품을 제작해 판매하는 것이 하나의 문화로 자리 잡을 만큼 오래되었습니다. 이에 NBA는 디지털 시대의 변화에 발맞춰 실물 카드가 아닌 다양한 요소를 적용한 디지털 트레이딩 카드 'NBA 탑샷 NFT'를 출시합니다. 특히 포장지 디자인을 통해 과거의 감성을 추가했고 NBA 경기 인원수에 맞게 다섯 개의 카드를 모으면 자신이 감독이 되어 게임을 할 수 있는 새로운 콘텐츠를 제공합니다. 이역시 MZ 세대의 세계관에 맞춰 흐름에 맞는 콘텐츠를 제공한 것으로

MZ 세대는 물론 기존의 NBA 팬들에게도 인기가 높습니다.

현재 NBA 공식 인스타그램, 트위터, 페이스북의 팔로워 수는 1억6천만 명을 넘었으며 이는 4대 리그에서 유일하게 1억 명을 넘은 기록입니다. 농구의 전설 '마이클 조던Michael Jeffrey Jordan'이 은퇴한 이후 침체기를 겪었다는 NBA가 과거의 영광을 되찾아 또 다른 전성기를 맞이한 이유는 NBA가 트렌드를 파악하여 그에 맞는 마케팅 방법을 선보였고 새 시대를 거부하지 않고 NFT 같은 기술을 적절하게 활용하였기 때문일 것입니다.

소레어

NBA 탑샷이 브랜드를 바탕으로 NFT 수집 문화를 만들었다면 '소레어Sorare'는 스포츠 종목 자체의 인기를 바탕으로 NFT 시장을 개척했습니다.

2018년 소레어는 탑샷보다 먼저 출시한 축구 NFT 트레이딩 카드 게임입니다. 축구 선수들의 얼굴, 특징, 능력을 담은 트레이딩 카드를 NFT화하였는데 단순히 카드를 거래하거나 수집하는 데서 그치지 않고 자신만의 팀을 만들고 자신이 감독이 되어 리그에 참가할 수 있다는 전문적인 게임성을 핵심으로 NFT 생태계를 구성하였습니다.

특히 자신이 팀의 감독이 되어 게임을 할 수 있다는 멀티적인 요소로 인해 NFT 비즈니스모델의 선구자로 평가받고 있으며 이 가치를 인정받아 '소프트뱅크Softbank' 같은 대기업의 투자를 받기도 했습니다.

현재 많은 게이머들이 즐기는 대표적인 축구 게임으로는 'FIFA 시

○ 농구계에 NBA 탑샷이 있다면 축구계에는 소레어가 있습니다.

○ 전 세계 축구 리그의 감독으로서 플레이할 수 있다는 건 현대 축구 게임의 핵심입니다.

리즈', 'PES(위닝일레븐) 시리즈', 'FM(풋볼매니저)'이 대표적인데, 라이선스 유무에 따라 판매량이 결정될 정도로 라이선스는 게이머들의 참여 자체를 결정짓게 하는 중요한 요소로 잘 알려져 있습니다.

소레어는 라이선스의 중요성을 인식하고 게이머들의 니즈를 충족시키고 있습니다. 스페인 '프리메라리가LaLiga', 영국 '프리미어리그Premier League', 독일 '분데스리가Bundesliga', 한국 '프로축구K-League'를 포함하여 전 세계 245개의 축구 클럽 라이선스를 획득하였습니다. 트레이딩을 통해 선수 NFT를 확보하였다면 자신만의 스쿼드를 구성하여 팀을 꾸리고 소레어 가상 리그전에 참여할 수 있습니다. 특히 우승컵 경쟁을 통해 보상으로 '이더ETH'를 받을 수 있다는 건 참여 자극을 끌어올리는 핵심적인 요소가 아닐 수 없습니다. 각 장점들이 절묘하게 결합된 소레어는 게임을 즐김과 동시에 수익을 올릴 수 있고 더 강력한 몰입력을 바탕으로 많은 사람들에게 사랑받고 있습니다.

자신을 게임 마니아라고 밝힌 소레어 공동창업자는 축구 아이템을 단순하게 디지털화하는 것 말고 NFT 시장과의 결합으로 더 큰 시장을 창출할 수 있을 것 같았다고, 소레어의 탄생을 설명했습니다.

🔹 짤 막 상 식

'소레어 MLB'의 탄생

소레어는 축구에 이어 'MLB(메이저리그)'와 손잡고 야구 트레이딩 카드 시장을 완성하였습니다. MLB의 공식 라이선스를 통해 메이저리그 선수들의 NFT 트레이딩 카드를 제공하고 자신만의 팀을 꾸릴 수 있습니다. 물론 축구와 동일하게 카드를 거래할 수도 있고 수집하여 자신의 팀에 영입할 수도 있습니다. 또한 자신이 보유한 선수들의 실제 능력을 기반으로 자체 대회에서 좋은 성적을 냈다면 플레이어 카드, 경기 티켓, 실제 선수들과의 만남, 이더리움 지급 등과 같은 보상을 받을 수 있습니다.

비플

아티스트 '케빈 맥코이Kevin McCoy'에 의해 예술 그림 NFT가 처음으로 탄생했지만 NFT 그림을 대중화한 인물은 따로 있습니다. 바로 '마이크 윈켈만Michael Joseph Winkelmann'입니다.

그래픽 디자이너, 애니메이터로 활동한 그는 '비플Beeple'이라는 또 다른 이름으로 디지털 예술 시장에 진입했습니다.

비플은 2017년 예술 작품을 매일 만들어 대중들에게 공개하는 "Everydays" 프로젝트를 시작하였고 그래픽 디자이너라는 직업에 걸맞게 컴퓨터를 활용한 독창적인 요소들이 가미된 작품을 많이 선보였습니다.

○ 비플을 엿볼 수 있는 마이크 윈켈만의 공식 웹사이트

그는 "Everydays" 프로젝트를 진행하면서 탄생한 5,000개의 작품을 콜라주 하여 "매일 : 첫 5,000일Everydays : First 5,000 Days" 작품을 만들었고 2021년, 영국의 경매 회사인 크리스티스Christie's를 통해 입찰을 진행했습니다. 해당 작품은 약 $6,900,000, 원화로 약 800억 원 이상의 가격으로 Metapurse NFT 창립자인 '비네쉬 순다레산Vignesh Sundaresan'에게 낙찰되었으며 당시 약 42,000개의 ETH로 작품 가격을 지불했다고 알려져 있습니다.

○ 비플은 5,000개의 작품을
위와 같은 방식으로 콜라주
하여 판매하였습니다.

그 밖에도 우주복을 입은 캐릭터를 표현한 첫 실물 등신대 3D NFT '휴먼 원Human One', 도널드 트럼프 전 미국 대통령을 애니메이션으로 표현한 '크로스로드Crossroads', 자선 경매에서 공개된 '오션프론트 Oceanfront' 등도 모두 고가에 판매되어, 고가에 판매된 NFT 순위 상위권에 위치하고 있습니다.

특히 오션프론트는 '트론Tron' 창립자, '저스틴 선Justin Sun'에게 낙찰되어 화제를 모았으며 경매 수익금은 지구를 위한 비영리 단체인 '오픈 어스 재단Open Earth Foundation'에 기부되었습니다.

짤 막 상 식

저스틴 선의 NFT 사랑

트론의 창시자로 잘 알려진 저스틴 선이 비플의 작품을 구입하기 위해 마지막까지 입찰 경쟁을 벌였다는 일화는 매우 유명합니다. 이전에도 트위터 창립자 잭 도시의 첫 번째 트윗 NFT를 구매하기 위해 입찰 경쟁을 벌였으며 일론 머스크가 NFT 노래를 NFT로 제작하여 판매한다고 트윗하자 이를 구입하겠다고 적극적으로 어필하기도 했습니다. 저스틴 선은 자신의 SNS를 통해 NFT에 올인한다는 의사를 밝힌 후 얼마 되지 않아 NFT 펀드 상품을 만들어 간접투자 상품을 운용하겠다고 밝히기도 했습니다.

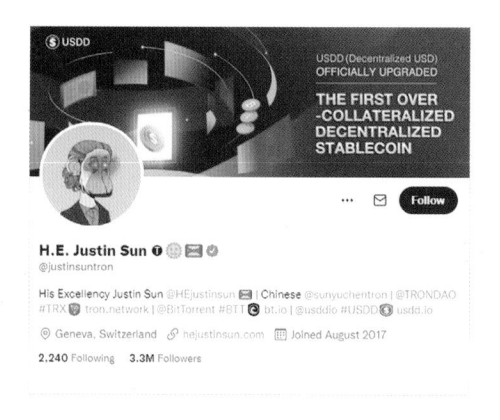

○ 저스틴 선의 트위터
프로필은 그의 NFT 사랑을
다시 한번 확인하게 합니다.

지루한 원숭이들의 요트 클럽

○ 유인원 캐릭터로 인해
NFT의 부흥기를 맞이합니다.

아티스트 '비플Beeple'의 작품이 매스컴의 헤드라인을 장식하면서 NFT
가 대중들의 입에 오르내리기 시작합니다. 하지만 대중들의 관심에 불
을 붙인 것은 미술품도, 사람도 아닌 여러 마리의 원숭이였습니다.

여러 마리의 원숭이 그림들의 컬렉션, "지루한 원숭이들의 요트 클
럽Bored Ape Yacht Club"은 셀럽들에게는 과시의 대상이 되고, 일반 대중
들에게는 NFT에 대한 관심과 투자 욕구를 충족시키기에 충분했습니
다.

BAYC의 탄생

BAYC는 '가가멜Gargamel', '고든 고너Gordon Goner', '사스Sass', '엠퍼러토
마토케첩EmperorTomatoKetchup'이라는 닉네임을 가진 익명의 인물들이
설립한 '유가랩스Yuga Labs'를 통해 탄생했습니다.

BAYC는 총 10,000개로 발행된 원숭이 그림 'PFP NFT'로 외형과
특성이 랜덤하게 구성되어 세상에 단 하나만 존재하는 NFT의 특성을
제대로 보여 줬습니다.

2021년 BAYC의 공식 판매 가격은 '0.08ETH'로 당시 이더리움
가격을 대입하면 개당 '약 20만 원'에 불과했습니다. 그러나 2022년 1

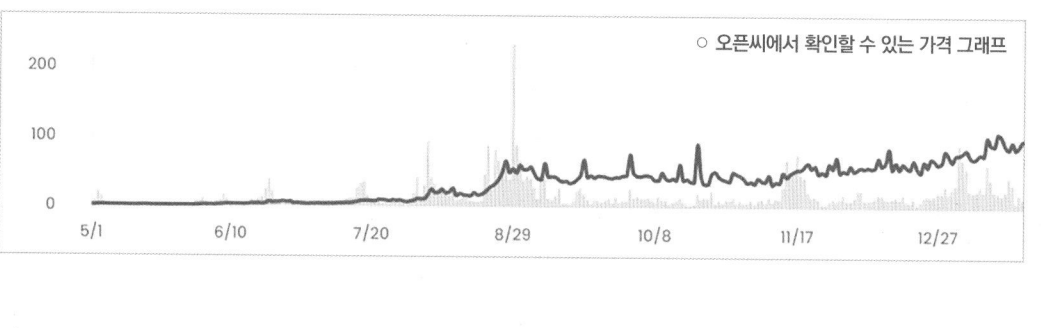

월 BAYC의 평균 가격이 100ETH인 것을 감안하면 무서울 정도의 상승폭을 보여 주었습니다.

셀럽들의 NFT

BAYC는 '크립토펑크Cryptopunks'와 더불어 전 세계 유명 셀럽들에게는 소유욕, 과시의 아이템으로 자리 잡아 유행처럼 번져 나갔습니다. NBA 스타 '스테판 커리Stephen Curry', TV쇼 진행자 '지미 펠런Jimmy Fallon', 래퍼 '에미넴 Eminem'과 '스눕독Snoop Dogg', 축구 스타 '네이마르Neymar Jr', 팝 스타 '저스틴 비버Justin Bieber' 그리고 '패리스 힐튼Paris Hilton' 등 이름만 들어도 알 수 있는 인물들이 BAYC를 구매하여 자신의 SNS에 인증하고 프로필 사진으로 등록하였습니다.

상승을 뒷받침하는 구성

BAYC는 단순히 유행 하나만으로 흥행했다고 말하기에는 로드맵 구성과 실행력이 너무나도 탄탄했습니다. 우선 BAYC를 구매한 소유자는 자신의 NFT에 대한 상업적 권리를 부여받을 수 있기 때문에 영화, 음악, TV 등 다양한 미디어에 사용할 수 있었습니다. 2022년에 '라바랩스Larva Labs'의 '크립토펑크Cryptopunk'와 '미비츠Meebits'의 NFT를 대량으로 구입하고 '지식재산권IP'까지 인수하게 되면서 두 NFT를 보유한 사람들에게 상업적 권리를 부여하였습니다. 유가랩스의 권리 제공에는 저작권에 버금가는 권리를 부여하여 NFT의 문제점을 상쇄시킨다는 전략이 숨어 있습니다.

짤막상식

'스눕독'과 '에미넴'의 BAYC 사랑

'스눕독(Snoop Dogg)'과 '에미넴(Eminem)'이 BAYC의 보유자이고 많은 애착을 가지고 있다는 사실은 매스컴을 통해 여러 번 보도되었습니다. 이들은 NFT 애호가들답게 보유하고 있는 BAYC를 적극적으로 활용하여 콜라보 디지털 싱글인 'From The D 2 The LBC'의 뮤직비디오에 BAYC를 등장시키게 됩니다.

각자 보유하고 있는 'Bored Ape #6723', 'Bored Ape #9055'가 등장한 뮤직비디오에서는 자신들의 모습과 BAYC를 활용하여 애니메이션 연출을 가미하였고 대중들의 관심과 큰 호응을 받았습니다. 이 여파로 BAYC 생태계 토큰 '에이프코인(Apecoin)'이 30% 상승하기도 했습니다.

돌연변이 원숭이 요트 클럽

'유가랩스Yugalabs'는 여기서 그치지 않고 진화적인 로드맵을 통해 자신들의 생태계 확장을 간접적으로 드러냈습니다. 이들은 'BAYC'를 발행하면서 새로운 파생 NFT의 탄생도 간접적으로 예고했는데 그것이 바로 '돌연변이 원숭이 요트 클럽Mutant Ape Yacht Club'입니다.

마치 '크립토키티Cryptokitties'의 교배 시스템과 같이 어떠한 물질과 BAYC 원숭이를 결합하여 좀비 형상의 원숭이가 탄생하는 새로운 NFT를 선보였습니다.

'MAYC'는 두 가지 방법으로 생태계에 분배되었습니다.

첫 번째로는 10,000개의 MAYC NFT는 높은 호가에서 점차적으로 가격을 낮추는 '더치옥션Dutch auction' 방식을 통해 직접적으로 판매하였고, 두 번째로 BAYC를 이미 보유하고 있는 사람들에게는 '세럼Serum', 즉 혈청이라고 불리는 아이템을 1:1비율로 '에어드롭Airdrop' 하여 선택적으로 NFT의 외형을 변화시키는 방법이었습니다. 또한 위에서 언급한 혈청은 마켓 플레이스를 통해 직접 거래할 수 있는 루트를 제공하였습니다.

혈청은 사용 기간 제한이 없었기 때문에 보유하고 있는 것은 물론

⟨ 짤·막·상·식 ⟩

BAYC 창립자 신상 공개 논란

온라인 미디어 매체의 한 기자가 BAYC의 창업자로 알려진 '가가멜(Gargamel)', '고든 고너(Gordon Goner)'의 신상을 공개하여 논란이 되기도 했습니다. 이 두 사람은 가명을 통해 자신들의 신상을 공개하지 않으면서 활동을 해 왔지만 해당 기자가 유가랩스 기록을 열람하는 과정에서 이들의 본명과 정보를 얻었고 당사자들의 동의를 얻지 않고 본명과 나이, 직업을 인터넷에 그대로 공개해 버렸습니다. 이 같은 행위는 커뮤니티의 반발을 사면서 맹비난을 받게 됩니다. 이런 반응에 기자는 고가의 작품을 활용하여 사업을 운영하고 이들이 누군지 모른다면 문제가 일어났을 때 어떻게 책임을 물을 수 있냐고 반문하였지만 논란은 쉽사리 사그라들지 않았습니다. 하지만 이후 '가가멜'과 '고든 고너'는 유행하던 'Web2 me vs Web3 me' 밈을 활용하여 자신의 실제 사진과 'BAYC NFT' 캐릭터를 트윗 하며 스스로 얼굴을 공개했고, 나머지 창업자인 '사스', '엠퍼러토마토케찹'도 동일한 방법으로 자신의 사진을 트윗 했습니다.

○ 멀쩡하던 BAYC 유인원들은 세럼이라는 NFT를 사용하면 좀비 유인원으로 변합니다.

마켓 플레이스를 통해 거래할 수 있었습니다. 만약 혈청을 사용하고자 한다면 유가랩스가 제공하는 특정 웹페이지로 이동하여 보유하고 있는 BAYC NFT와 에어드롭 받은 혈청을 등록할 수 있었고, 작업이 완료되면 새로운 외형을 가진 MAYC가 제공되었습니다.

혈청도 'M1(약)', 'M2(약~중)', 'Mega(강)'의 3가지 강도에 따라 분류되었습니다. 강도가 강해질수록 BAYC의 외형이 더 희귀하고 기괴하게 변했으며 에어드롭은 랜덤하게 진행되었습니다.

이미 완성되어 경매로 판매된 5개의 'MAYC(Mega)' NFT를 제외하고 혈청은 총 8개만 발행되어 에어드롭 되었으며 그중 하나의 'Mega 혈청'이 '1,542ETH'라는 어마어마한 가격에 거래되어 모두를 놀라게 하였습니다. 당시 시세를 반영하면 '약 70억' 원에 해당하는 가격입니다.

에이프코인의 탄생

유가랩스의 BAYC, MAYC의 성공적인 '에이프Ape' NFT들이 발행된 뒤 생태계의 핵심 요소인 '토큰 이코노미token economy'가 연결되기 시작했습니다. 토큰 이코노미는 간단히 말해 토큰을 활용하여 보상을 하고 참여를 장려하는 필수 구성 요소로 '에이프Ape' 생태계의 기본 통화로는 '에이프코인Apecoin'이 채택되어 사용됩니다.

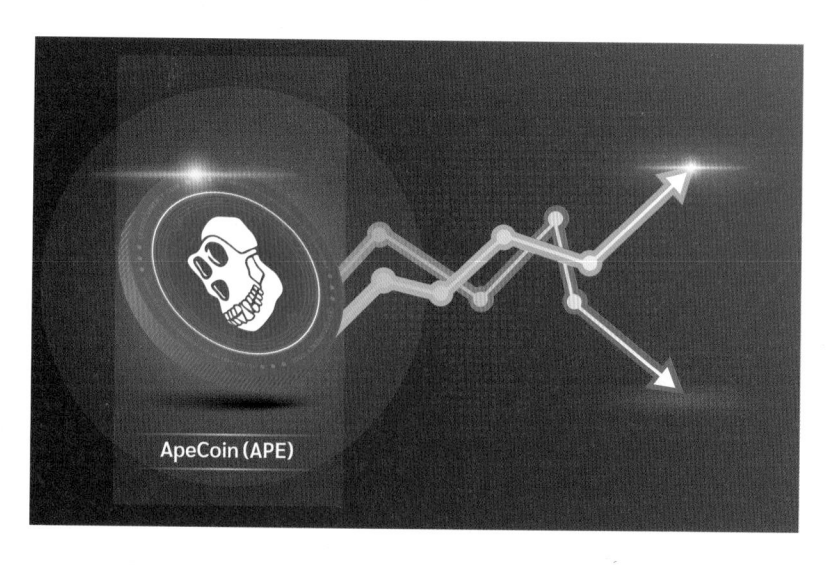

○ 유가랩스는 생태계 참여자들에 의해 완성형 NFT의 모습을 그려 냈습니다.

이름만 들었을 때는 유가랩스에서 개발하고 배포한 토큰으로 생각할 수 있겠지만 에이프코인은 탈중앙화된 자율 조직인 '에이프다오ApeDAO'에 의해 탄생하였습니다.

에이프다오는 유가랩스의 직원으로 구성된 조직이 아닌 '에이프' 생태계에 직접 참여하고 있는 각계각층의 사람들이 자발적으로 구성한 조직으로, 이들은 BAYC나 MAYC 같은 에이프 생태계가 성공적으로 발전해 나가는 것을 원하며 이를 위해 하나로 뭉쳐 다양한 의견을 제시합니다.

에이프코인은 '거버넌스Governance' 겸 '유틸리티Utility' 토큰으로 규칙이나 프로젝트의 방향성, 파트너십, 자금 사용 등의 다양한 방안을 제안하고 투표하는 데 활용되거나 거래나 교환 보상 등에 직접적으로 사용됩니다. 물론 모든 것은 합의를 통해 투명하게 결정되고 진행됩니다.

에이프코인이 유가랩스가 아닌 자율 조직인 '에이프다오ApeDAO'에 의해 제작되고 발행되었는데 어떻게 에이프 생태계의 공식 통화가 될 수 있냐고 반문할 수도 있겠지만, 유가랩스가 에이프다오에 큰 감사를 전하며 에이프코인을 프로젝트 생태계의 공식적인 토큰으로 선정하였고 함께 프로젝트를 진행할 수 있다고 밝혔습니다. 이후 BAYC와 MAYC 홀더들에게 일정 비율의 에이프코인을 에어드롭 하였습니다.

아더디드 NFT

유가랩스의 확장은 여기서 그치지 않았습니다.

'아더사이드Otherside' Web3 프로젝트를 진행하면서 대중들에게 더 큰 충격을 안겨 주게 됩니다. '아더사이드'는 게임과 상호 운용이 가능한 메타버스 프로젝트로 자신이 소유한 NFT를 이용하여 메타버스 내에서 활동할 수 있다는 특징을 가지고 있습니다. 특히 공식 판매에 앞서 유가랩스는 물론 다양한 NFT 캐릭터가 등장하는 영상을 공개하여 많은 기대를 모으기도 했습니다.

4월 말에는 '아더사이드' 메타버스에 존재하는 가상의 토지를 공개하였고 이를 교환할 수 있는 NFT 토큰, '아더디드Otherdeed'를 공식적으로 판매하였습니다.

발행 전부터 큰 주목을 받았던 아더디드는 단숨에 완판되어 약 4,000억 원 이상의 수입을 올림과 동시에 '오픈씨Opensea' 랭킹 1위를 기록하게 되었지만, 큰 인기와 더불어 수많은 사람들의 참여로 인해 이더리움 블록체인 '속도 저하'와 '수수료 상승'에 일조하게 되었고, 이 과정에서 아더디드 구매에 실패했지만 고액의 가스비만 지불한 참여자들이 속출하게 되어 비난을 받기도 했습니다.

> **Yuga Labs** ✔
> @yugalabs   ...
>
> We are still working on refunding all Otherdeed minters with failed transactions their gas. Note that you do not need to do anything - we will transfer it all back to your wallet and announce when it is completed. Don't click any links.

두들스

2021년 처음으로 선보인 '두들스Doodles' NFT는 현존하는 프로젝트 중 가장 성공했다고 말하기는 어렵지만 대중화의 기반을 마련한 것은 틀림없는 사실입니다.

두들스는 대퍼랩스Dapper Labs의 '크립토키티CryptoKitties'와 '왓츠앱 WhatsApp', 구글Google 등의 기업에서 많은 경험을 했던 마케터, 일러스트레이터, 블록체인 구축가 3명의 인원이 힘을 모아 공동 창립하였습니다.

PFP NFT인 두들스는 이름에서 엿볼 수 있듯이 마치 낙서를 한 듯한 캐릭터들로 사람은 물론 동물, 유인원, 외계인 등 다양한 인종과 사물이 생태계를 구성하고 있습니다. 두들스는 NFT 초기 판매 가격을 다른 프로젝트들보다 상대적으로 높은 가격, 0.123ETH로 측정하였지만 예상외로 빠르게 완판되었습니다.

일반적으로 NFT를 발행하여 판매를 진행하기 전까지 '디스코드 Discord'를 통해 유입 인원을 지속적으로 늘리는 다른 프로젝트들과는 다르게 디스코드가 약 1,000명의 인원을 조금 넘기자 더 이상 추가 참여자를 받지 않았으며 NFT가 완판된 이후 디스코드를 다시 오픈했다는 특징을 가지고 있습니다.

이러한 특징들과 달리 두들스가 대중화의 기반을 마련했다고 말하는 이유는 따로 있습니다. 두들스 커뮤니티는 NFT의 미래를 만들어나가는 커뮤니티 주도의 NFT 프로젝트로 더 알려져 있습니다.

두들스는 포럼 페이지인 '두들뱅크Doodlebank'를 생성하여 이를 통해 단순한 의견은 물론 기술적 제안, 마케팅, 캠페인 투표권 등 두들스 보유자들의 의견과 투표를 할 수 있는 공간을 제공하고 이를 바탕으로 생태계를 구성해 나갑니다. 또한 어느 정도 제한적이기는 하지만 두들스를 보유한 사람은 NFT를 활용하여 상업적 제품을 제작하고 판매하여 수익을 올릴 수 있습니다. 온라인상에서 확인할 수 있지만 가장 많은 보유자들의 굿즈가 탄생한 프로젝트는 BAYC, MAYC와 더불어 두들스를 꼽을 수 있습니다. 특히 두들뱅크 커뮤니티의 아이디어로 탄생한 파생 NFT '누들스Noodles'가 발매되어 커뮤니티형 NFT의 진가를 드러내기도 했습니다.

누들스는 국수 같은 면발을 코믹하게 재구성한 5,555개의 컬렉션 작품으로 두들뱅크를 통해 모인 아이디어를 두들스 팀이 공식적으로 승인하여 세상에 나오게 되었습니다. 물론 두들스 NFT에 비해 가격은 매우 저렴하지만 커뮤니티에 의해 제작된 NFT가 공식 팀의 승인을 받아 대중 앞에 섰다는 것은 매우 기념비적인 일입니다.

두들스는 지속적인 확장을 진행하고 있습니다. 특히 '스페이스 두들스Space Doodles' 프로젝트를 진행하면서 두들스 보유자들에게 우주선 NFT를 에어드롭 하였는데, 이 우주선 NFT를 '랩핑Wrapped' 하여 두들스가 우주선에 탑승한 모습으로 변경할 수 있고 다시 '언랩핑Unwrap' 하면 기존의 모습으로 돌아올 수 있습니다. 그리고 외모, 웨어러블, 액세서리 등을 변경하고 자신이 원하는 캐릭터로 만들 수 있는 두들스2를 출시하면서 생태계의 확장을 가속화하고 있습니다.

○ 실제 두들스 커뮤니티 '두들뱅크(Doodlebank)'에 게재된 아이디어 게시물

부자들의 NFT? 문버드

발행과 동시에 BAYC, MAYC를 제치고 오픈씨 거래량 1위를 기록한 NFT가 있습니다. 이름하여 '문버드Moonbirds' NFT입니다.

이더리움 블록체인을 기반으로 탄생한 문버드 NFT는 '프루프Proof' 팀에 의해 탄생한 각기 다른 올빼미 모양의 'PFP NFT'로 총 10,000개만 발행된 컬렉션입니다.

문버드는 BAYC와 마찬가지로 소유한 NFT 이미지를 활용하여 자신만의 상품을 만들거나 서비스 제품 등에 이미지를 사용할 수 있는 '지식재산권IP'을 부여하지만 오직 이 혜택 하나로 화제성을 모은 것은 아닙니다.

바닥가만 약 20ETH 이상에 해당하는 문버드가 주목받은 데 가장 큰 공을 세운 핵심 요소는 바로 '프루프PROOF' 접근 권한을 부여한다는 것입니다.

'프루프'는 쉽게 말해 NFT의 거물들이 모인 커뮤니티로 초창기 NFT 보유자들이 핵심 멤버이며 이를 통해 막대한 부를 이룬 NFT 컬렉터와 아티스트들의 모임이라고 할 수 있습니다.

PROOF
C O L L E C T I V E

A private members only collective of
1,000 dedicated NFT collectors and artists.

○ 프라이빗 멤버 구성원들만 입장이 가능한 그들만의 커뮤니티

애초에 해당 커뮤니티에 들어가기 위해서는 프루프 컬렉티브Proof collective라고 부르는 멤버십 NFT를 소유하고 있어야 하는데, 문제는 수량이 단 1,000개뿐이고 가장 저렴한 NFT는 한때 74ETH에 이르기도 했습니다. 이런 와중의 문버드 NFT 소유자들에게 프루프 커뮤니티 접근 권한을 준다는 것은 매우 달콤한 혜택이 아닐 수 없었습니다.

문버드 NFT는 공식 판매 발표와 함께 프루프 커뮤니티 멤버들에게 구매 우선권을 부여하였고 이후 대중들의 구매를 허용하면서 문버드의 가치를 더욱 상승시켰습니다. 그러나 가치를 떠나서 프루프 커뮤니티는 '크립토펑크', 'BAYC', '미비츠', '예술 NFT 작품' 등 굵직한 NFT를 약 15만 개 이상 보유한 멤버들로 구성되어 있기 때문에 NFT 시장의 큰손들과 함께 커뮤니티 멤버로 소속된다는 심리 요인도 크게 한몫한 것으로 보입니다.

02 전설적인 NFT 작가

모든 일에는 시작이 있고 그 과정에서 다양한 사건과 인물들이 탄생하기 마련입니다.

NFT 시장에서 잘 알려진 작가를 한 명 꼽는다면 물론 '비플Beeple'이 가장 많은 선택을 받을 수 있지만 그 혼자만의 영향력으로 현재의 생태계가 존재하는 것은 아닙니다. 시장의 서두를 담당했던 비플과 함께 NFT 생태계에 등장하여 큰 충격을 안겨 준 작가는 누가 있을까요?

PAK

팍PAK은 NFT 역사상 가장 비싼 가격에 NFT를 판매한 디지털 작가입니다. AI 큐레이션 플랫폼인 '아킬렉트Archillect'와 NFT 소각 플랫폼 개발, 그리고 'ASH 토큰'을 발행했기 때문에 암호화폐 투자자이거나 프로그래머라고 추측할 뿐 그의 신원은 전혀 알려지지 않았습니다.

팍PAK의 NFT 작품은 프로그래밍 방식을 활용하여 기하학적인 스타일을 추구하는 것으로 잘 알려져 있는데, 2021년 마켓 플레이스인 '니프티게이트웨이Nifty Gateway'를 통해 판매한 NFT 작품 'Merge'가

○ PAK의 'Merge'는
NFT시장에 새로운 기록을
세웠습니다.

$91,800,000(원화 약 1100억 이상)에 판매되면서 역사상 가장 높은 금액에
판매된 NFT로 기록되었습니다. 다만 단일 작품이 아닌 266,445개의
작품을 모두 판매한 금액이기 때문에 일각에서는 단일 예술 작품이 아
닌 컬렉션이라고 주장하기도 합니다.

XCOPY

비싼 가격에 판매된 NFT 작품 순위권에 항상 포함되는 인물로 NFT
예술 시장을 초창기에 진입한 작가로 알려져 있으며 런던에 거주하고

짤 막 상 식

**팍(PAK)이 만든 '아킬렉트(Archillect)'는
무엇일까?**

아킬렉트는 알고리즘을 통해 이미지를 자
동으로 선택해 주는 AI 큐레이션 플랫폼
입니다.
쉽게 말해 트위터, 인스타그램, 텔레그램,
핀터레스트와 같은 소셜미디어를 통해 공
유, 좋아요 수, 검색 기록, 키워드 등을 기
록하고 이를 바탕으로 자동으로 이미지를
선택하고 사람들에게 공유합니다. 구글을
통해 '@archillet'를 검색하면 웹사이트,
인스타그램, 트위터로 활성화된 아킬렉트
를 확인할 수 있습니다.

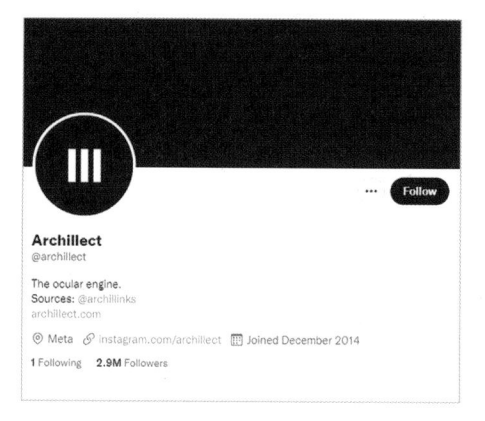

○ 아킬렉트의 트위터 계정은
매 분마다 새로운 사진들이
트윗 됩니다.

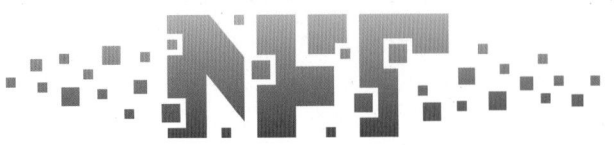
non-fungible token

○ 엑스카피의 작품은
아직까지도 NFT 시장에 큰
영향을 주고 있습니다.

있다는 정보 외의 신상은 전혀 알려지지 않았습니다.

'엑스카피XCOPY'의 작품은 사회의 부정적인 측면을 극단화시켜 만들어지는 매우 암울한 세상을 날카롭게 그리는 '디스토피아dystopia'틱한 스타일을 보여 주는 것이 특징이며 애니메이션 GIF를 활용하여 약간은 기괴해 보이기도 합니다.

엑스카피는 마켓 플레이스 '슈퍼레어SuperRare'에서 "오른쪽 버튼 클릭하고 다른 이름으로 저장Right-click and Save As guy"이라는 NFT 작품을 $6,570,000(원화 약 80억 이상), "페리맨을 위한 코인A Coin for the Ferryman"을 $6,000,000(원화 약 75억 이상)에 판매하면서 지금까지도 상위권에 위치한 NFT 작가로 손꼽힙니다.

미스터미상

일러스트레이터이자 애니메이터인 '미스터미상Mr Misang'은 한국인 작가지만 국내보다 해외에서 더 유명한 NFT 작가로 꼽힙니다. 특히 NFT 예술 시장의 1세대 아티스트로 한국인으로는 최초로 메이저 NFT 마켓에 입성하여 이름을 더 널리 알렸습니다. 미스터미상은 자신만의 특성을 담아낸 캐릭터를 바탕으로 과거, 현재, 미래를 하나의 세상에 함축적으로 담아 우리 사회를 표현하며 애니메이션 효과를 더해 한층 더 강한 인상을 남기는 것이 특징입니다.

미스터미상은 '슈퍼레어superrare', '니프티게이트웨이niftygateway' 마켓을 통해 성공적으로 데뷔하였는데 슈퍼레어에서 판매한 "머니팩토리Money factory" NFT는 200ETH, 니프티게이트웨이에서는 "마스크

워커Masked Workers" NFT를 $150,000(원화 약 1억 8,000만 원 이상)에 판매하였습니다.

현재는 많이 완화되긴 했지만 그 당시만 해도 메이저 NFT 마켓은 깐깐한 심사와 부수적인 조건을 따져 가며 아티스트를 심사하고 등록했기 때문에 미스터미상의 마켓 진출이 더욱 대단하다고 평가를 받습니다. 미스터미상의 작품 판매 수는 198점으로 기록되어 있고 그 가치는 $3,173,095(원화 40억 이상)에 이릅니다.

특히 성공적인 NFT 시장의 안착과 동시에 직접 PFP NFT '고스트 프로젝트Ghost projects'를 진행하였습니다. 고스트 프로젝트는 각기 다른 특성을 지닌 10,000개의 고스트가 존재하고 '모션 트래킹Motion-Tracking' 기술을 접목하여 독특한 NFT 사용 가이드를 제공한다고 알려져 있습니다.

'모션 트래킹Motion-Tracking'은 말 그대로 자신의 얼굴 표정이나 동작 등을 바로 추적하는 기술로 '디스코드Discord', '줌Zoom', '유튜브YouTube' 등의 플랫폼에서 웹캠을 통해 자신의 얼굴 표정이나 동작을 복사하고, 보유하고 있는 PFP가 그대로 표현하기 때문에 현실적인 아바타로 활용할 수 있다는 장점이 있습니다.

○ 미스터미상의 첫 번째
프로젝트인 '고스트 프로젝트
(Ghosts Progect)'

'일론 머스크'의 전 연인, '그라임스'의 NFT

캐나다의 싱어송라이터 '그라임스Grimes'는 NFT 작품을 통해 고액을 벌어들여 화제를 모았습니다. 한때 일론 머스크Elon Musk의 연인으로도 알려졌던 그라임스는 '워 님프War Nymph'라는 이름의 NFT 그림 컬렉션을 '니프티게이트웨이niftygateway' 경매를 통해 판매하였는데 단 20분 만에 낙찰되어 약 65억 원이라는 어마어마한 수익을 올렸습니다.

그라임스의 NFT 작품은 화성을 배경으로 날개가 달린 아기 천사가 그려져 있는데 일론 머스크의 화성 사업과 본인들 사이에서 태어난 아이를 나타낸 것이 아니냐는 추측이 나오기도 했습니다. 싱어송라이터답게 해당 NFT 작품에는 자신의 노래를 배경으로 수록했으며 검이 꽂혀 있는 어떠한 지역에서 아기 천사들이 날아오르는 영상도 포함되어 있습니다. 그라임스의 '워 님프War Nymph' 컬렉션에서는 'Earth', 그리고 'Mars'라는 이름의 작품이 가장 고가에 판매되었습니다.

03 한국형 NFT와 플랫폼

외국 시장의 전유물로만 여겨졌던 NFT 프로젝트들이 나날이 증가하면서 국내에서도 이 같은 프로젝트를 위한 움직임이 포착되기 시작합니다. 특히 국산 블록체인 기술을 활용하여 한국형으로 탄생한 '메타콩즈MetaKongz'는 독특한 작품은 물론 기업들과의 콜라보를 통해 현재까지도 활발한 활동을 이어 나가고 있습니다.

한국형 PFP 메타콩즈

○ 메타콩즈의 성공은 한국형 NFT의 가능성을 제시하였습니다.

'크립토펑크Cryptopunks'를 시작으로 'BAYC'가 PFP NFT로 주목을 받고 있을 때쯤 한국형 PFP NFT인 프로젝트 콩즈Project Kongz, 이름하여 '메타콩즈MetaKongz'가 세상에 모습을 드러냅니다.

2021년 발행된 '사이버콩즈Cyberkongz'에서 영감을 받은 듯한 유인원 캐릭터들을 초고품질 3D PFP로 탄생시킨 메타콩즈는 '클레이튼 Klaytn' 블록체인을 기반으로 프로젝트를 진행하였습니다. 국내에서 발행하는 최초의 PFP NFT 프로젝트답게 국내의 생태계 참여자들에게는 어마어마한 관심과 파급력을 선보였습니다.

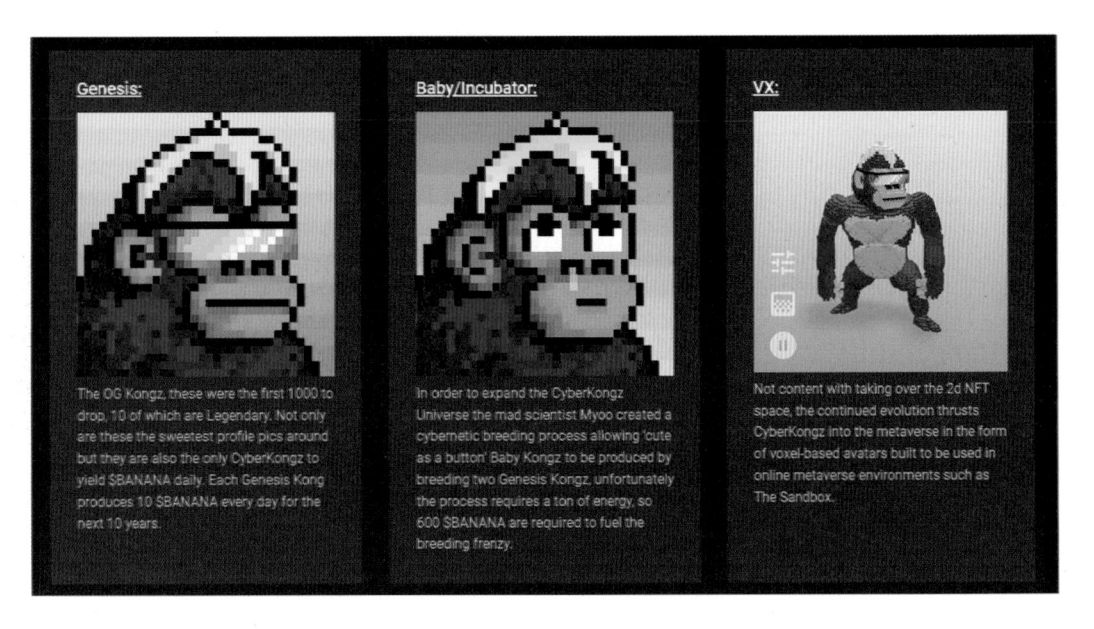

○ 3가지 유형의 사이버콩즈

NFT를 구매하고자 하거나 이제 막 NFT에 관심을 가진 국내 거주자들은 메타콩즈를 통해 시장에 진입했다고 해도 과언이 아닐 정도입니다.

메타콩즈의 흥행 요소
메타콩즈의 가장 큰 흥행 요소는 신뢰감을 바탕으로 누구나 참여 가능한 낮은 진입 장벽을 꼽을 수 있습니다. 프로그래밍 교육 단체로 알려진 '멋쟁이 사자처럼LIKE LION'의 이두희 대표는 자신의 이름을 걸고 메타콩즈 프로젝트에 참여했지만, 사실 일반 대중들에게는 아이돌 걸그룹인 '레인보우Rainbow' 출신의 가수 지숙과 결혼한 인물로 잘 알려져 있고 매스컴에서 자주 접했기 때문에 해당 인지도를 바탕으로 NFT 구매자들에게는 더 큰 신뢰감을 주었습니다. 또한 국내에서 진행하는 대형 NFT 프로젝트가 전무했기 때문에 NFT를 구매하기 위해서는 해외 사이트에 접속하여 영어로 이뤄진 정보를 탐색하고 참여하는 게 기본적인 구매 절차였지만 메타콩즈 프로젝트가 진행되면서 기본적으로 한국어를 사용했기 때문에 참여 장벽을 크게 낮출 수 있었습니다.

메타콩즈의 확장성

메타콩즈는 초창기에 목표로 삼은 로드맵을 충실하게 이행하면서 생태계를 꾸준히 확장해 나가고 있습니다. 또한 자체 NFT를 활용하여 '토큰 이코노미Token economy'를 구성하였는데 메타콩즈 NFT를 '스테이킹Staking' 하면 1일 x개의 '메콩코인MKC'을 보상으로 지급받을 수 있고 지급받은 메콩코인은 거래를 통해 수익을 올리거나 '브리딩Breeding'에 사용할 수 있습니다. 말 그대로 교배를 뜻하는 '브리딩Breeding'은 일정액의 메콩코인과 메타콩즈 NFT 2개를 활용하여 교배를 시킬 수 있고 이를 바탕으로 '베이비콩즈BabyKongz'를 얻을 수 있습니다.

거버넌스와 마이그레이션

특정 인물이나 창립자들에 의해 의사결정이 되는 것이 아닌, 생태계 참

| No.1 | 이더리움 체인으로 마이그레이션한다. | **3,129** (96.3%) |
| No.2 | 클레이튼 체인에 잔류한다. | **121** (3.7%) |

○ 거버넌스 시스템으로 인해 참여자들은 중대 사안을 결정할 수 있는 권한을 갖게 됩니다.

여자들에 의해 중요 사항이 결정되는 체계인 '거버넌스Governance' 시스템은 메타콩즈 생태계에도 정착되어 있습니다.

단적인 예로 '클레이튼Klaytn' 블록체인을 기반으로 탄생한 메타콩즈는 생태계 발전을 위해 더 큰 NFT 생태계를 이루고 있는 '이더리움Ethereum' 블록체인 이주, 즉 '마이그레이션Migration' 투표를 진행하였으며 압도적인 표 차이로 이더리움 이주가 결정되기도 했습니다.

메타콩즈의 분쟁

순항하던 메타콩즈는 시간이 지나며 메콩코인의 가격 하락, 새롭게 선보인 NFT 프로젝트의 부진 등으로 홀더들의 반발을 사게 되었고, 당시 메타콩즈 개발을 맡아 CTO로 활동한 '멋쟁이 사자처럼'의 이두희 대표와 메타콩즈 경영진들의 갈등이 심화되기 시작했습니다. 이 과정에서 횡령, 배임과 같은 의혹에 대한 폭로전이 일어났고 홀더들 사이에서는 기존 경영진 퇴진과 이두희 CTO를 대표로 영입하고자 하는 분위기가 만들어집니다.

결국 내용증명이 오간 공방전 이후 '멋쟁이 사자처럼'이 메타콩즈를 인수하기로 결정했다고 공지하였는데 진흙탕 싸움이 이어졌습니다. 기존 경영진에서는 이두희 대표를 업무상 배임, 사기 등의 혐의로 고소했지만 무혐의 판결을 받았으며, 이사회에서는 기존 메타콩즈 대표의 해임안이 통과되며 기존 대표는 해임되었습니다.

한편 이두희 대표는 투자자 설명회를 통해 앞으로의 방향성과 변화하는 시스템을 이야기하였으며 프로젝트에 총력을 기울이겠다는 포부를 밝혔습니다. 또한 메타콩즈의 이미지가 많이 망가졌기 때문에 전면 개편을 통해 브랜드 복구에 최선을 다하겠다고 덧붙였습니다.

짤·막·상·식

**── '이더리움'으로 ──
이주한 '메타콩즈'**

메타콩즈(Metakongz)는 5월 28일부터 6월 10일까지 이더리움(Ethereum) 체인 마이그레이션을 진행했습니다. 해당 기간에 필요한 비용은 모두 메타콩즈가 부담하였으며 이후에 마이그레이션을 진행한다면 본인이 15메콩코인(MKC)을 부담해야 했습니다. 성공적으로 이더리움 체인에 정착한 메타콩즈는 시장의 흐름과 여러 사건들로 인해 1ETH~1.5ETH의 가격을 유지하고 있습니다.
또한 이더리움 마이그레이션을 진행하지 않은 메타콩즈 NFT는 'THE META KONGZ KLAYTN'이라는 이름의 오픈씨 페이지를 통해 약 280여 개가 등록되어 있습니다.

클레이시티

○ 클레이시티(Klay City)는 NFT 후속 주자 중 가장 큰 주목을 받았습니다.

한국형 NFT 대장이 '메타콩즈Metakongz'라면 한국을 대표하는 NFT 목록에는 '클레이시티Klay City'가 있습니다. 클레이시티는 2080년 오염된 지구를 배경으로 다양한 지역에 분포되어 있는 자원들을 모으고 자신이 보유하고 있는 땅을 관리하여 수익을 올리는 '메타버스Metaverse'와 NFT가 접목된 'P2EPlay-to-Earn' 게임입니다.

오브시티 리브랜딩

클레이튼 블록체인을 기반으로 시작된 클레이시티가 확장성 중심의 폴리곤 블록체인으로 마이그레이션을 진행하면서 '오브시티Orbcity'로 리브랜딩 하였습니다. 기반이 되는 블록체인만 폴리곤으로 마이그레이션 하였으며 스토리 및 게임 구조는 변화가 없습니다.

Lock-up Schedule

Category	TGE	Vesting
Seed	–	18 M vesting (per Block)
Private	–	12 M vesting (per Block)
IDO	100%	Fully unlocked
Marketing	4.1%	2 yr linear vesting
LP Incentive	–	2 yr linear vesting
Get $ORB	0.26%	Halving rewards every yr, distributed evenly
Ecosystem	–	1 yr lock-up, 24 M vesting
Team	–	1 yr lock-up, 4 yrs vesting
Liquidity	50%	50% at TGE, 6 M lock
Dev Fund	–	1 yr quarterly vesting

Release Schedule

(in mil.)

□ IDO　■ Seed　◨ Private　▨ Marketing
□ LP Incentive　■ Get $ORB　◨ Ecosystem　□ Team
□ Liquidity　■ DEV Fund

○ 잠금(Lock-up)의 조건은 항상 잘 살펴봐야 합니다.

랜드를 이용한 스테이킹

오브시티는 본인이 소유하고 있는 구역을 직접적으로 활용할 수 있다는 특징을 보여 줍니다. 본인이 소유하고 있는 '랜드LAND', 즉 자기 소유의 '토지(랜드)'를 '스테이킹Staking' 하면 'LAY007'이라고 불리는 생태계의 보조 토큰을 지급 받을 수 있습니다.

LAY007 스테이킹을 이용해 얻는 ORB 토큰

이렇게 얻게 된 'LAY007'을 '스테이킹' 하게 되면 'ORB' 토큰을 얻을 수 있습니다. 스테이킹을 위한 풀은 6개가 존재하는데 조건에 의해 스테이키킹 하게 되면 특정 기간 동안 '잠금Day lock' 되는 경우가 있고 며칠 간 언스테이킹을 못 하는 경우도 있습니다. 물론 '잠금'을 길게 가져가는 풀의 경우 보상이 더 높습니다.

랜드로드 DAO

랜드로드LandLord DAO는 다른 말로는 '거버넌스governance'라고 부릅니다. 지속적으로 학습했듯이 '거버넌스'는 생태계에 참여하고 있는 커뮤니티의 구성원들이 프로젝트의 미래 방향을 위해 의견을 제출하고

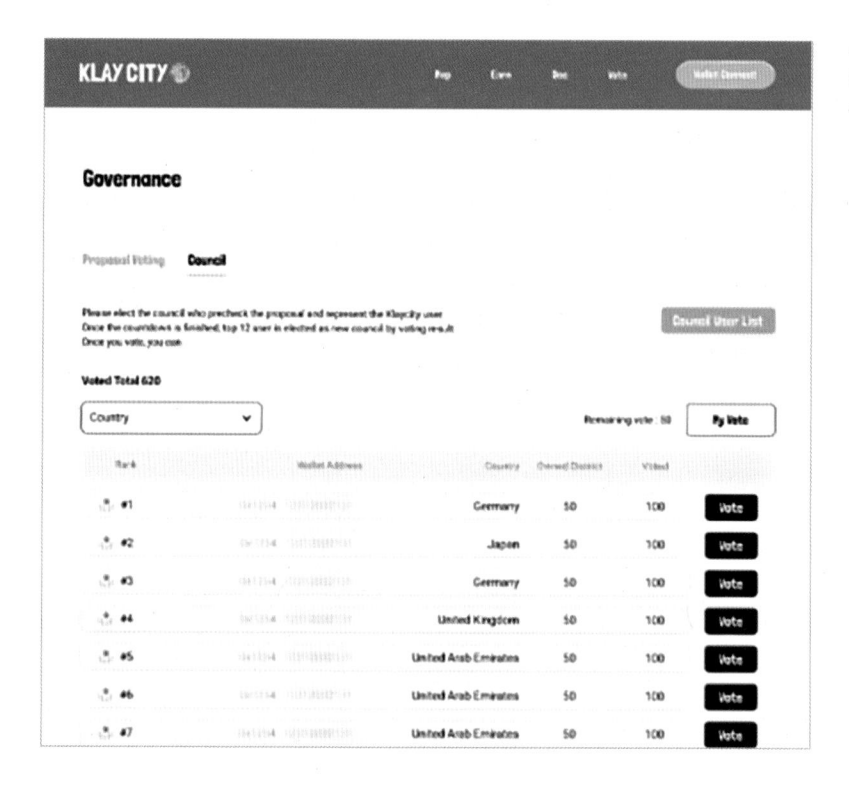

○ 거버넌스 페이지를 통해 위원회 투표 현황을 확인할 수 있습니다.

투표할 수 있는 체계라고 말할 수 있습니다.

　오브시티에서는 사용자들의 투표를 통해 거버넌스 위원회 12명을 구성하고 이들은 체계적인 생태계 관리를 이행하며 소량의 급여를 받게 됩니다. 특히 위원회를 구성하는 투표는 실시간으로 모두 확인할 수 있으며 위원회 후보들은 소유 토지, 대표 국가 등에 대한 모든 정보가 공개됩니다.

오브시티의 공격적인 마케팅

리브랜딩 전 클레이시티가 메타콩즈와 더불어 인지도가 높은 이유는 바로 공격적인 마케팅을 선보였기 때문입니다. 오징어게임으로 유명한 배우 '박해수', 그리고 '전종서'와 '진영'을 모델로 선정하였고 시네마틱 광고까지 제작하는 스케일을 보여 줬습니다. 지하철에 탑승하면서 한 번쯤은 봤을 법한 스크린도어 광고를 다수 진행하였고 이를 포함하여 온라인 광고도 매우 공격적으로 진행하였습니다.

선미야클럽

'선미야클럽SUNMIYA CLUB'은 현재까지도 활발한 활동을 이어 나가고 있는 가수 '선미'를 모델로 제작한 한국형 NFT 중 하나입니다.

국내에서 가장 인기 있는 '여자 가수' 선미를 모델로 선정하여 진행한 최초의 NFT 프로젝트로 총 10,000개의 PFP NFT를 발행한 '선미야클럽'은 K-POP 문화를 메타버스로 확장하여 사업의 규모를 넓혀 간다는 취지에서 시작되었습니다.

특히 거버넌스 방식의 투표 진행과 함께 '메타콩즈Metakongz'에서 적용한 '스테이킹Staking' 시스템을 차용하여 선미 NFT 작품을 '스테이킹' 하는 방식도 적용하였습니다. 무엇보다 클레이튼 블록체인 시장에서 가장 큰 영향력을 행사하는 '메타콩즈'와의 협업은 물론 이두희 대표

○ https://sunmiya.club/gallery

Rank 1
MIYA #6374

Rank 2
MIYA #6516

Rank 3
MIYA #3908

Rank 4
MIYA #5422

Rank 5
MIYA #9446

Rank 6
MIYA #7393

와 선미가 SNS를 활용하여 NFT를 홍보하여 신규 유입을 크게 늘리기도 했습니다.

아티스트와 홀더의 생태계

'선미야클럽'은 K-POP 문화의 성장과 발전이 바탕이 된다고 봐도 무방합니다. 특히 아티스트인 선미, 그리고 K-POP 팬, NFT 홀더들이 생태계를 함께 만들어간다는 목표를 이상향으로 잡고 있으며 이를 완성시키기 위해 대형 NFT와의 협업, 콜라보 NFT, 에어드롭 등 다양한 이벤트를 이어 나가고 있고 이를 통해 구매자, 홀더들의 비중을 늘리고 있습니다. 또한 메타버스를 오픈하여 음원 NFT, 앨범 발매 기념 NFT 등 지속적으로 다양한 혜택을 부여하는 로드맵을 진행하고 있습니다.

또한 거버넌스 투표 기능을 오픈하여 '선미야클럽' NFT의 공식 명칭을 '미야Miya'로 선정하였고 자신의 미야 NFT에 액세서리, 귀걸이, 메이크업 등의 NFT를 장착할 수 있는 파츠 시스템을 도입하였습니다.

클레이튼 블록체인

'비탈릭 부테린Vitalik Buterin'의 이더리움이 블록체인 세상을 한 단계 성장시키면서 이를 바탕으로 다양한 블록체인이 탄생하게 됩니다. 그중에서도 '클레이튼Klaytn' 블록체인은 한국인들에 의해 탄생한 한국형 블록체인으로 이름을 알리게 됩니다.

○ https://klaytn.foundation/about-klaytn/

클레이튼Klaytn은 카카오KAKAO의 자회사 '그라운드엑스Ground X'가 개발한 블록체인으로 이더리움의 소스코드를 기반으로 개발되어 많은 부분이 호환되지만 그렇다고 동일한 블록체인은 아닙니다.

클레이튼의 강점은 '이더리움Ethereum'과 동일하게 '분산애플리케이션Dapp'의 운영을 가능케 한 블록체인 '플랫폼'이라는 것입니다.

확장성과 속도 솔루션

클레이튼이 주목받은 것은 이더리움 플랫폼의 문제점인 확장성과 처리 속도를 개선했다는 것입니다. 최소 5분에서 1시간 이상 걸리는 블록체인 생성과 컨펌 속도를 1초 내외로 줄였고 '초당 처리가 가능한 거래TPS; Transaction Per Second' 규모도 3,000~4,000개로 크게 확장시켰다는 특징이 있습니다. 쉽게 말해 '이더리움'이 초당 15~20개 정도의 거래를 처리한다면 '클레이튼'은 초당 3,000~4,000개의 거래를 처리한다는 뜻입니다.

○ 생태계의 참여자들 간의 원활한 상호 운용과 다양한 지원으로 네트워크 규모를 확장한다는 클레이튼

SCALING UP THROUGH SERVICE CHAINS

Klaytn uses a hub and spoke model as our scaling solution to maintain performance as our ecosystem grows. Our 'spokes', which we call Service Chains, can be tailored for individual dApp requirements, and just like other L2 solutions, they can be anchored to our main chain for greater security. We will be scaling up by:

☐ Building support for Service Chain bridging to enable seamless interoperability between participants in our ecosystem

☐ Sizing up our interoperable network with more Service Chains and supportive infrastructure

☐ Implementing of nested Service Chains, allowing Service Chains to act as hubs for other Service Chains, exponentially increasing scalability

클레이튼 차용과 문제점

국내 NFT 프로젝트가 클레이튼을 사용하는 이유에는 확장성도 있겠지만 가스 비용이 매우 낮다는 것도 있습니다. 현재의 이더리움과는 달리 1건의 거래에 1~10원 단위의 매우 저렴한 가스비를 필요로 합니다. 다만 낮은 가스비는 장점과 단점이 함께 공존합니다. 낮은 가스비는 프로젝트 유지나 투자자들의 부담을 줄여 유입자를 늘리는 데 매우 탁월하지만 악성의 트래픽을 대량으로 보내 네트워크를 마비시키는 '디도스DDos' 공격에 취약하다는 단점이 존재합니다.

이러한 문제는 특정 작업을 반복적으로 수행하는 '봇Bot'의 활동을 의미할 수 있으며 거래를 목적으로 자동으로 다수의 거래를 생성하여 순수익을 얻는 '차익 거래', 프리 세일이나 퍼블릭 세일 같은 '공식 판매'를 장악하여 싹쓸이하는 봇의 활동이 늘어나면서 '클레이튼' 체인의 '과부하'를 불러오고 NFT 생태계에 큰 지장을 주게 됩니다. 막상 공식 판매 일정에 참여를 원하는 실 유저는 NFT를 구매하지 못하는 현상이 일어날 수밖에 없습니다.

이러한 문제가 많아지면서 클레이튼은 가스비를 30배로 인상하는 정책을 단행했지만 이마저도 매우 낮은 수준의 가스비이기 때문에 위에서 언급한 문제가 확실하게 해결되진 않았습니다.

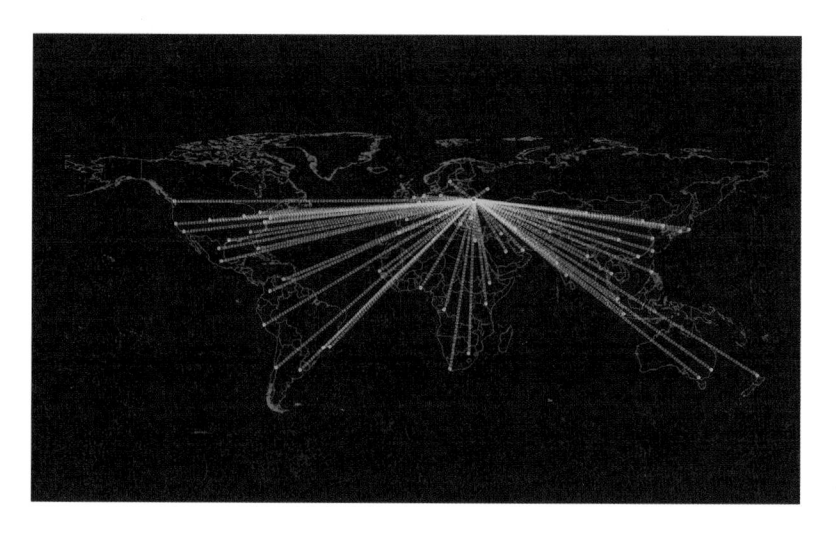

○ 네트워크의 수수료가 너무 저렴하면 다양한 문제가 일어납니다.

확장성(scalability)이란 무엇일까?

확장성이란 블록체인의 거래 전송에 관한 것으로 현재 암호화폐 시장에서 가장 많이 언급되는 단어 중 하나입니다. 블록체인은 하나의 블록이 체인처럼 연결되어 있는 형태이며 블록체인을 이용하여 데이터를 전송했을 때 데이터가 블록에 기록됩니다. 하지만 블록마다 수용할 수 있는 데이터의 양이 한정돼 있기 때문에 거래자들이 몰려 데이터 전송 수가 늘어나게 되면 과부하로 인해 속도가 매우 떨어지고 요구하는 수수료가 높아지는 문제에 직면할 수밖에 없습니다. 쉽게 말해 10평 남짓한 식당에 1명의 직원을 고용하여 장사를 한다고 가정했을 때 1시간에 1~2명의 손님이 방문하면 큰 문제는 없겠지만 1시간에 100명의 손님이 방문한다면 식당은 원활하게 운영되지 못할 것이고 직원들 또한 더 높은 임금과 추가 직원의 고용을 요구할 것입니다.

확장성은 이러한 문제와 관련된 것으로 블록체인이 어느 정도의 거래를 수용하고 처리가 가능한지를 나타낸다고 할 수 있습니다. 보통 초당 처리가 가능한 거래 내역, 즉 TPS(Transaction per Second)를 통해 속도를 나타낼 수 있는데 비트코인은 3~7TPS, 이더리움은 15~20TPS, 솔라나는 3,000TPS를 보여 줍니다. 다만 TPS는 하나의 지표일 뿐 블록체인의 성능을 대변하지는 않습니다.

폴리곤 블록체인

'폴리곤Polygon' 블록체인은 NFT 시장을 조금이라도 들여다봤다면 이더리움과 더불어 가장 많이 언급되는 블록체인 중 하나라는 건 다들 아실 겁니다.

'이더리움Ethereum' 블록체인의 확장성 문제가 지속적으로 대두되면서 이를 해결하고자 하는 다양한 솔루션이 탄생하였는데 '폴리곤Polygon'도 그중 하나입니다.

폴리곤의 장점

'매틱 네트워크Matic Network'라는 이름으로 출시한 폴리곤은 재도약을 위해 리브랜딩을 진행하면서 '폴리곤Polygon'이라는 이름으로 재탄생했습니다.

폴리곤은 이더리움 네트워크의 '레이어2Layer2' 솔루션으로 이더리움을 통한 거래들을 분산적으로 처리하여 네트워크 과부하 방지를 통해 더 많은 거래를 빠르게 처리할 수 있다는 장점이 있습니다. 자칫 어렵게 느껴질 수 있겠지만 간단히 설명하자면 '레이어1Layer1'을 이더리움 블록체인, 폴리곤의 '레이어2Layer2'는 이더리움 블록체인에 연결된 별도의 네트워크라고 할 수 있습니다. 즉 폴리곤은 거래만 전문적으로 처리하고 '합의'나 '승인' 같은 주요 절차는 이더리움이 처리하는 것을 말합니다. 이렇게 되면 네트워크의 과부하를 줄이고 더욱 빠른 거래를 가능케 할 수 있으며 수수료도 매우 저렴하다는 장점이 있습니다.

폴리곤의 매틱 전송 시 주의사항

폴리곤에서 사용하는 암호화폐는 '매틱MATIC'입니다. NFT 거래를 위해 거래소에 있는 매틱을 구입하여 전송하는 과정을 진행해 본 경험이 있다면 생각보다 매우 높은 수수료를 요구하는 것을 알 수 있습니다. 수수료가 저렴하다면서 왜 이렇게 비싸냐고 반문할 수 있지만 그 이유는 네트워크 운영과 거래소의 지원에 있습니다.

MATIC 출금 주의 사항 안내

MATIC 출금 시, 반드시 해당 거래소 혹은 개인 지갑의 주소가 ERC-20 네트워크로의 입금을 지원하는지 확인하신 뒤 출금하여 주시기 바랍니다.

확인

폴리곤(MATIC)은 현재 이더리움 체인과 폴리곤 메인넷을 동시에 운영하고 있고, 일부 거래소에서 폴리곤(MATIC) 출금 시 체인을 선택할 수 있도록 한 것이 오입금 발생의 주된 원인으로 보입니다.

○ 국내 암호화폐 거래소의 '매틱(Matic)' 출금 안내 사항

보통 독립적인 블록체인 네트워크인 '메인넷Mainnet'이 출시되면 자체 네트워크를 사용하지만 폴리곤은 '메인넷'의 '매틱' 코인을 이더리움 기반의 'ERC-20' 토큰으로 변환하는 '브릿지Bridge' 기능을 제공하여 2가지 네트워크에서 사용할 수 있게 지원합니다.

즉 '브릿지' 기능을 사용하면 폴리곤의 '매틱' 코인을 '이더리움 네트워크'와 '폴리곤 네트워크'에서 모두 사용할 수가 있다는 뜻으로 여기까지만 봐서는 큰 문제가 없습니다. 하지만 폴리곤을 지원하는 국내 거래소는 '폴리곤 메인넷'을 지원하지 않으며 모두 이더리움 기반의 폴리곤만 지원하고 있습니다. 이렇게 된다면 폴리곤 메인넷의 저렴한 수수료가 아닌 이더리움 기반의 비싼 수수료를 지불해야 하기 때문에 이러한 수수료 차이가 나타나게 되는 것입니다.

솔라나 블록체인

NFT 시장에서 이더리움 네트워크 다음으로 가장 주목을 받고 있는 블록체인으로 '이더리움 킬러'라는 별명을 가진 '솔라나Solana' 블록체인은 이더리움의 장점은 극대화하고 단점은 해결한 네트워크로 평가받고 있습니다.

솔라나의 장점

이더리움과 동일하게 '스마트 컨트랙트Smart Contract'를 제공하고 이를
효율적으로 처리할 수 있으며 '테스트넷Testnet'을 통해 초당 약 5만 건
이상의 거래를 처리했다고 알려져 있습니다.

Transactions per second	2,119	Avg. cost per transaction	$0.00025
Total Transactions	85,306,611,644	Validator nodes	1,875

○ 공식 웹사이트에 표기된 현재 TSP는 2,000대를 유지하고 있으며 거래 내역은 점점 늘어나고 있습니다.

수수료 또한 매우 저렴하여 사용자들의 부담을 해소해 줍니다. 또
한 이더리움과 동일하게 '플랫폼Platform' 기능을 제공하는 블록체인이
기 때문에 솔라나 블록체인을 기반으로 다양한 프로젝트를 진행할 수
있다는 장점이 존재합니다.

역사 증명 방식 도입

앞서 비트코인은 '작업 증명Proof of Work' 방식을 사용한다고 했습니다.
하지만 솔라나는 이와 다르게 '역사 증명Proof of History' 방식을 도입하
였습니다.

○ 솔라나의 '역사 증명'은
일어난 사건의 시간을 토대로
합니다.

역사 증명 방식은 블록체인에서 일어난 사건을 역사적으로 기록하고 이를 토대로 추적하여 합의하기 때문에 일일이 검증하고 합의하는 작업 증명 방식에 비해 매우 빠른 속도를 보여 줍니다. 또한 다른 블록체인의 '노드(컴퓨터)'들과는 다르게 특정 기준을 가진 '고급 사양의 노드'만 블록체인 검증에 참여할 수 있는 권한을 부여해 작업 성능을 크게 높였습니다. 하지만 '이더리움 킬러'라는 별명과 달리 거래 과부하로 블록체인이 약 18시간 정도 먹통이 돼 버전을 업그레이드하여 재시작한 사례가 있으며 이 때문에 근본적인 문제나 취약점이 있는 것이라는 비판을 받기도 했습니다.

솔라나의 네트워크 중단 사건

2021년 9월 14일 약 18시간가량 솔라나의 네트워크가 중단되는 사건이 발생합니다. 블록체인 네트워크가 중단되었다는 사실이 알려지면서 사용자들은 불안감에 휩싸이게 됩니다. 너무 많은 거래가 몰려 네트워크의 과부하 때문이었지만, 하루가 되지 않는 시간 동안 복구를 진행하였고 다행히 다음 날 메인넷이 재가동되었습니다. 거래를 자동으로 진행하게 만드는 '봇Bot' 프로그램이 너무 많은 거래를 요청하게 되면서 네트워크가 중단된 것인데 이런 사건이 처음 일어난 것은 아닙니다.

신규 블록 생성이 중단되면서 약 4시간 동안 네트워크가 중단된 경우가 있었고 과부하로 인해 약 5시간 동안 네트워크가 중단된 경우도 있었습니다. 이로 인해 솔라나의 가격은 크게 하락했으며 암호화폐 시장이 출렁이는 결과를 낳기도 했습니다. 2022년에만 5번의 중단이 있었으며 시장 전체를 통틀어 7번째의 네트워크 중단을 기록하여 안정성에 문제가 제기되기도 했습니다.

04 'NFT'와 'P2E'

게임을 플레이하면서 돈을 벌 수 있는 개념에서 시작한 'P2EPlay-to-Earn'는 블록체인, NFT의 탄생 이전부터 자주 사용되어 왔습니다. 게임상의 아이템을 판매하여 현금화할 수 있는 '리니지 시리즈Lineage series', '메이플스토리maplestory', '디아블로 시리즈Diablo series'와 같은 종류의 게임이 어찌 보면 P2E 게임의 원조라고 할 수도 있습니다.

하지만 이와 달리 NFT 시장이 성장하기 시작하면서 게임과 블록체인, 그리고 NFT가 결합한 다양한 형태의 P2E 게임들이 속속 발매되고 있습니다.

디파이 킹덤

디파이 킹덤DeFi Kingdoms은 '하모니Harmony' 블록체인을 기반으로 구동하는 P2E 게임으로 이름에서도 알 수 있듯이 NFT 이전에 주목받은 탈중앙화 금융 시스템 '디파이Defi'를 결합하여 탄생한 '게임파이GameFi'로 소개되기도 합니다.

게임 내에서 토큰 거래는 물론 이자를 받는 방식의 금융 시스템이 구성되어 있으며 NFT 시장이 점차 커지면서 디파이킹덤에서는 히어로 NFT 시스템을 도입하기도 했습니다. 히어로 캐릭터는 여타 다른 게임의 캐릭터들과 마찬가지로 각기 다른 능력치를 지니고 있으며 히어로 캐릭터를 통해 퀘스트를 수행하고 성장시킬 수 있습니다. 히어로 NFT를 활용하면 '스테이킹Staking'은 물론 다른 유저와의 경쟁을 통해 보상을 받을 수도 있습니다. 디파이킹덤은 모바일 RPG 게임의 특징을 디파이, NFT와 적절하게 조합하여 큰 호평을 받은 게임입니다.

한편 디파이킹덤은 앞서 말한 하모니 블록체인을 기반으로 탄생하였지만 클레이튼 체인으로 이동하게 되면서 첫 번째 게임 맵인 '세랜데일Serendale'을 클레이튼 메인넷에서 출시하였습니다. 디파이킹덤 측은 이미 2022년 초 클레이튼 체인으로 전환할 것이라고 밝힌 바 있습니다.

무한돌파 삼국지 리버스

이미 서비스가 종료된 무한돌파 삼국지의 후속 게임으로 P2E적 요소를 가미하여 새롭게 출시한 작품입니다. 한때는 P2E 게임으로 유명세를 치르기도 했지만 국내의 법률적 문제로 인해 서비스 금지를 당한 비운의 작품입니다.

　　무한돌파 삼국지 리버스는 특정 조건을 완료하면 '무돌Mudol'이라는 이름의 코인을 지급하고 무돌코인은 '클레이Klay'로 변환하여 현금화할 수 있다는 특징을 지녔습니다. 하지만 게임물관리위원회는 게임 내 재화를 현금으로 교환하는 행위를 금지하는 게임법을 근거로 등급 분류를 취소하였고, 무한돌파 삼국지 리버스는 울며 겨자 먹기로 토큰 기능을 제외한 '리버스L'을 출시하여 서비스를 재개하였습니다.

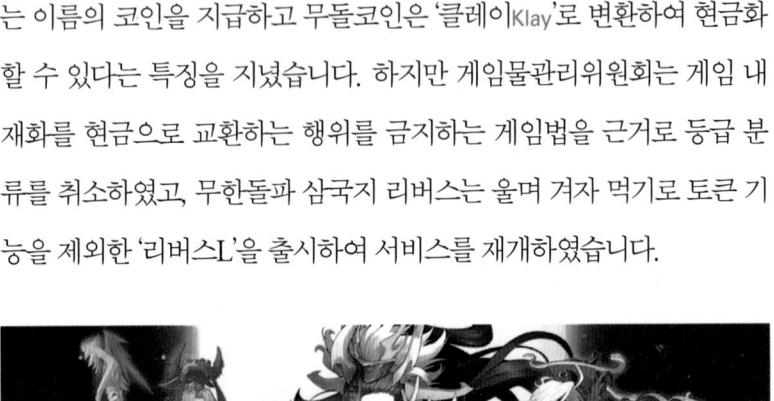

○ 무한돌파 삼국지 리버스는 무돌코인의 화제성으로 한때는 많은 사용자를 보유하였습니다.

파이브스타즈

'파이브스타즈Fivestars'는 '스카이피플Skypeople'이 출시한 '클레이튼 Klaytn' 블록체인 기반 턴제 RPG 게임으로, 플레이하면서 영웅 캐릭터와 아이템을 획득할 수 있고 NFT로 변환하여 거래할 수 있는 것이 특징입니다.

　　파이브스타즈는 경매, 이벤트, PVP 등 게임 내 콘텐츠를 즐기면서

'미네랄 토큰MNR; Mineral Token'을 획득할 수 있는데 미네랄 토큰은 암호화폐 거래소에서 거래가 가능하고 아이템 거래를 위해 사용되기도 합니다.

하지만 무한돌파 삼국지 리버스와 마찬가지로 게임물관리위원회가 등급 분류 결정을 취소하면서 파이브스타즈는 가처분 및 행정처분 취소 소송을 제기하였는데, 게임물관리위원회와의 법정 공방이 이어지다 2023년 1월 파이브스타즈가 제기한 결정취소 청구 소송은 기각 당했으며 재판부는 게임물관리위원회의 손을 들어 주게 되면서 국내 서비스를 종료했습니다.

현재 파이브스타즈는 파이브스타즈 글로벌을 출시하여 국내를 제외한 100여 개 국가에서 서비스를 제공하고 있습니다.

미르4

1998년 '미르의 전설1'을 시작으로 '위메이드Wemade'는 2021년 4번째 시리즈인 '미르의 전설4'를 출시하였으며 이를 줄여 '미르4'라고 부릅니다. 미르4는 NFT를 적용한 P2E 게임으로 암호화폐와의 연결을 통해 현금화가 가능한 토큰 이코노미를 구성하여 더 큰 화제를 모았습니다.

특히 NFT 캐릭터를 활용하여 서버에 '스테이킹Staking' 하고 특정 아이템을 생산하여 경제 활동을 확장한 '미라지Mirage' 시스템 등 다양

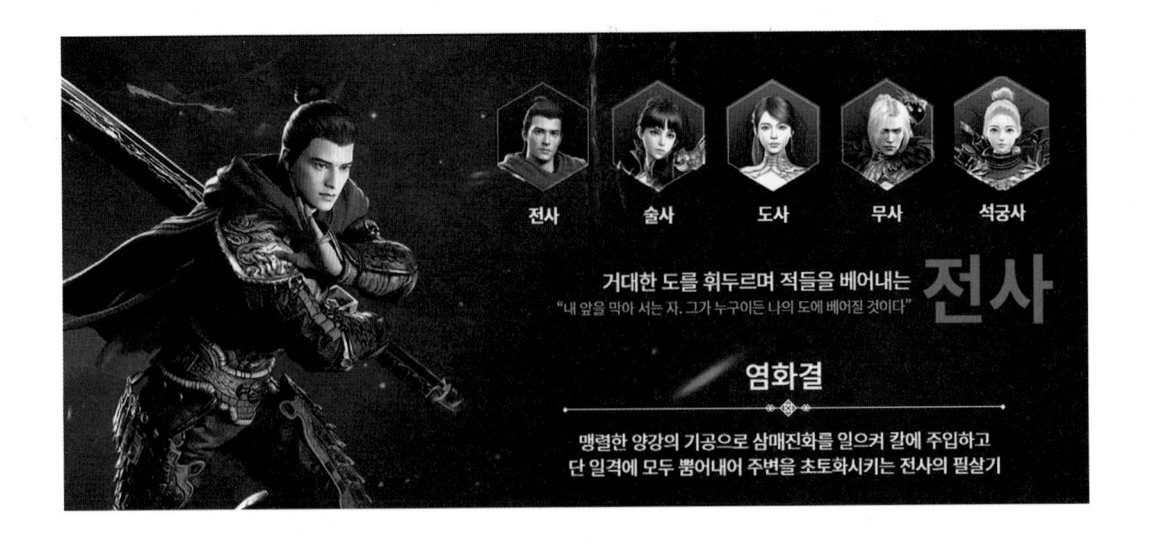

한 서비스를 제공하고 있습니다.

하지만 국내에서는 게임물관리위원회가 게임 재화의 현금화를 금지하고 있기 때문에 현금화가 가능한 시스템은 글로벌 버전에서만 제공하고 있습니다.

P2E 게임의 문제점

NFT와 결합한 다양한 'P2EPlay-to-Earn' 게임이 탄생하면서 이에 대한 문제점들도 나타나고 있습니다. P2E의 문제점은 무엇일까요?

기존 게임계는 'P2WPlay-to-Win' 시스템이 주를 이뤘고 플레이어들도 승리하는 것에 초점을 두고 게임을 즐겨 왔습니다. 하지만 'P2EPlay-to-Earn'가 도입되면서 게임에서 얻을 수 있는 재화를 수익화할 수 있게 되었고 이를 바탕으로 게임 시장에는 새로운 바람이 불어올 것이라는 전망이 컸습니다. 그러나 새로운 비즈니스 모델로 P2E가 차용되는 것은 바람직하지만 아직 갈 길이 멀다고 게이머들은 지적합니다.

게이머들의 첫 번째 지적은 게임성입니다. 수익화도 좋지만 게임 자체의 재미를 찾기가 어렵다는 뜻입니다. 특히 비슷한 형식의 게임은 이미 시장에 많이 출시되어 있고 이런 게임을 뛰어넘을 게임성이 있어

야 하지만 블록체인, NFT에만 초점을 맞춰 출시되는 게임이 많다는 지적입니다.

두 번째 문제는 '게임물관리위원회(게임위)'가 P2E 게임에 매우 부정적이라는 데 있습니다. 게임위는 P2E 게임의 사행성을 이야기하며 마켓 퇴출을 강행하고 있습니다. 위에서도 언급했듯이 '무한돌파 삼국지 리버스'는 등급 분류 취소로 핵심 시스템을 삭제하고 서비스를 제공하고 있으며 '미르4'의 경우 이런 국내법으로 인해 글로벌 버전에서만 NFT P2E 요소를 도입하여 승승장구하고 있습니다.

이렇듯 변화해 가는 시대에 발맞춰 서비스를 제공하기 위해서는 규제 완화가 시급하다는 의견이 나오고 있습니다. 국내에서 제공하는 P2E 게임은 사실상 퇴출 수순을 밟을 가능성이 높기 때문에 관련 법적 문제를 해소하는 게 주 과제로 꼽히고 있습니다.

엑시인피니티와 P2E

아기자기한 캐릭터들이 출현하여 전투를 치르는 '엑시인피니티Axie Infinity'는 게임을 하면서 돈을 벌 수 있는 'P2EPlay to Earn' 장르 중에서는 가장 대중적으로 이름을 알렸으며 한때 하루 이용자 수만 200만 명을 넘어설 정도로 크게 활성화된 작품입니다.

2018년 베트남 게임사인 스카이 마비스가 개발한 것으로 알려진 이 게임은 국내 기업에서도 투자를 감행했을 만큼 가능성을 인정받았고, 상대적으로 물가가 낮은 동남아 지역에서는 이 게임을 하는 것이 생계유지를 위한 하나의 직업으로까지 발전했습니다.

○ 엑시인피티니는 동남아 지역에서 초대박을 치며 NFT 게임으로 자리 잡았습니다.

게임 플레이에 필요한 캐릭터는 NFT로 발행되어, 부여된 특성에 따라 희귀도와 가치가 변화하고 생태계 토큰인 '샤드AXS'로 구입하거나 판매하여 수익을 올릴 수 있습니다.

그 밖에도 게임을 진행하면서 받는 보상으로는 '스무스 러브 포션SLP' 토큰이 존재합니다. '샤드'와 '스무스 러브 포션' 토큰은 실제 암호화폐 거래소에 상장되어 있어 거래를 통한 구입, 판매를 통한 수익화가 잘 구현되어 있으며 2가지 토큰을 활용하여 완벽한 '토큰 이코노미Token Economy'를 설계했다는 평가를 받고 있습니다.

초창기에 비해 가격이 하락했기 때문에 수익률이 줄어들었지만 한 번쯤은 플레이해 볼 만한 가치가 있는 게임입니다.

메타버스와 랜드 NFT

NFT가 대중들에게 알려지게 되면서 '가상의 세계'와 '증강현실'
이 결합한 '메타버스 프로젝트들'이 속속 등장하게 됩니다. 4차
산업의 핵심 요소인 메타버스, 그리고 미래의 먹거리로 자리 잡
기 시작한 NFT의 결합과 '랜드(LAND)'의 탄생은 새로운 비즈니
스 모델을 제시하게 되었습니다.
하지만 랜드(LAND) NFT는 하루아침에 탄생한 것이 아닌 초창기
의 암호화폐 시장에서 밑바닥을 다져 온 강력한 내공의 아이템
입니다. 메타버스와 랜드 NFT는 과연 무엇이길래 스타트업은
물론 대기업의 참전까지 이끌고 있는 것일까요?

01 '메타버스'란 무엇인가?

메타버스Metaverse는 초월을 의미하는 '메타META'와 우주, 세계를 의미하는 '유니버스Universe'의 합성어로 하위 개념에는 '가상현실Virtual Reality', '증강현실Augmented Reality'이 포함됩니다. 즉 메타버스는 우리가 생활하고 있는 현실을 가상의 세계로 확장하고 가상의 세계에서도 동일하게 활동할 수 있는 것을 의미합니다.

하지만 전문가들마다 메타버스에 대한 정의는 물론 보는 시각이 다 다르기 때문에 확립된 뜻이라고 말하기에는 어려움이 있습니다.

현재 NFT와 결합한 메타버스 생태계는 아바타를 통해 음악을 감상하고 게임이나 쇼핑을 즐기는 등의 문화생활을 영위하는 방식은 물론 토지를 매입하여 장사나 이벤트를 진행하고 자신만의 보금자리를 마련하는 상업적 방식을 제공하여 생태계를 확립해 나가고 있습니다.

02 랜드 NFT는 무엇인가?

'랜드LAND'는 가상의 세계에 존재하는 디지털 토지/부동산을 뜻하는 NFT 생태계의 단어로 랜드 NFT를 구매하면 블록체인에 영구적인 소유권을 기록하고 언제 어디서든 증명이 가능하다는 장점을 지니고 있습니다.

단순히 토지를 매입하고 매매할 수 있었던 부동산 NFT의 원조격인 '이더리아Etheria'의 모델에서 벗어나 메타버스와 결합한 최근의 랜드 NFT는 다양한 비즈니스 모델로 확장되었고 해외에서는 가상의 저택은 물론 실물 저택을 NFT화하여 거래에 이용하기도 합니다.

○ 랜드는 더 이상 허황된 개념의 NFT가 아닙니다.

03 랜드 프로젝트

NFT

암호화폐나 주식을 제외하고 지금 머릿속에 떠오르는 투자 자산을 꼽아 보라고 말하면 아마도 부동산을 떠올리시는 분들이 많을 겁니다. '의식주(衣食住)' 중 하나에 해당하는 부동산은 사회적 신분의 상징성을 보이고 누군가에게는 내 집 장만의 꿈으로, 누군가에게는 재테크 수단으로서 역사적으로 매우 오랜 시간 함께해 온 투자 시장이기 때문입니다.

NFT 시장에서 이와 비슷한 것을 꼽으라면 '랜드LAND'를 말할 수 있습니다. 하지만 아이러니하게도 개인 투자자들에 비해 대기업들의

○ 플로리다의 한 주택은 재산권을 NFT로 발행하여 경매를 진행한다고 밝히기도 했습니다.

진입 행렬이 더 늘어나고 있으며 이 같은 결과는 '랜드LAND'가 단순 투자 자산이 아닌 현재와 미래를 연결하는 매개체라는 것을 증명함과 동시에 다양한 결괏값을 만들어 내고 있습니다. 이들은 어떤 방법으로 시장을 만들어 다양한 층의 진입을 이끌어 냈을까요?

더 샌드박스

가장 성공적인 프로젝트로 평가받는 '샌드박스'는 '랜드LAND'를 가장 잘 이해하고 이를 사업적으로 절묘하게 결합하여 생태계를 확장해 왔으며 메타버스라는 단어가 대중화되기 이전부터 '메타버스'와 '랜드 NFT'를 자신들의 킬러 콘텐츠로 사용했습니다.

더 샌드박스의 시작

2011년 모바일 게임 스튜디오 '픽스올pixowl' 설립으로 시작된 더 샌드박스The Sandbox는 모바일 버전 픽셀 게임 '샌드박스Sandbox'를 출시하면서 게임 시장에 진입하였습니다.

2018년에 이르러서 블록체인 기반의 '더 샌드박스 3DThe Sandbox 3D' 버전을 발표하였고 NFT 게임의 가치를 알아본 게임 소프트웨어 및 벤처 캐피털 기업 '애니모카 브랜드Animoca Brands'가 2019년에 인수

○ 샌드박스는 랜드 시장의 거장이라고 말할 수 있습니다.

를 진행하면서 풍부한 자금력을 바탕으로 지속적인 발전을 거듭하고 있습니다.

샌드박스 생태계의 토큰

더 샌드박스는 '샌드SAND', '랜드LAND', '애셋ASSET', '게임GAMES', '젬GEMS'과 같이 하나가 아닌 여러가지의 토큰을 통해 '토큰이코노미token economy'를 구성하고 있습니다.

"샌드SAND"는 더 샌드박스 세상에서 사용되는 기본 통화로 거래, 보상, 수익에 활용되고 암호화폐 거래소를 통해 직접적인 거래도 가능합니다. 또한 '스테이킹Staking'이 가능하기 때문에 '샌드'를 예치하여 정해진 기간마다 보상을 받을 수 있습니다.

"랜드LAND"는 공간에 존재하는 토지/부동산의 단위로 NFT화되어 블록체인에 기록하고 소유권을 인정받을 수 있습니다. 게임을 실행할 수 있는 최소한의 크기인 96×96미터로 구성된 "랜드LAND"와 다수의 랜드가 합쳐져 이루어진 형태를 뜻하는 "에스테이트ESTATE"로 구분합니다.

"애셋ASSET"은 아이템이나 개체를 말하는데 플레이가 불가능한 사람, 동물 등의 NPC, 플레이어가 착용할 수 있는 헬멧, 장갑, 검, 의류 같은 아이템, 장식품이나 랜드마크, 물, 모래 등의 환경을 칭하며 '복스에딧Voxedit'을 이용하여 직접 만들거나 판매할 수도 있습니다.

"게임GAMES"은 게임메이커를 통해 자신의 게임을 만들어 토큰화하고 마켓 플레이스에서 판매하여 샌드SAND로 보상을 받을 수 있습니다.

"젬GEMS"은 에셋으로 분류되는 것의 등급이나 능력치를 강화할 수 있는 토큰으로 젬을 활용하면 더 높은 가치의 에셋을 만들 수 있습니다. 젬은 샌드 토큰의 스테이킹 또는 마켓 플레이스에서 직접적인 거래를 통해 획득할 수 있습니다.

○ 제1강에서 'ERC'에 대해 확실히 이해했다면 매우 단순해 보인다는 걸 알 수 있습니다.

더 샌드박스의 핵심 3요소

더 샌드박스는 무엇 하나 쉽게 구성하지 않았습니다. 사용자들은 제공받는 프로그램을 통해 상상하는 대로 제작하고 원한다면 수익까지 창출할 수 있습니다.

이 모든 것은 아래 3가지의 구성 요소로 완성됩니다.

1. 복스에딧

'복스에딧VoxEdit'은 초보자도 쉽게 원하는 모델을 만들 수 있는 에디터입니다. '에셋'이라 칭하는 아바타, 동물, 지형, 아이템 등 모든 것을 3D로 제작할 수 있고, 이렇게 만들어진 모델은 더 샌드박스 세계에서 직접 사용하거나 NFT화해 마켓 플레이스에서 판매하고 수익을 얻을 수도 있습니다.

○ 누구나 쉽게 3D를 제작할
수 있도록 도와주는 복스에딧

○ 구매 및 판매를 통해 토큰 수익을 얻을 수 있는 핵심 마켓

2. 마켓 플레이스

더 샌드박스의 코어라고 할 수 있는 마켓 플레이스Marketplace는 직접 제작한 다양한 모델을 NFT화해 판매하여 자체 토큰 수익을 얻을 수 있고 구매를 통해 자신의 랜드에 적용할 수도 있습니다. 크리에이터 펀드 소속 아티스트들이 직접 디자인한 107개의 NFT 판매를 시작으로 처음 오픈되었습니다.

3. 게임메이커

게임메이커Game Maker 툴을 사용하면 코딩 지식이 없더라도 누구든 쉽게 3D 게임을 제작할 수 있습니다. 기본 지형을 시작으로 자신이 원하는 지형을 만들고 '복스에딧Voxedit'에서 제작한 모델을 불러올 수 있습니다. 만약 '복스에딧'으로 악마 몬스터를 제작하였다면 게임메이커로 불러들여 몬스터와 대결을 펼치는 게임을 만들 수 있습니다.

○ 게임메이커 하나면 새로운 세상을 창조할 수 있습니다.

더 샌드박스만의 독특한 마케팅 전략

더 샌드박스의 성공적인 행보는 메타버스와 NFT 구성으로만 이뤄진 것은 아닙니다.

NFT 랜드의 초기 판매 당시 구매자들은 자신의 랜드에 원하는 이미지를 등록하여 지도에 표기할 수 있었는데, 구매자의 입장에서는 특정 로고나 브랜드 이미지를 등록하여 온라인 시장을 선도하는 이미지를 가져갈 수 있었고 더 샌드박스는 자신들의 프로젝트를 알릴 수 있었습니다. 이 때문에 서로 윈윈하는 성공적인 마케팅 전략으로 현재까지도 회자됩니다.

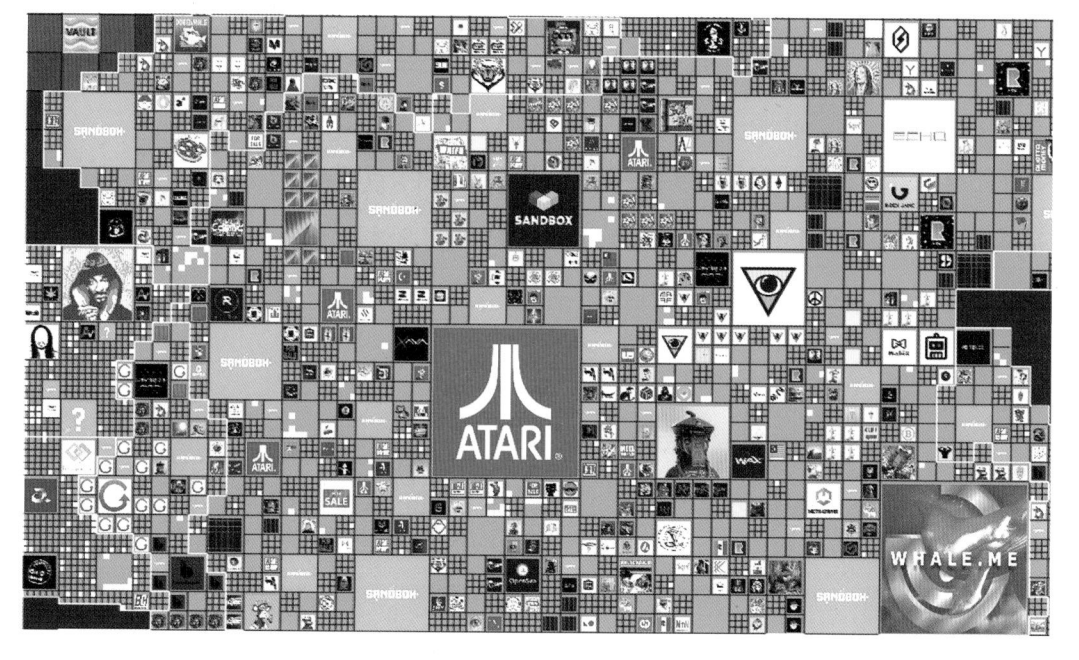

○ 더 샌드박스는 전설의 기업 아타리와도 제휴를 맺었습니다.

짤 막 상 식

토큰이코노미?
토큰이코노미(Token economy)는 블록체인 기반의 코인이나 토큰을 활용하여 생태계를 설계하는 것으로 보상 제도를 적절하게 구성하여 자발적인 참여를 유도하고 이윤을 창출해 내며 참여자들의 제안이나 의견을 통해 합의를 이끌어 내는 경제 시스템을 말합니다.
토큰과 이코노미를 합쳐 '토크노믹스(Tokenomics)'라고 부르기도 합니다.

디센트럴랜드

○ 디센트럴랜드 웹사이트에 접속하면 바로 체험할 수 있습니다.

'디센트럴랜드Decentraland'는 더 샌드박스보다 먼저 탄생한 '가상현실VR; Virtual Reality 플랫폼Platform'으로, 사용자들은 디센트럴랜드 플랫폼을 활용하여 '랜드LAND'를 소유, 다양한 콘텐츠를 덧씌우면서 서비스를 제공하고 부가 수익을 올릴 수 있습니다. 특히 웹 기반의 가상현실 기술을 활용하기 때문에 저사양 환경에서 플레이가 가능하고 암호화폐 지갑이 있다면 어디서든 접속이 가능합니다.

토큰과 랜드

디센트럴랜드의 기본 통화는 '마나MANA'로 플랫폼 정식 오픈 전에 이미 암호화폐 거래소에 상장되었으며 손쉽게 거래할 수 있다는 장점이

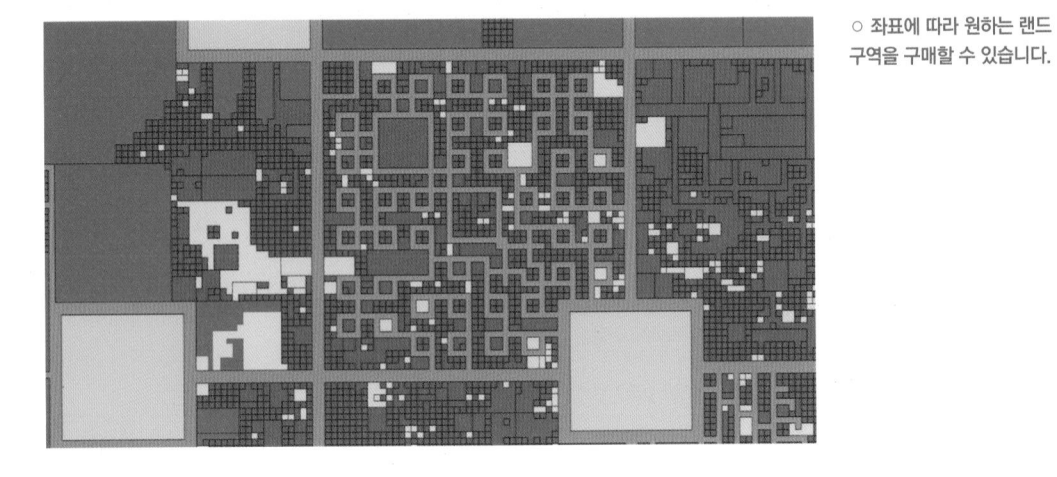

○ 좌표에 따라 원하는 랜드 구역을 구매할 수 있습니다.

있습니다.

특히 이더리움 블록체인을 기반으로 탄생했기 때문에 '랜드LAND'
는 '스마트 컨트랙트Smart Contract'를 통해 NFT화되며 거래 내역이나
정보도 안전하게 저장됩니다.

플랫폼에서 제공하는 '랜드LAND'는 x, y 좌표를 통해 여러 가지 구
획으로 나뉘고 '마나MANA'를 사용하여 마켓 플레이스에서 직접 구매할
수 있습니다.

활용되는 아이템을 직접 제작하거나 자신의 랜드를 꾸밀 수 있고
마나를 통한 구매, 판매로 수익을 얻을 수 있다는 전체적인 구성은 더
샌드박스와 동일합니다.

웹 가상현실 플랫폼

디센트럴랜드는 웹 가상현실 플랫폼이기 때문에 '크롬Chrome', '파이어
폭스Firefox', '브레이브Brave' 브라우저를 지원하는 PC 또는 MAC을 통
해 접속 가능합니다. 물론 '메타마스크Metamask' 지갑이 필수로 설치되
어 있어야 합니다.

○ 디센트럴랜드의 실제 플레이 화면 스크린샷

디센트럴랜드의 콘텐츠 제작 방법

1. 빌더

빌더builder는 초보자들을 위해 제공되는 서비스로 모든 툴이 제공되기 때문에 디센트럴랜드 세계관에서 사용 가능한 구성 요소들을 보다 더 쉽게 제작할 수 있습니다. 만약 이마저도 어렵다면 이미 제작되어 있는 모델을 사용자의 입맛에 맞게 수정하여 사용할 수도 있습니다.

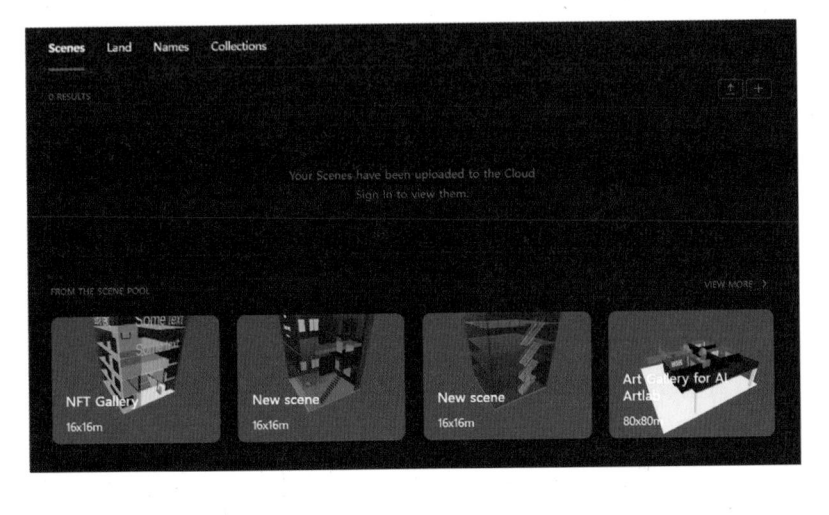

○ 모든 서비스는 공식 웹사이트를 통해 제공됩니다.

2. SDK

'소프트웨어 개발 도구'라는 뜻을 가진 SDKSoftware Development Kit는 특정 플랫폼에서 애플리케이션을 제작하는 데 사용할 수 있습니다. 튜토리얼을 통해 쉬운 방법을 제공하기는 하지만 코드를 작성해야 하는 어려움이 따르기 때문에 초보자의 경우 디센트럴랜드 SDK를 사용하기보다 빌더를 사용하는 것이 더 유용합니다.

디센트럴랜드의 기업 유치 전략

디센트럴랜드는 더 샌드박스보다 더 적극적인 기업 유치에 힘쓰고 있습니다. 가상현실에 중점을 둔 플랫폼이라는 타이틀에 걸맞게 기업들에게 직접적인 홍보 방법을 제시하고 있습니다.

　'삼성전자'의 경우 디센트럴랜드의 토지를 구입한 후 '삼성 837X

○ 디센트럴랜드에 접속하면
삼성 플래그십을 확인할 수
있습니다.

'플래그십' 매장을 오픈하여 삼성의 기술력을 확인하는 콘텐츠, 라이브
댄스파티 스테이지와 같은 다양한 행사를 진행하기도 했습니다.

　디센트럴랜드는 여기서 그치지 않고 최초의 메타버스 패션위크를
개최하여 '타미 힐피거Tommy Hilfiger', '돌체앤가바나Dolce & Gabbana', '휴
고 보스Hugo Boss' 등 세계적인 패션 브랜드들의 런웨이와 뒤풀이 행사
를 진행하였으며, 해당 무대에서 아바타가 착용한 디지털 의상은 온라
인 매장에서 판매하여 실물 의상으로 교환하거나 자신의 아바타에게
입힐 수 있는 서비스를 제공하였습니다.

　투자자들은 화이트 페이퍼, 로드맵, 개발진의 3요소를 중점적으로
체크하며 프로젝트를 판단하였는데, 디센트럴랜드가 국내에 소개되었
을 당시만 해도, 프로젝트의 아이디어는 좋지만 실제로 구현이 불가능
할 것이라는 부정적인 의견이 주를 이뤘습니다. 하지만 디센트럴랜드
는 로드맵의 대부분을 구현했으며 가상현실, 랜드 NFT 프로젝트의 개
척자로 이름을 알렸습니다.

짤막상식

**암호화폐 디센트럴랜드의
인식은 어땠을까?**

디센트럴랜드의 개발은
2015년 본격적으로 진행되
었습니다.
그 결실로 2018~2019년
사이에 국내외 암호화폐 거래
소에 집중적으로 상장되었습
니다. 당시 국내에서는 암호화
폐의 가격 폭등과 더불어 수많
은 프로젝트들이 범람하던 시
기였고 사기라고 부르는 스캠
프로젝트들도 대거 등장하면
서 시장 자체의 인식이 그렇게
긍정적이지만은 않았습니다.

○ 디센트럴랜드의 2017년
로고

복셀

본래의 이름은 '크립토복셀Cryptovoxels'로 암호화폐에 익숙하지 않은 사람들을 수용하고 시장의 성장을 위해 리브랜딩을 단행하여 '복셀Voxels'로 재탄생하였습니다. 복셀은 자신들을 이더리움 기반의 가상 세계, 메타버스 플랫폼으로 소개하고 있으며 VR 기기가 없어도 자바스크립트를 지원하는 웹 브라우저만 있다면 참여할 수 있다는 특징을 바탕으로 디센트럴랜드와 비슷한 접근성을 보여 주지만 암호화폐 지갑이 없어도 참여할 수 있다는 차이점이 있습니다. 하지만 자신만의 세계를 만들거나 수익을 올리기 위해서는 지갑이 필수입니다.

복셀의 특징

'복셀'은 '더 샌드박스', '디센트럴랜드'에 비해 상대적으로 가격이 저렴한 편이고 특별한 제약 없이 복셀의 가상 세계에 참여할 수 있다는 장점이 존재합니다. 그렇기 때문에 NFT 작가들이 자신의 전시회를 열거나 컬렉션을 나열하는 플랫폼으로 많이 애용합니다.

NFT화된 복셀의 토지를 구입하면 자신의 입맛에 맞는 아이템을 제작하여 건설할 수 있고 토지 자체를 판매하거나 임대하여 수익을 올릴 수 있습니다.

○ 복셀의 웹사이트는 다른 플랫폼들과 다른 느낌으로 다가옵니다.

다른 프로젝트들과 달리 '윈도Windows' 운영체제뿐만 아니라 '안드로이드Android'에서도 플레이할 수 있다는 특징이 있습니다.

VR 기기 없이 키보드와 마우스를 이용하여 가상 세계를 체험할 수 있지만 VR 기기 연결을 지원하는 옵션이 있기 때문에 선택적인 체험이 가능합니다.

CVPA

복셀의 공식 웹사이트에서는 매주 CVPACryptovoxels Parcel 경매를 개최하여 복셀용 토지를 구매할 수 있는 기회를 제공합니다. 물론 2차 시장에서도 거래가 가능합니다.

○ 오픈씨를 통해 매주 1차 경매를 진행합니다.

복셀 토큰

복셀은 과거 'COLR'이라는 이름의 토큰을 사용할 수 있었지만 현재는 지원을 중단했으며 '이더ETH'를 거래 통화로 사용하고 있습니다.

○ 복셀의 실제 접속 스크린샷

NFT월드

'NFT월드'는 '폴리곤 네트워크'의 '이더리움 레이어2' 솔루션을 기반으로 탄생한 P2E 메타버스 프로젝트로 무작위로 생성된 10,000개의 '랜드LAND' 컬렉션으로 구성되어 있습니다. 각각의 토지는 지형의 세부 특성이나 모습에 따라서 희귀도가 나뉘며 이를 바탕으로 토지마다 분석된 지표가 표기되어 있기 때문에 진입 장벽이 매우 낮다는 장점이 있습니다.

다른 프로젝트들과의 차이점은 NFT월드가 탄생했을 당시 모든 토지를 무료로 제공하였으며 '랜드LAND'의 가치는 2차 시장의 거래액을 통해 측정되도록 설계하였다는 점입니다.

마인크래프트와 NFT월드

NFT월드는 메타버스를 구축하는 핵심 요소로 '마인크래프트Minecraft'를 주목했습니다. 마인크래프트는 사용자에 의해 만들어지는 맵, 그리고 게임 콘텐츠 제작, 다양한 아이템을 보유했다는 장점을 통해 이미 생태계를 완벽하게 구성하여 게임 시장에 한 획을 그은 작품입니다. 특히 인지도가 없는 작품을 활용하기보다는 이미 대중들에게 인기 있는 게임을 활용한다면 더 많은 이들에게 NFT와 메타버스를 접목한 새로

운 세상을 제공할 수 있다고 판단했습니다.

NFT는 '블록체인'을 기반으로 제작되지만 '마인크래프트 오픈 소스'를 통해 구동하기 때문에 마인크래프트와 완벽하게 호환된다는 장점이 있습니다.

쉽게 풀어 보자면 마인크래프트에 NFT월드 세계가 연결되고 호환 서버를 통해 플레이할 수 있습니다. NFT월드가 함께한다면 '랜드 LAND'를 통해 자신만의 메타버스 세상을 제작할 수 있고 탐험은 물론 게임 플레이까지 가능합니다.

만약 자신이 '랜드LAND'를 소유하고 있다면 콘텐츠를 만들어 플레이어들을 유치하고 사용료를 받아 수익을 창출할 수도 있습니다.

마인크래프트의 이점과 NFT월드

'마인크래프트'는 사실 정해진 목적이나 스토리 자체가 없지만 스스로 목표를 만들어 달성해 가는, 즉 재미 자체를 창조해 내는 게임으로 유저의 창작력을 무궁무진하게 끌어낼 수 있기 때문에 참여자는 나날이 증가 추세를 보이고 있습니다.

그렇기 때문에 함께 플레이할 다른 유저를 걱정할 필요가 없고 이미 대중들에게는 잘 알려진 게임이기 때문에 접근성이 매우 높다는 장점이 있습니다.

이런 마인크래프트 배경을 통해 오픈 소스 서버의 이점을 제대로 활용하여 PC는 물론 게임 콘솔 기기로도 NFT월드를 즐길 수 있습니다. 특히 자체 '에디트Edit'를 제공하기 때문에 매우 강력한 커스텀을 통해 상상하는 모든 것을 만들 수 있습니다.

	NFT Worlds	Decentraland	The Sandbox
Massively Multiplayer (MMO)	☑	☑	☑
Playable on Windows, OSX, Linux	☑	☑	✖ Only availabl Windows
Playable on Xbox, Playstation, Nintendo Switch game consoles	☑	✖	✖
Playable on smartphones and tablets (Android/iOS)	☑	✖	✖
Voice chat	☑ (Q2 2022)	☑	✖
Custom Player Avatars	☑ (Q1 2022)	☑	☑
Wearables	☑	☑	☑

○ NFT월드는 플레이스테이션, 닌텐도, 엑스박스와 같은 콘솔에서 플레이할 수 있다고 말합니다.

WRLD 토큰과 폴리곤 레이어2 솔루션

NFT월드는 이더리움 기반의 'WRLD' 토큰을 기본 통화로 사용합니다. 하지만 모두 알다시피 이더리움 기반의 토큰은 확장성 문제로 인해 느린 전송 속도와 높은 가스 요금이 부과된다는 단점이 존재합니다. 만약 이렇게 된다면 불편함을 감수하면서까지 NFT월드를 즐기는 플레이어들은 점점 줄어들 것입니다. 그래서 이를 방지하기 위해 '폴리곤 Polygon'의 '레이어2' 솔루션을 활용하여 가스 비용은 줄이고(사실상 가스비가 없습니다) 빠른 전송 속도를 지원하도록 설정하였고 원활한 NFT의 거래, 보상, 지불을 바탕으로 플레이가 가능하도록 서비스하고 있습니다. 그렇다면 'WRLD' 토큰은 언제 어디서 어떻게 활용할 수 있을까요?

○ NFT월드의 토큰

WRLD 토큰 활용 방법

플레이어들은 마인크래프트를 플레이하면서 토큰을 보상 받을 수 있다는 이점을 제공받는데 NFT월드의 튜토리얼에 맞춰 암호화폐 지갑을 연결하게 되면 WRLD 토큰의 수월한 이용이 가능해집니다.

1. WRLD 수익

위에서도 언급했듯이 NFT월드의 소유자는 '랜드LAND'를 제작하고 다양한 콘텐츠를 만들 수 있습니다. 만약 게임을 제작하였다면 미션 보상, 전투 승리 시 'WRLD' 토큰 보상과 같은 행위를 적용하여 플레이어들을 유입시킬 수 있습니다.

플레이어들은 박진감 넘치는 게임을 플레이하며 보상으로 WRLD 토큰을 받을 수 있습니다.

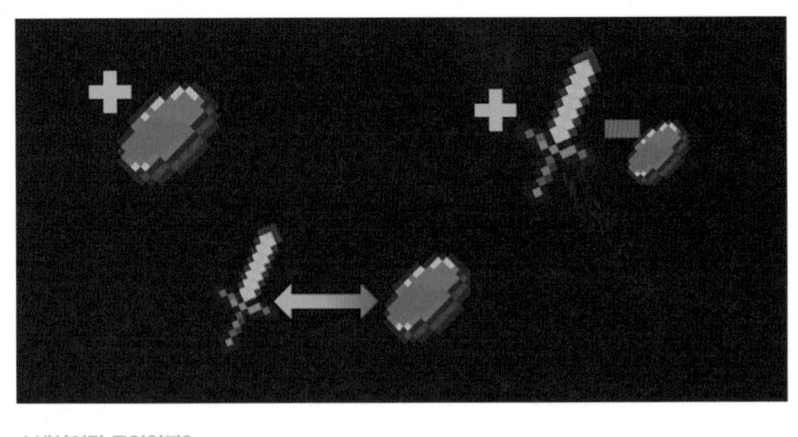

○ WRLD를 얻고 NFT 아이템을 구입할 수도 있습니다.

스냅샷이란 무엇일까?
스냅샷(Snapshot)은 특정 시점의 상태를 저장하는 것으로 암호화폐 시장에서는 코인을 에어드롭 하기 위한 수단으로 자주 사용됩니다. 즉 특정 블록체인의 데이터를 저장하여 해당 시점에 사용자들이 코인을 보유하고 있었는지 확인할 수 있습니다.

1개 이상의 랜드LAND 소유자들은 특정 기간에 걸쳐 랜드를 소유하고 있다는 '스냅샷Snapshot'을 촬영하고 보상으로 WRLD 토큰을 에어드롭 받기도 합니다.

2. 랜드 내 NFT 구입
'랜드LAND'에 참여한 플레이어들은 WRLD 토큰을 지불하여 NFT월드 내에 존재하는 NFT 아이템들을 구매할 수 있고 플레이어들 간의 거래도 할 수 있습니다.

3. WRLD 스테이킹
토큰 스테이킹 시스템을 제공하여 WRLD를 예치하고 '스테이킹 Staking'을 진행할 수 있으며 이에 대한 보상을 받을 수 있습니다.

4. 임대 시스템
NFT월드의 토지 소유자는 토지 자체를 '스테이킹Staking' 하여 임대할 수 있습니다. 이 과정에서 월간 임대료를 요구할 수 있고 동시에 스테이킹 보상도 받을 수 있습니다.

NFT월드 아바타

NFT월드는 메타버스 내에서 자신을 대표할 수 있는 총 15,000개의 아바타 NFT를 제작했으며 공식 웹사이트를 통해 제네시스 아바타 판매를 진행했습니다.

○ NFT월드에서 사용할 수 있는 아바타 판매

아류작이 아닌 시장의 선구자로

탈중앙화된 메타버스 플랫폼 구축을 목표로 개발된 NFT월드는 비슷한 콘셉트를 가진 '디센트럴랜드Decentraland', '더 샌드박스The sandbox'와 같은 프로젝트들 중 매우 늦게 시장에 진입한 후발 주자 중 하나입니다. 하지만 이것은 그들에게 문제될 것이 없었습니다. 아류작 취급을 받을 수 있다는 우려와는 다르게 '마인크래프트 오픈 소스', '다양한 플랫폼을 통한 플레이 가능'이라는 이점으로 유저들의 주목을 단숨에 받게 됩니다. 한때는 평균 가격이 크게 오르며 오픈씨 상위 랭킹을 기록할 정도로 NFT 유저들을 열광케 하였습니다.

아더사이드

'아더사이드Otherside'는 BAYC를 탄생시킨 '유가랩스'의 작품으로 'MMORPG', 'Web3'와 상호 운용이 가능한 확장된 메타버스 프로젝트입니다. 플레이어가 '랜드LAND'를 소유하는 것은 물론 자신의 PFP NFT를 이용하여 아바타로 플레이할 수 있다는 특징이 있습니다.

아더사이드 아바타

유가랩스는 자신들이 제작한 'BAYC', 'MAYC' NFT를 포함하여 '라바랩스Larva Labs'로부터 '지식재산권IP'을 인수한 NFT '크립토펑크', '미비츠'의 소유자들에게도 아더사이드가 출시됨과 동시에 아바타로 사용할 수 있도록 3D 모델을 제공합니다.

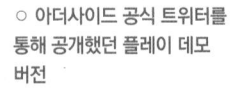

○ 아더사이드 공식 트위터를 통해 공개했던 플레이 데모 버전

'유가랩스'와 연관되지 않은 NFT 소유자들에게는 직접적으로 모델 서비스를 제공하지는 않지만 '소프트웨어 개발 도구SDK; Software development kit'를 사용하여 캐릭터를 생성할 수 있는 서비스는 제공합니다.

SDK를 활용하면 아더사이드에 존재하는 의상, 도구, 지형, 게임 등을 직접 제작할 수 있고 이렇게 만들어진 모델들은 직접 사용하거나 마켓을 통해 판매할 수도 있습니다. 하지만 SDK를 직접 사용하기 위해서는 코딩 지식이 필요하기 때문에 초보자는 사용하기 어려울 것으로 예상됩니다.

아더사이드의 통화

에이프다오ApeDAO가 제작하고 유가랩스가 공식적으로 채택한 '에이프 코인Apecoin'만 생태계의 기본 통화로 사용됩니다.

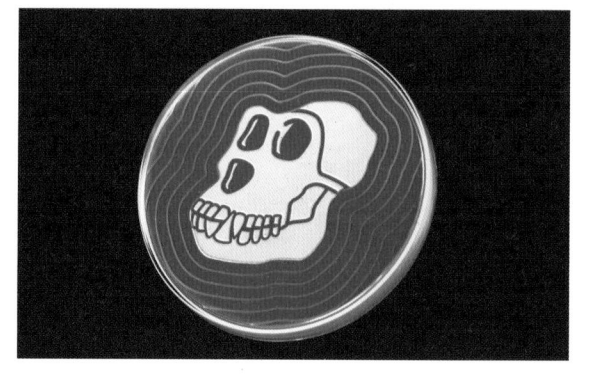

○ 에이프다오(ApeDAO)를 통해 탄생한 에이프코인 (Apecoin)

아더사이드의 아더디드 NFT

'아더디드Otherdeed'는 아더사이드 생태계에서 상호작용을 하는 '랜드 LAND' NFT로 아더디드를 구매하고 추후 랜드를 지급 받는 형태로 제공하였습니다. 'BAYC'와 'MAYC' 보유자들에게 1 대 1 비율로 약 30,000개가 에어드롭 되었으며 15,000개는 유가랩스와 개발자에게, 나머지 55,000개는 에이프코인을 받고 판매하였습니다.

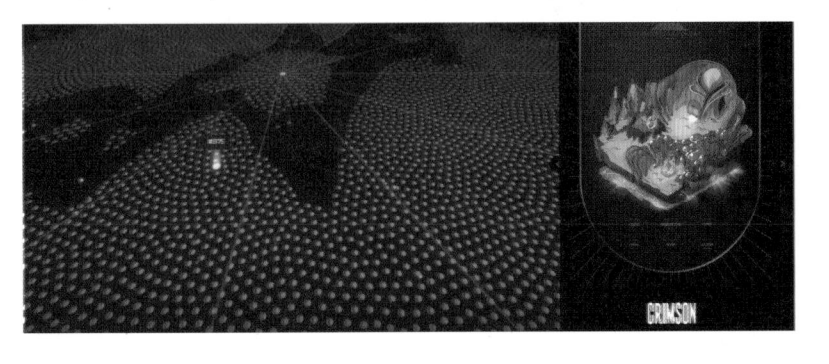

○ 아더사이드 공식 웹사이트에서 확인 가능한 익스플로러 기능. 아더디드를 볼 수 있습니다.

아더사이드 랜드

아더사이드의 랜드에는 '인피니트 익스팬스(티어1: INFINITE EXPANSE)', '코스믹 드림(티어2: COSMIC DREAM)', '레인보우 아트모스(티어3: RAINBOW ATMOS)', '케미컬 구(티어4: CHEMICAL GOO)', '바이오제닉 스웜프(티어5: BIOGENIC SWAMP)'로 이루어진 5개의 침전물을 통해 티어를 분류하고 희귀도 차이를 나타냅니다.

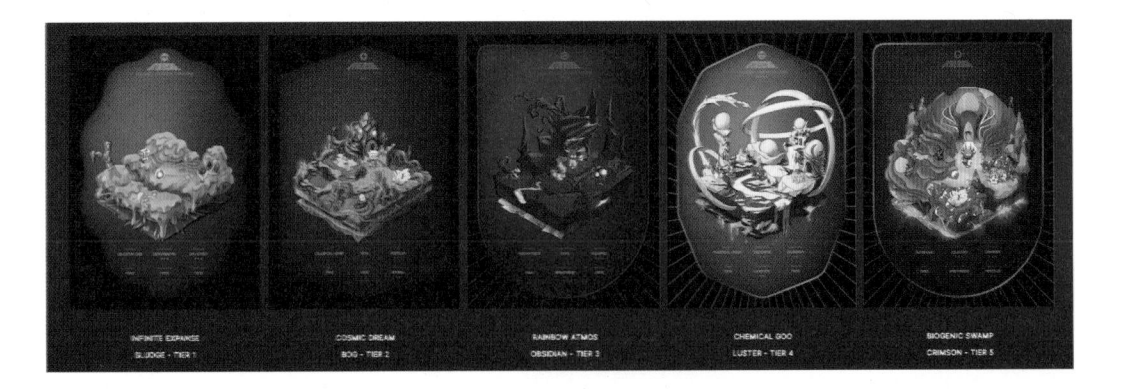

○ 랜드는 5가지의 침전물을 바탕으로 티어가 나뉩니다.

○ 아더사이드에 존재하는
4가지의 자원

아더사이드에 존재하는 모든 랜드는 광석, 돌, 나무 등 다양한 자원이 존재하는데, 이를 수집하거나 제작하여 아더사이드 세계를 형성하는 데 원료로 사용할 수 있습니다.

코다

코다Kodas는 외계인의 형상을 한 캐릭터로 자세한 정보가 알려지지는 않았지만 아더디드 NFT를 구매한 사람들 중 '랜드LAND'에 희귀 자원과 유물, 그리고 코다가 숨겨져 있을 수 있습니다.

○ 코다가 무엇을 할 수 있는지는 미스터리입니다.

직관적인 체험이 가능한 스테픈 NFT

NFT를 활용한 'P2EPlay-to-Earn' 게임이 화제를 모으게 되면서 새로운 방식의 수익화 모델도 속속 등장하고 있습니다.

그중 대표적인 모델이 바로 'M2EMove-to-Earn'의 선구자 '스테픈STEPN'입니다.

움직이면서 수익을 올린다는 뜻의 신조어 'M2E'를 만든 스테픈은 게임, 메타버스의 애매한 경계선을 허물고 운동과 NFT를 접목하여 신개념의 서비스를 제공하고 있습니다.

스테픈은 먼저 신발 NFT를 구입한 뒤 걷거나 뛰는 행위를 하게 되면 그 자체로 채굴이 진행되면서 '그린사토시토큰GST'을 얻을 수 있습니다. 해당 토큰은 내구도 수리나 레벨업에 사용할 수 있고 앱을 통해 '솔라나 Solana' 코인으로 교환하여 수익을 얻을 수도 있습니다.

○ 어떠한 메타버스보다 직관적으로 플랫폼을 체험할 수 있습니다.

특히 신발마다 걷거나 달리는 종류, 속도, 효율도가 모두 다르기 때문에 자신의 신체를 잘 파악하여 신발을 구매하는 것이 중요합니다.

신발은 종류별로 가격도 천차만별입니다. 특히 스테픈의 수익률이 하늘을 찌를 당시 최저가의 신발 가격은 150만 원 이상을 호가할 정도로 높은 투자금을 필요로 했습니다. 그러나 GPS 기반으로 기록을 체크하기 때문에 실내에서 러닝머신이나 자전거를 탔을 때에는 채굴이 진행되지 않는다는 단점도 존재합니다.

2021년 12월에는 P2E 모바일 게임인 무한돌파 삼국지 리버스가 등급 분류 결정 취소 통보를 받으면서 국내에서는 P2E 기능을 삭제하고 출시된 적이 있었으나 스테픈은 게임보다 건강 서비스로 분류할 수 있다는 게임물관리위원회의 판단으로 서비스 중지 문제가 해소되었습니다.

제4강

NFT 마켓 플레이스

NFT 시대가 도래하면서 NFT를 전문적으로 거래할 수 있는 NFT 중심의 마켓 플레이스가 속속 등장하고 있습니다. 전통적인 시스템을 고수하는 마켓부터 사용자들의 편의성을 중점에 두고 설계된 마켓, 그리고 암호화폐 거래소형 마켓까지 시장을 선점하기 위한 경쟁이 본격화되고 있습니다. NFT가 탄생하면서 시작된 마켓의 역사는 그리 길지 않기 때문에 NFT 시장의 주도권을 잡기 위한 총성 없는 전쟁은 현재 진행형입니다. 시장의 중심에 서 있는 사용자들은 마켓의 어떤 부분을 중점적으로 확인하고 이용하는 게 좋을까요?

01 NFT 마켓 플레이스란?

NFT 마켓 플레이스는 디지털 작품을 제작할 수 있는 방법을 제시하고 판매는 물론 구매와 선물하기 등 다양한 기능을 제공하는 NFT 중심의 전문 웹사이트라고 말할 수 있습니다. 특히 시장의 규모가 커지면서 다양한 혜택과 서비스를 제공하는 마켓 플레이스들이 잇달아 등장하고 있습니다.

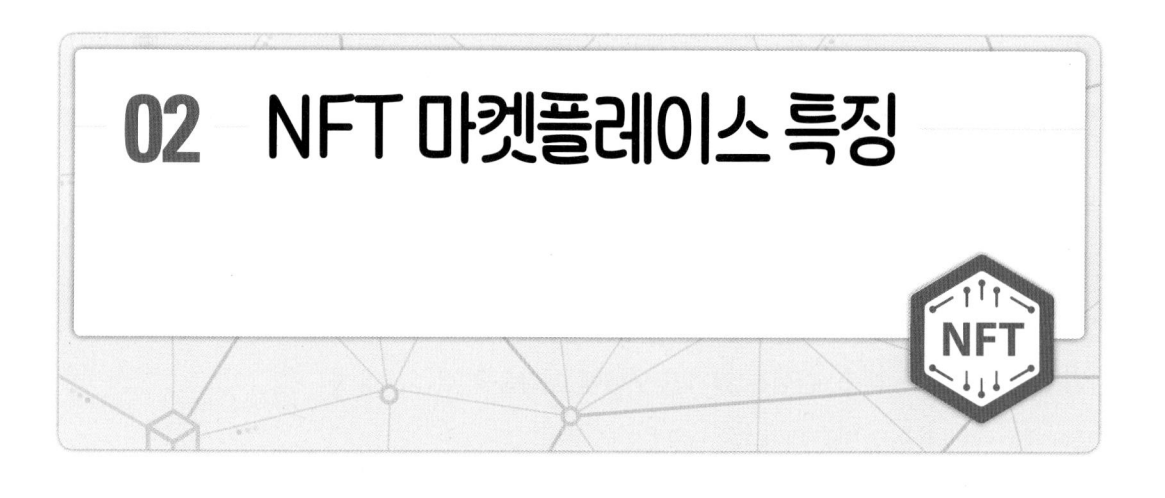

02 NFT 마켓플레이스 특징

오픈씨

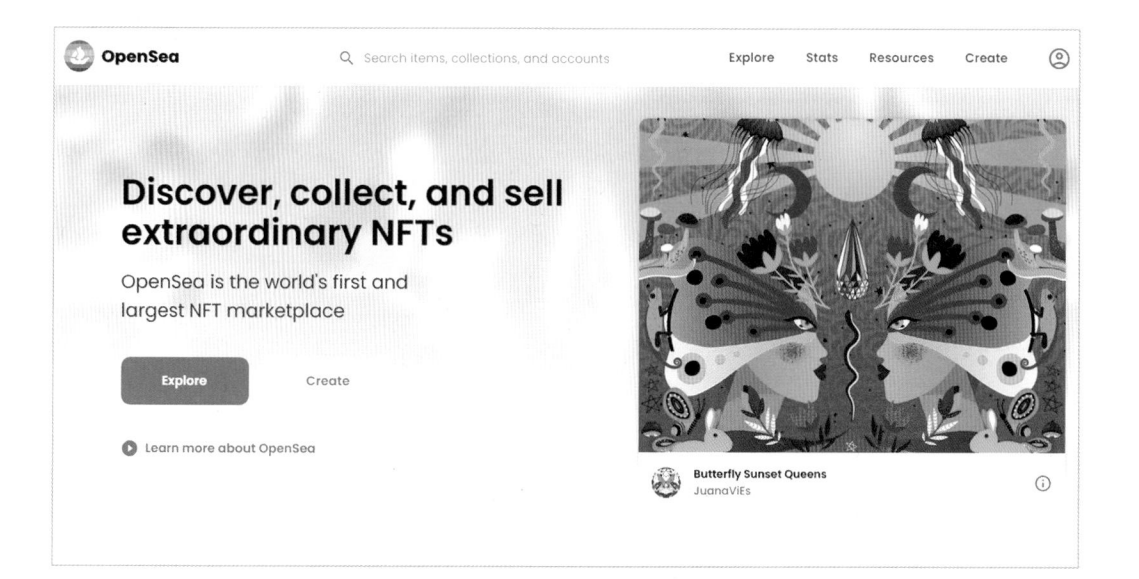

'오픈씨OpenSea'는 최초의 NFT 전문 거래 플랫폼으로 세계적으로 가장 크고 높은 인지도를 자랑하는 마켓 플레이스입니다.

    오픈씨는 디지털 아이템을 거래할 때 가장 큰 문제로 꼽히는 거래자들의 신뢰성 문제를 해결하고자 설립되었으나 NFT 게임인 '크립토

○ 오픈씨는 현존하는 최고의 NFT 마켓이라 해도 과언이 아닙니다.

키티CryptoKitties'가 탄생하면서 이에 큰 영감을 받아 블록체인 기반의
디지털 아이템 거래, NFT 전문 거래 플랫폼으로 전환되었습니다.

누구나 참여 가능한 마켓

오픈씨는 암호화폐 지갑만 보유하고 있으면 누구든 NFT를 발행할 수
있다는 장점이 있기 때문에 포트폴리오가 준비되지 않은 신진 작가,
NFT를 잘 모르는 대중, 관심은 있지만 구매에 어려움을 겪는 사용자
들에게는 우선적으로 방문해야 하는 마켓으로 꼽힙니다.

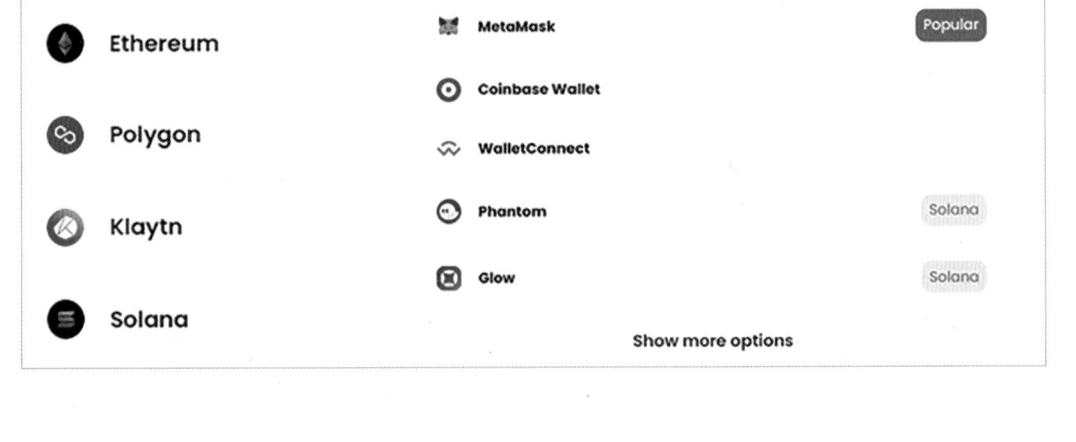

'이더리움Ethereum', '폴리곤Polygon', '클레이튼Klaytn' 체인뿐만 아니라 지
속적으로 시장을 확장하고 있는 '솔라나Solana', 'BNB' 등 총 8개의 블록
체인을 지원하고 있습니다. 또한 '메타마스크Metamask', '팬텀Phantom',

짤·막·상·식

**이더리움 NFT 발행이 부담스럽다면
폴리곤을 이용하자**

이더리움 블록체인으로 NFT를 발행한다면
블록체인 수수료를 지불해야 합니다.
하지만 이더리움 체인 수수료인 가스비는 생
각보다 비싸기 때문에 가스비가 부담스럽거
나 자금이 충분하지 않은 사용자라면 폴리곤
체인을 이용해서 무료로 NFT를 발행할 수
있습니다. 물론 NFT를 구매하거나 판매할
때에도 이더리움과 달리 무료 수준의 가스비
(수수료)만 지불하면 됩니다.

○ 폴리곤은 이더리움과
호환되고 빠른 거래와 저렴한
수수료를 자랑합니다.

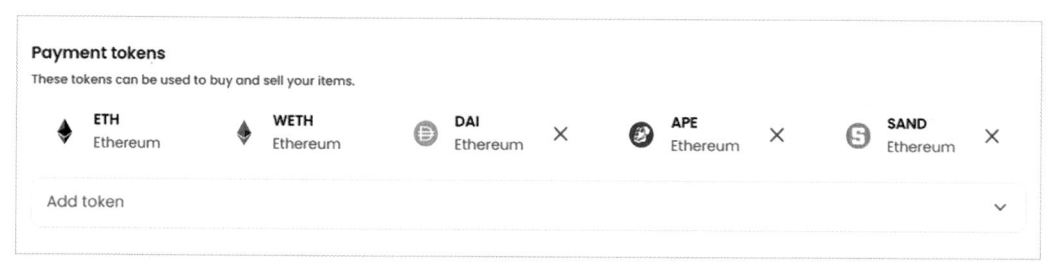

Payment tokens
These tokens can be used to buy and sell your items.

◆ **ETH** Ethereum   ◆ **WETH** Ethereum   ◉ **DAI** Ethereum ✕   ◉ **APE** Ethereum ✕   ⑤ **SAND** Ethereum ✕

Add token ⌄

'코인베이스Coinbase Wallet'를 포함하여 10종 이상의 다양한 지갑을 지원합니다.

○ 많은 블록체인과 지갑을 지원하는 것이 오픈씨의 또 다른 장점입니다.

'이더ETH', '랩이더WETH, 이더 기반의 토큰, USDC 등 다양한 암호화폐를 지원하고 있습니다. 랩이더의 경우 자체적으로 랩핑 하는 서비스를 제공하기 때문에 매우 편리하게 '이더'와 '폴리곤'을 변환하여 이용할 수 있습니다. 하지만 클레이튼 기반의 NFT는 오픈씨에서 직접 NFT를 발행할 수 없고 클레이튼 민팅을 지원 사이트를 통해 발행하고 연동해야 합니다.

오픈씨의 수수료 시스템

처음으로 이더리움 기반의 NFT를 발행한다면 '지갑 설정', '블록체인 수수료'를 지불해야 하기 때문에 약 2회의 가스 요금이 필요합니다.

이후에는 판매자가 등록한 고정 가격을 구매자가 바로 구매하였을 땐 구매자가, 구매자가 제안한 가격을 판매자가 동의하여 상품을 판매하면 판매자가 가스 비용을 지불해야 합니다. 이 과정에서 지불되는 수수료는 모두 이더리움 블록체인의 가스비이며 오픈씨에 지불해야 하는 수수료는 아래와 같습니다.

NFT를 판매하였을 땐 오픈씨에 2.5%의 고정 수수료를 지불해야만 하고 2차 판매에 대해서는 원작에게 10%의 로열티를 지불해야 합니다.

NFT가 주목받게 되면서 규모가 더욱 커진 오픈씨는 약 40조에 이르는 거래량을 기록했고 현재까지도 가장 큰 규모를 자랑하는 마켓 플레이스입니다. 또한 예술 작품, 도메인 주소 이름, 음악, 사진, 트레이 딩 카드 등 다양한 항목의 NFT 서비스를 제공하고 있습니다.

하지만 NFT 마켓들의 경쟁이 심화되면서 제한된 기간 동안 거래 수수료를 0%로, 컬렉션 내 창작자 수수료는 0.5%로 변경한다고 공지 했습니다.

라리블

'라리블Rarible'은 오픈씨와 동일한 NFT 마켓 플레이스로 암호화폐 지 갑을 활용하여 별도의 정보 제공 가입 없이 서비스를 이용할 수 있습니 다. 오픈씨 이후에 탄생한 후속 주자이며 NFT 거래 서비스를 제공하 는 것에서는 유사함을 보이지만 자체적으로 '라리RARI'라는 '거버넌스 Governance 토큰'을 발행하여 오픈씨와는 조금 다른 행보를 보이고 있습 니다.

라리블의 거버넌스 토큰

라리블은 오픈한 지 얼마 되지 않아 거버넌스 토큰인 '라리RARI'의 출시 를 발표했습니다. 총 25,000,000개가 발행된 라리 토큰은 라리블 사용 자에게는 2%, NFT 보유자에게는 8%, 총 10% 비율을 '에어드롭Airdrop' 으로 지급하고, 30%는 라리블 팀과 투자자, 나머지 60%는 '마켓 채굴 자Market Miner'들에게 지급합니다.

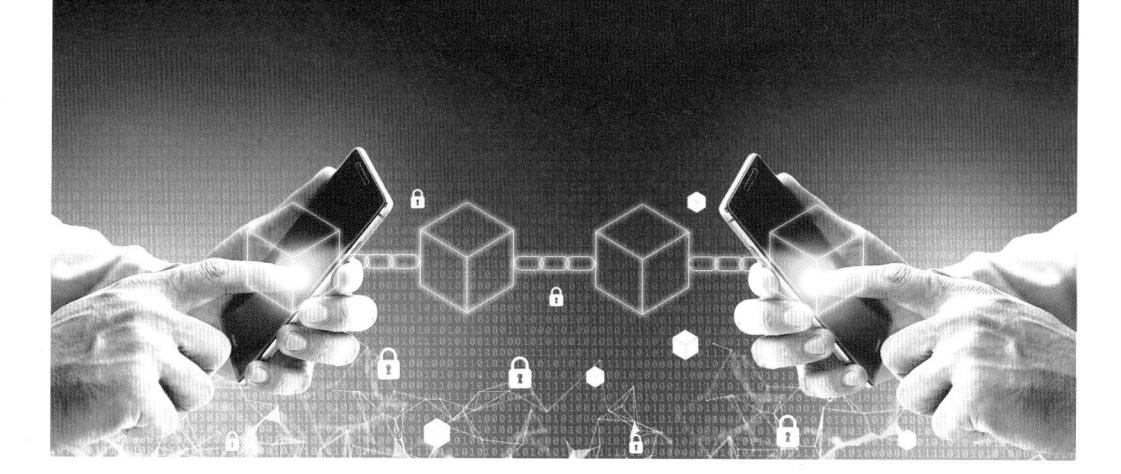

○ 라리 토큰은 마켓 참여를 위한 매개체로 사용되었습니다.

'마켓 채굴자'는 라리블 플랫폼에서 NFT를 구매하거나 판매하는 사용자를 뜻하며 이를 통해 라리블 사용을 장려하고 있습니다.

즉 라리블 사용자들에게 라리 토큰이 에어드롭 되는데 라리 토큰을 보유하고 있는 사용자들은 라리블의 정책에 의견을 내거나 투표권을 행사하여 라리블 플랫폼의 미래를 결정하는 데 권리를 행사할 수 있습니다. 또 라리 토큰은 실제 암호화폐 거래소에도 상장되어 있기 때문에 직접적으로 거래하여 수익화할 수도 있습니다.

하지만 현재는 라리 토큰 에어드롭은 받을 수 없습니다. '라리블 다오Rarible DAO'의 투표에 의하여 2022년 1월 16일부터 거래와 판매에 대한 라리 토큰 에어드롭이 종료되었기 때문입니다. 라리블은 거래자들에게 보상으로 지급하던 토큰 가치의 규모가 훨씬 커졌고 만족스러운 성장을 했지만 이제는 변화가 필요한 시기이기 때문이라고 그 이유를 전했습니다.

그렇지만 라리 토큰을 소유하고 있다면 락킹을 할 수 있습니다. 라리블이 제공하는 락킹 시스템을 통해 최소 100라리 토큰을 락킹하면 0%의 거래 수수료, NFT 컬렉션 투표 등 다양한 특전들을 제공받을 수 있습니다.

짤 막 상 식

거버넌스란 무엇일까?

현재 사회 시스템은 정부가 주도하고 문제를 해결하는 방식으로 운영되고 있습니다. 거버넌스(Governance)는 이런 중앙집권형 구조를 벗어나 특정 주제에 관심을 가지고 있는 각계각층의 다양한 사람들이 하나로 뭉쳐 의견 제시, 토론, 합의점을 만들어 가는 구조의 방식이라고 말할 수 있습니다. 다만 거버넌스라는 단어는 많은 분야에서 사용되기 때문에 하나로 정의하기는 어렵습니다.

라리블의 특징

오픈씨는 NFT '오퍼Offer'에 따라서 판매자와 구매자 중 선택적으로 수수료를 지불하는 방법이 존재하지만, 라리블은 NFT를 발행할 때 구매자에게 수수료를 부과하도록 하는 무료 민팅 기능을 따로 설정할 수 있습니다.

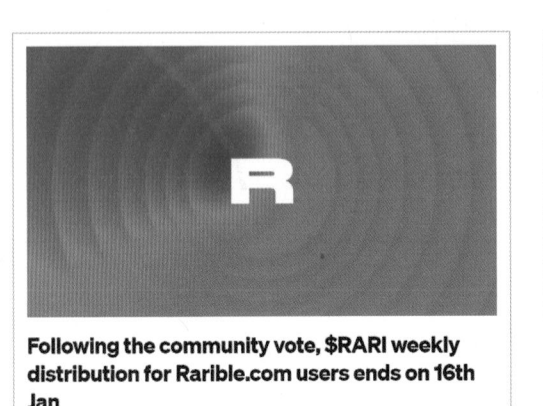

Following the community vote, $RARI weekly distribution for Rarible.com users ends on 16th Jan

Free minting
Buyer will pay for minting gas fees

○ 이제 라리블은 또 다른 도약에 도전합니다.　　　　○ 구매자가 발행하는 데 필요한 가스 요금을 지불합니다.

지원하는 블록체인

라리블은 '이더리움Ethereum', '폴리곤Polygon', 테조스Tezos 그리고 '크립토키티CryptoKitties'와 'NBA탑샷NBA TOPSHOT'의 '대퍼랩스Dapperlabs'가 개발한 '플로우Flow' 블록체인을 지원합니다. 완벽하지는 않지만 한국어를 지원합니다.

Ethereum　Tezos

Flow　Polygon

라리블의 수수료 시스템

오픈씨와 마찬가지로 처음으로 이더리움 체인 NFT 발행 시 약 2회의 가스 요금이 필요합니다. NFT를 판매하였을 때 라리블에 지불하는 고정 수수료는 2.5%, 원작자에게 지불하는 로열티는 최대 50%까지 설정 가능합니다.

　라리블은 거버넌스 토큰을 통해 사용자들에게 추가적인 수익을 분배하고 이를 통해 참여를 유도하면서 NFT 마켓의 새로운 길을 제시하

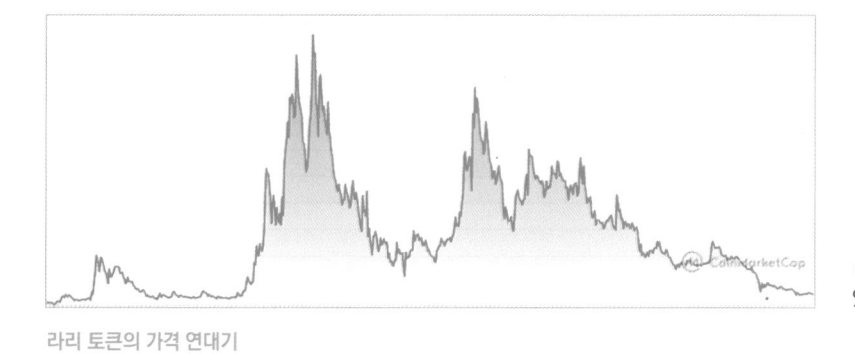

○ 코인마켓캡에 기록되어
있는 라리 토큰의 가격 변화

라리 토큰의 가격 연대기

라리블의 '라리(RARI)' 토큰은 약 700원대의 가격으로 처음 상장되었습니다.
마켓 토큰으로는 약 50,000원이라는 최고가를 넘어가며 호황기를 누리기도 했습니다.

였습니다.

그러나 여기서 끝나지 않고 Web3 세계의 진출을 위해 또 다른 도
전을 준비하고 있습니다.

룩스레어

'룩스레어LooksRare'는 트레이더, 수집가, 제작자 등 NFT 시장에 참여하
는 모든 사용자들에게 적극적으로 보상을 지급하는 정책을 바탕으로
서비스를 제공하는 NFT 마켓 플레이스 플랫폼입니다.

2022년 혜성처럼 등장하여 많은 사용자들에게 호평을 받았으며
정식 출시 이후 며칠 만에 오픈씨의 일일 거래량을 뛰어넘어 기대를 한
몸에 받기도 했습니다.

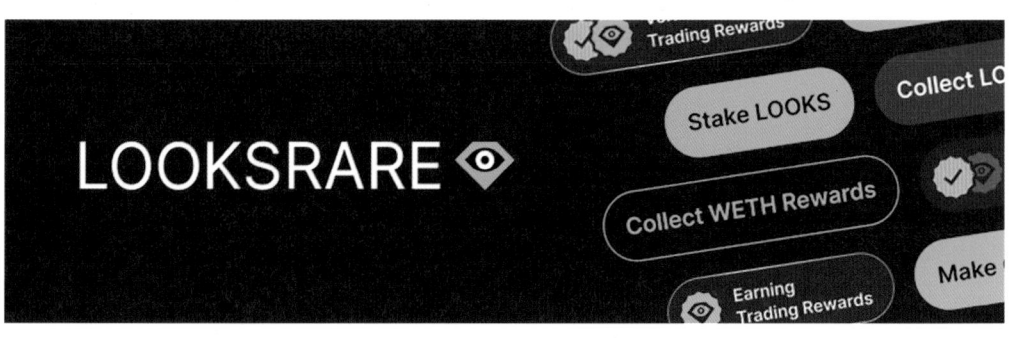

룩스 토큰

룩스LOOKS 토큰은 자체적으로 개발한 토큰으로 마켓의 기본 통화로도 사용됩니다. 또한 글로벌 암호화폐 거래소에 상장되어 직접적인 거래를 통한 수익 창출은 물론 마켓 사용자들에 대한 보상 토큰으로 활용되고 있습니다.

트레이딩 리워드

룩스레어 마켓은 특정 조건을 충족하는 사용자들에게 판매하는 '프라이빗 세일Private sale'을 제외하고 일반적으로 NFT를 구매하거나 판매하는 사용자들에게는 룩스 토큰 정책을 바탕으로 토큰을 지급하고 있습니다. '마켓의 일일 거래량'과 '사용자 일일 거래량', 그리고 '이더리움 블록 일정'에 따른 보상 비율을 계산하여 매일 분배합니다. 즉 룩스레어 마켓을 통해 NFT를 구매하거나 판매하는 모든 사용자들은 토큰 보상을 받을 수 있습니다.

○ 컬렉션도 트레이딩 리워드를 받는 게 가능해졌습니다.

룩스 스테이킹

보상으로 받은 룩스 토큰 소유자들은 룩스를 '스테이킹Staking' 하여 '스테이커Stakers'로 활동할 수 있으며 추가적으로 룩스 토큰을 지급받을 수 있습니다.

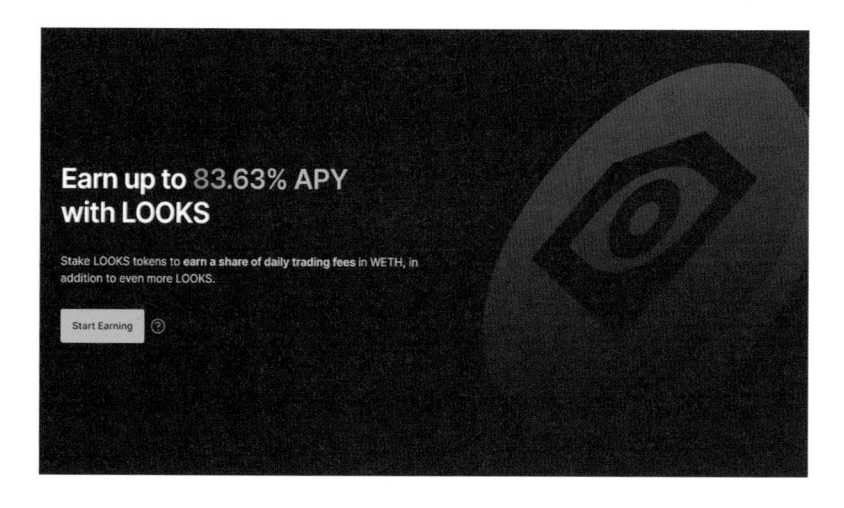

특히 룩스레어에서 제공하는 '오토 컴파운더auto Compounder' 시스템을 활용하면 보상으로 받은 룩스 토큰을 자동으로 스테이킹 할 수 있기 때문에 별도의 수수료 없이 지속적으로 룩스 토큰을 증가시킬 수 있습니다.

룩스레어의 수수료 시스템

룩스레어에서는 프라이빗 세일을 제외하고 NFT 판매 수수료로 가격의 2%를 '랩이더WETH'로 부과합니다. 이렇게 모인 랩이더는 이더리움 6,500블록(약 하루)이 생성될 때마다 계산하여 스테이커들에게 분배됩니다.

짤 막 상 식

룩스레어의 '리스팅 리워드'

룩스레어는 2022년 보상 정책 '리스팅 리워드(Listing Rewards)'를 출시하였습니다. 리스팅 리워드는 판매용 NFT를 룩스레어에 등록하는 것만으로도 보상을 지급 받을 수 있는 매우 유동적인 정책입니다.

등록된 NFT 중 상위 순위 5개의 컬렉션은 10분마다 스냅샷을 찍고 각 순위에 따라서 차등적인 포인트를 받게 되는데, 오전 9시부터 다음 날 오전 9시까지 총 144번의 스냅샷을 통

해 계산된 포인트와 24시간 볼륨, 하한가 등 다양한 기준에 맞춰 계산한 뒤 하루에 한 번 룩스 토큰으로 전환할 수 있습니다. 다만 상위 컬렉션에 해당하기 때문에 누구나 받을 수는 없습니다.

NFT 공룡, 오픈씨의 연이은 악재

오픈씨는 초창기에 탄생한 마켓답게 항상 상위 랭킹에 위치하고 있는 최대 규모의 NFT 마켓 공룡입니다. 하지만 오픈씨도 사건 사고 없이 마켓을 운영하던 것은 아니었습니다.

지난 6월 오픈씨의 직원 '나다니엘 체스테인Nathaniel Chastain'이 사기와 돈세탁 혐의로 기소되면서 문제가 시작됩니다. 체스테인은 오픈씨 웹사이트에 올릴 NFT를 선정하는 업무를 담당하였는데 이를 이용하여 내부 거래를 진행했습니다.

특히 익명의 암호화폐 지갑, 계정을 사용하여 자신이 선정한 NFT가 오픈씨에 올라가 NFT를 선구매하고 업로드가 완료되면 NFT를 되팔아 최소 2배에서 5배의 차익을 얻었다고 알려졌습니다. 이 사건으로 인해 체포된 체스테인은 보석금을 내고 석방되었고 오픈씨는

내부 조사 이후 퇴사를 종용했다고 합니다.

하지만 문제는 여기서 끝나지 않았습니다. 이후 오픈씨 사용자들의 개인 정보가 유출되는 사건이 연이어 터집니다. 오픈씨는 이메일 뉴스레터 서비스를 제공하고 있는데, 이를 관리하는 플랫폼인 '커스터머Customer.io'가 오픈씨 뉴스레터를 구독하는 약 180만 명의 이메일 주소를 승인되지 않은 외부에 유출했습니다. 해당 플랫폼의 행위가 실수인지 고의로 정보를 훔친 것인지에 대한 갑론을박이 이어지며 논쟁이 벌어지고 있지만 피해는 사용자들의 몫이었습니다. 실제로 이 사건 이후 이메일로 스팸이나 피싱, 전화 통화 및 문자 메시지가 증가하고 있다고 알려졌으며 오픈씨는 해당 사건을 통해 오픈씨 이름으로 전송되는 이메일을 주의하라고 밝혔습니다.

매직에덴

'매직에덴Mgic Eden'은 디지털 크리에이터를 위한 2차 마켓 플레이스 겸 '솔라나Solana' 기반 NFT 전용 거래 플랫폼입니다. 특히 솔라나 2차 시장의 90%를 점유하여 시장 자체를 장악했다고 봐도 과언이 아닙니다. 매직에덴은 런치패드 도입과 이더리움, 폴리곤 블록체인까지 지원하기 시작하면서 한 단계 더 성장해 나가고 있습니다.

매직다오

최근 플랫폼 생태계는 운영진들에 의해 당락이 결정되는 중앙집권형 방식에서 투명한 운영과 사용자들의 직접적인 참여, 그리고 좋은 아이디어를 교류할 수 있는 흐름으로 변해 가고 있습니다. 매직에덴도 마찬가지로 생태계의 확장은 물론 사용자들과의 교류 그리고 이들을 유입하기 위한 발전의 일환으로 '매직다오MagicDAO' 시스템을 도입하였습니다. 하지만 다른 플랫폼들과는 차별점을 두고 이를 서서히 적용하였습니다.

짤 막 상 식

런치패드(Launchpad)란 무엇일까?

런치패드는 이미 암호화폐 시장에서 통용되고 있는 단어로 '거래소 공개 발행(IEO; Initial Exchange Offering)'과 비슷한 방식이라고 보면 쉽게 이해할 수 있습니다.

IEO의 경우 거래소가 암호화폐 프로젝트 팀의 의뢰를 받아 암호화폐의 모든 것을 확인하고 심사한 뒤 자체적인 기준을 통과하게 되면 거래소 사용자들에게 판매하는 자금 조달 방법으로 NFT 런치패드도 이와 동일하게 NFT 프로젝트 팀의 의뢰를 받고 자격이 충족된다면 마켓이 직접적으로 판매를 도와주는 것을 의미합니다.

○ 팀이 주체가 되는 것은 ICO, 거래소가 주체가 되는 것은 IEO입니다.

매직티켓 NFT

'매직다오MagicDAO'의 일원이 되기 위해서는 기본적으로 '매직티켓Magic Ticket' NFT가 필요합니다. 처음 매직다오가 출시된 2월, 매직에덴 마켓을 이용한 사용자들을 기간별로 분류하고 3가지의 티어로 나눠 각 등급에 맞는 매직티켓을 무료로 에어드롭 했습니다. 물론 3가지의 티어마다 권한이나 혜택이 다르고 현재는 마켓을 통해 직접 구매해야 얻을 수 있습니다.

○ 매직티켓은 티어별로 나눌 수 있습니다.

매직다오는 매직에덴 '디스코드Discord'의 전용 채널을 통해 서비스를 제공합니다.

매직티켓 NFT를 소유하고 있기만 해도 다오의 일원이지만 투표나 아이디어 제안과 같은 직접적인 활동을 하기 위해서는 디스코드 채널에 접속하여 티켓 NFT를 직접 인증해야 합니다.

등급별 매직티켓(Magic Ticket) NFT 분류 방법

· OG(21%) – 9월 17일부터 10월 17일까지 매직에덴에서 처음 거래한 사람들
· Degens(23%) – 10월 18일부터 12월 18일 사이에 매직에덴에서 처음 거래한 사람들
· Normies(56%) – 12월 19일 이후 매직에덴에서 처음 거래한 사람들

배분 비율이 낮은 OG가 가장 최상의 티어이고 가장 많이 배분된 Normies가 가장 낮은 티어입니다.

매직다오의 3요소

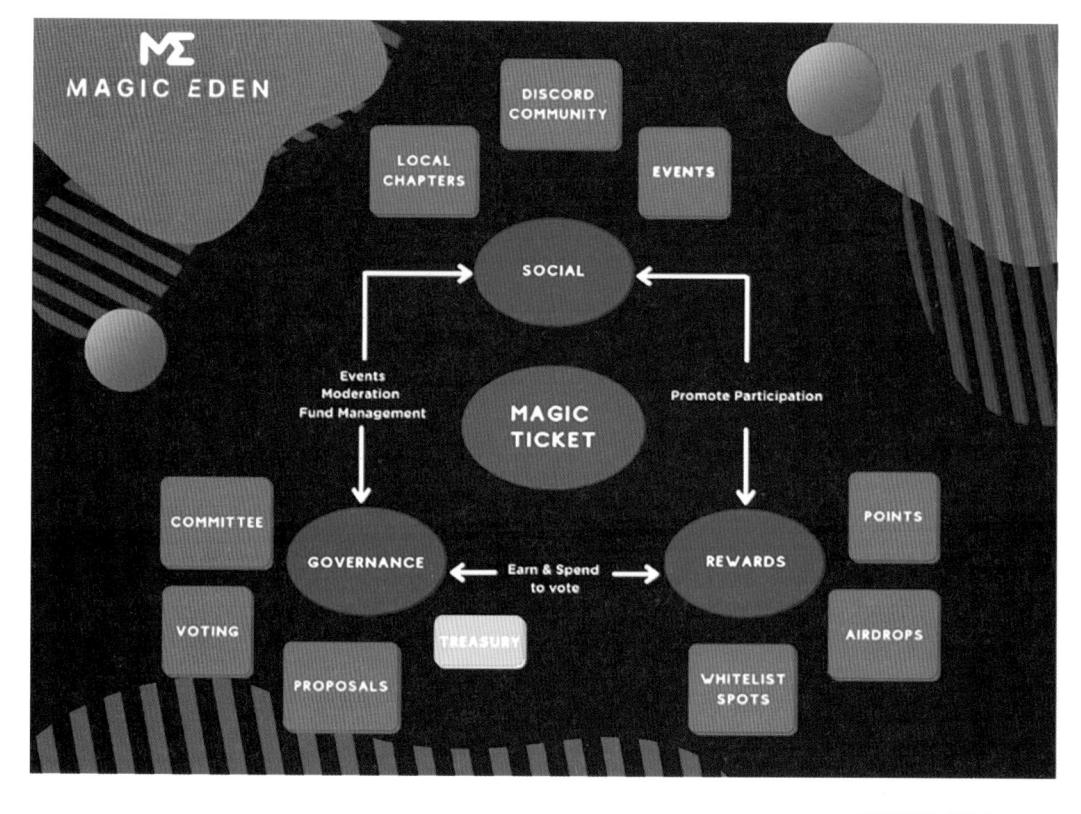

○ 매직티켓을 중심으로 매직다오의 흐름을 한눈에 볼 수 있습니다.

매직에덴이 밝힌 내용을 살펴보면 개발을 완료했거나 현재 진행형인 내용들이 다수 포함되어 있습니다.

1. 매직 보상

매직에덴 마켓에서의 거래, 디스코드 참여, 매직다오 제안에 투표, 아이디어 제안 등 다양한 활동을 한 사용자들에게 그 보상으로 포인트를 제공하고 솔라나로 변환

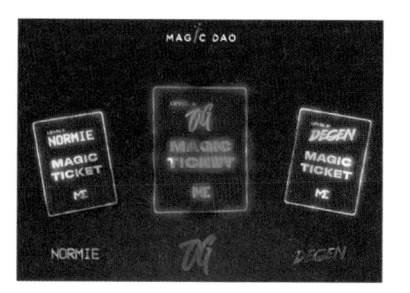

○ 티어별 혜택 제공은 더 높은 등급의 티켓을 구매하게 만듭니다.

할 수 있는 서비스를 제공합니다. 또한 해당 포인트는 매직티켓 티어별로 비율을 정해 보유자들에게 차등 지급합니다.

그리고 런치패드를 통해 진행한 NFT 프로젝트의 화이트리스트를

제공하고, 이벤트Giveaways의 경품, 솔라나 NFT 서비스를 할인하는 혜택을 추가로 제공합니다. 물론 제공 받을 수 있는 혜택은 티켓 티어별로 달라집니다.

2. 거버넌스

'거버넌스governance' 권한이 주어집니다. 메직에덴의 최우선 목표는 탈중앙화, 즉 Web3로의 진화입니다.

○ 매직에덴은 공정하고 투명한 네트워크의 탄생을 기대하고 있습니다.

　　이런 변화를 위해서 매직티켓 소지자들에게는 매직에덴 생태계를 위한 아이디어, 그리고 제안에 대한 글을 게시하고 투표할 수 있는 권한을 부여합니다. 현재 투표는 다오 일원이라면 누구나 할 수 있습니다.

3. 소셜 및 커뮤니티

매직에덴은 솔라나 생태계가 P2P 상호 연결을 가능하게 할 수 있다고 믿고 있습니다.

○ 커뮤니티와의 소통이 매직에덴의 미래입니다.

짤·막·상·식

해커톤이란 무엇일까?

해커톤(hackathon)은 '해킹(Hacking)'과 '마라톤(Marathon)'의 합성어입니다. 여기에서의 해킹은 불법적인 공격 행위가 아니라 난도가 높은 프로그래밍을 한다는 뜻으로 사용되며 프로그래머를 포함하여 그래픽 디자이너, 개발자들이 팀을 이뤄 긴 시간을 쉬지 않고 결과물을 만들어 내는 것을 말합니다. 보통 해커톤은 하루에서 길게는 일주일 이상 진행되는데 4차 산업 시대가 도래하면서 산업 부흥을 위하여 해외는 물론 국내에서도 매우 빈번하게 개최되고 있습니다. 또한 프로그래밍을 진행하는 해커톤이 아닌 의견을 내고 아이디어를 제안하는 방식의 토론 해커톤도 존재합니다.

○ 초반 여유로운 모습과 달리 시간이 지날수록 체력 소모가 매우 높은 해커톤

이를 위하여 솔라나 커뮤니티 참여자들과 함께하는 질의응답AMA, 프로젝트를 진행하고자 하는 작가, 개발자들과의 네트워크 이벤트, 해커톤이나 솔라나 올림픽과 같은 다오 참여자들 간의 가상 이벤트들을 개최하여 참여자 대 참여자들로 연결되는 솔라나의 P2P 네트워크를 형성하고 이를 원동력으로 생태계의 발전과 진화를 도모하기 위해 다양한 서비스와 이벤트를 계획하고 있습니다.

런치패드

매직에덴이 대규모로 성장하고 발전할 수 있었던 킬러 콘텐츠 중 하나로 특별한 기술적 노하우가 없어도 전용 개발 지원을 통해 번거롭지 않게 NFT를 제작할 수 있게 도움을 주는 독점 제작 플랫폼입니다.

매직에덴은 이미 솔라나 시장을 거의 독점하고 있기 때문에 이런 배경을 바탕으로 런치패드Launchpad를 활용하면 많은 사용자들에게 녹아들어 자연스러운 마케팅 진행은 물론 NFT 판매량에도 영향을 줄 수 있다는 이점을 지니고 있습니다.

○ 런치패드가 NFT 제작과 판매에 매우 이점이 있는 것은 사실입니다.

런치패드를 신청하게 되면 까다로운 검토를 거쳐 심사에 통과해야만 NFT 출시와 판매가 진행되며, 장벽이 매우 높아 소수 팀들만 통과된다고 알려져 있습니다.

매직에덴의 수수료 시스템

매직에덴의 기본적인 NFT 수수료는 0%이고 NFT가 판매되었을 때 거래의 2%를 매직에덴에 지불해야 합니다. 작품에 대한 로열티는 제작자가 직접 설정하고 판매가 발생한 직후 지불하게 됩니다. 또한 NFT 상세 페이지를 통해 작가가 설정한 로열티 비율을 미리 확인할 수 있습니다.

매직에덴의 지원 지갑

매직에덴은 '팬텀Phantom', '솔플레어Solflare' 2가지의 솔라나 전용 지갑을 포함하여 약 18개 이상의 지갑을 지원하고 있으며 '솔라나SOL'는 대다수의 암호화폐 거래소에 상장되어 있기 때문에 쉽게 사용할 수 있습니다.

솔라나 기반의 플랫폼답게 매우 빠른 거래 처리 속도로 잘 알려져 있으며, 2022년 6월에는 공식 트위터를 통해 거래량이 '2,000만 솔라나SOL'에 도달했다고 밝혔습니다.

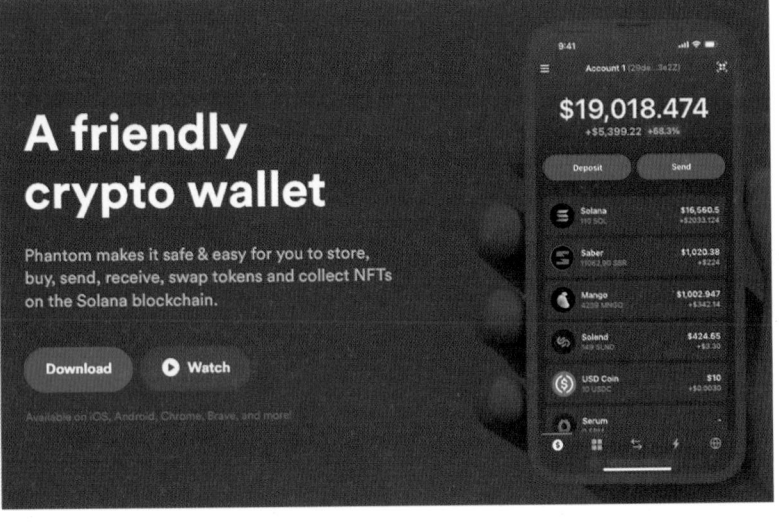

○ 솔라나 지갑의 대표 주자 팬텀(Phantom)

니프티 게이트웨이

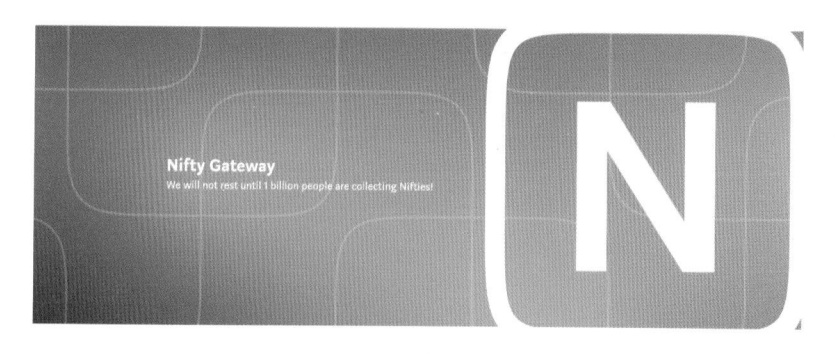

'니프티 게이트웨이Nifty Gateway'는 디지털 예술 작품을 중점적으로 선별하여 판매 서비스를 제공하는 플랫폼으로 '오픈씨Opensea'나 '라리블Rarible'과 같이 누구나 작가로 활동하며 NFT를 판매하는 '개방형 마켓'과는 다른 성향을 보입니다.

까다로운 내부 심사를 거치거나 직접 초청을 받아야 하는 '폐쇄형 마켓'의 성향이 강합니다. NFT 시장의 초창기에 마켓이 설립되었으며 '미스터 미상' 작가가 국내 최초로 등록되어 더 잘 알려져 있습니다.

선별된 작가들을 위한 마켓

작가 등록을 원한다면 웹사이트를 통해 누구나 신청을 할 수 있지만 내부 선별 기준이 매우 높기 때문에 등록이 쉽지는 않습니다. 그래서 '비플Beeple', '팍PAK', '다니엘 아샴Daniel Arsham', '에미넴Eminem', '패리스힐튼Paris Hilton' 등 이름만 들어도 알 수 있는 유명 작가 혹은 인기 셀럽들의 NFT 작품들이 1차 마켓 대부분의 비율을 차지하고 있습니다.

○ 작가 등록은 하늘의 별 따기와 같습니다.

니프티 게이트웨이의 '니프티Nifty'는 작품을 지칭하고 2차 시장인 마켓 플레이스 외에 니프티를 판매하는 것은 '드롭스Drops'라고 표현합니다.

'니프티 게이트웨이 큐레이트Nifty Gateway Curated'는 유명 아티스트, 브랜드 기업 등과 협업한 NFT 컬렉션만 판매합니다.

제미니 거래소와 상호 운용

기업가 겸 비트코인 투자자로 잘 알려진 윙클보스 형제의 제미니Gemini 거래소가 니프티 게이트웨이를 인수하면서 상호 운용 가능한 NFT 마켓으로 서비스를 제공하고 있습니다. 다만 현금을 인출하기 위해서는 제미니 거래소 계정, 은행 계좌가 필요합니다.

신용카드 결제 지원

니프티 게이트웨이는 신용카드를 지원하는 몇 안 되는 마켓 플레이스이기도 합니다. 신용카드, 직불카드 또는 니프티 게이트웨이에서 지급 받은 지갑을 통해 이더ETH를 입금하여 NFT를 구매할 수 있습니다.

스트라이프

니프티에서 구매하거나 보유하고 있는 NFT를 2차 마켓에서 판매하기 위해서는 스트라이프Stripe 결제 시스템 서비스를 사용해야 합니다. 스트라이프를 활용하여 대한민국 계좌를 등록하면 판매가 가능하지만 이런 과정들이 너무 복잡하다 싶으면 다른 거래소로 이동시켜 판매할 수도 있습니다.

월렛2월렛

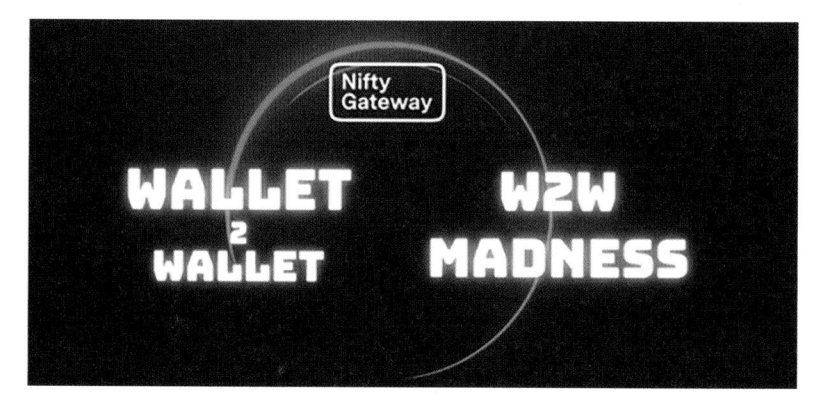

○ 니프티 게이트웨이는 사용자들의 편의를 위한 다양한 서비스를 시도 중입니다.

니프티 게이트웨이는 월렛2월렛W2W 서비스를 제공합니다. 메타마스크 지갑과 연동을 지원하고 지갑 간의 NFT 거래도 가능합니다. 또한 니프티 게이트웨이는 W2W 서비스를 통해 전송하게 되면 가스 비용을 최대 70%까지 절감할 수 있다고 밝혔습니다. 그러나 니프티에서 제공되는 NFT에 한하며 이더ETH만 사용할 수 있습니다.

니프티 게이트웨이의 수수료 시스템

니프티 게이트웨이는 수수료 및 세금으로 판매 가격의 '5%+$0.3'를 받으며 NFT가 2차 시장에서 판매되었을 때 원작자는 판매 대금의 10%를 로열티로 받게 됩니다. 또한 로열티는 따로 설정할 수 있습니다.

니프티 게이트웨이에서는 NFT를 보관할 수 있는 옵션으로 '옴니버스Omnibus' 지갑도 제공합니다. 옴니버스는 최첨단 보관 기술을 통해 안전하고 편리한 기능을 제공하는데 옴니버스 지갑을 통해 플랫폼 내에서 NFT를 이동시킨다면 별도의 가스비가 발생하지 않습니다.

니프티 게이트웨이는 윙클보스 형제의 인수를 시작으로 경매 기업 소더비, 그리고 삼성전자와의 협업을 통해 스마트 TV용 NFT 플랫폼을 제작하는 등의 활동적인 행보를 보이면서 마켓의 영향력을 지속적으로 상승시키고 있습니다.

슈퍼레어

슈퍼레어SuperRare는 고퀄리티의 디지털 예술 작품을 중점적으로 제공하는 NFT 마켓 플레이스입니다.

이름에서 알 수 있듯이 '단일 에디션1/1' 같이 희소성이 높은 작품들만 엄선하여 제공하는 것으로 유명하고 이더리움 블록체인 기반의 플

랫폼답게 '이더ETH'를 기본 통화로 사용합니다. 또한 '이미지', '3D 모델', '비디오', '오디오' 4가지 타입의 NFT와 메타마스크, 코인베이스 월렛, 렛저 라이브 같은 지갑들을 지원합니다.

슈퍼레어2.0

슈퍼레어는 최고의 예술 플랫폼으로 성장했지만 중앙집권형 방식을 벗어나지 못하였다는 자체 평가를 통해 Web3를 활용하여 네트워크 소유권과 거버넌스를 커뮤니티에 이전시키는 작업에 돌입하였습니다. 이를 '슈퍼레어2.0SuperRare2.0'이라고 부릅니다.

2.0은 로열티, 수수료와 같은 자금 관련 재무는 '슈퍼레어 DAOSuperRare DAO'에 의해 관리되고 갤러리 스페이스 개념을 도입하여 생태계 참여자들이 작품 큐레이트에 참여할 수 있는 서비스 제공을 통해 슈퍼레어의 성장과 작가 육성을 도모합니다. 또한 큐레이션 토큰

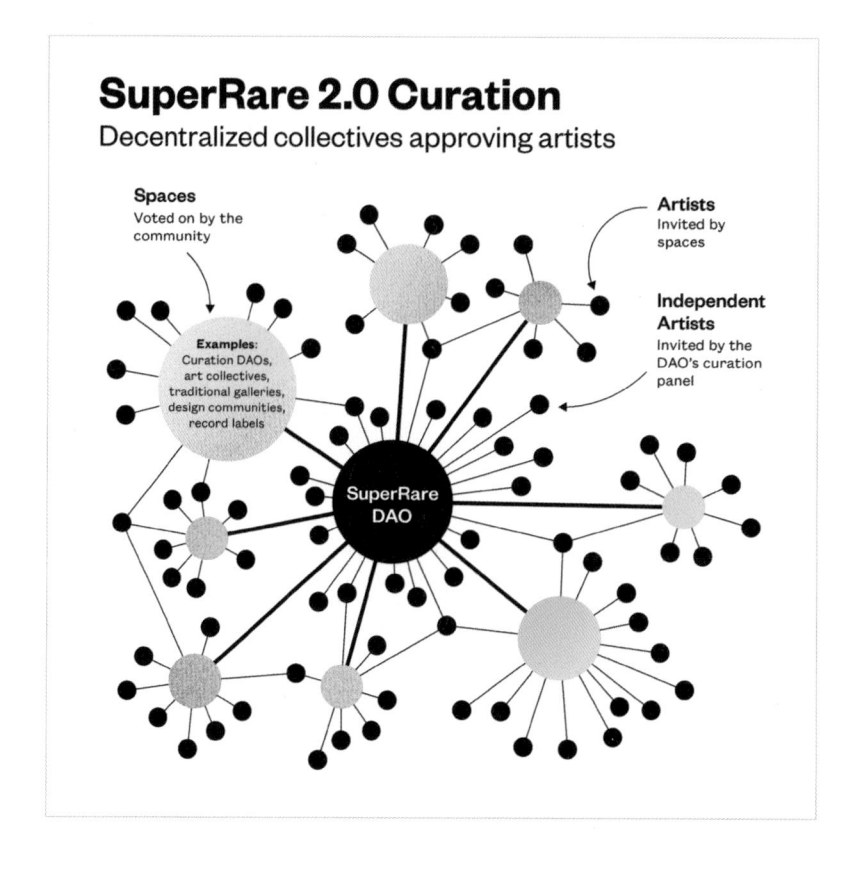

인 '레어RARE'를 발행하여 작가, 컬렉터, 큐레이션 중심의 커뮤니티로
전환합니다.

레어 토큰

레어RARE 토큰은 작가는 물론 NFT 컬렉터, 커뮤니티 등 슈퍼레어에
서 꾸준하게 활동하는 사용자들에게 점진적으로 드롭 됩니다.

또한 '큐레이션Curation' 겸 '거버넌스governance' 토큰의 특성도 지니
고 있기 때문에 슈퍼레어 생태계에 제안을 하거나, 투표에 사용되기도
합니다.

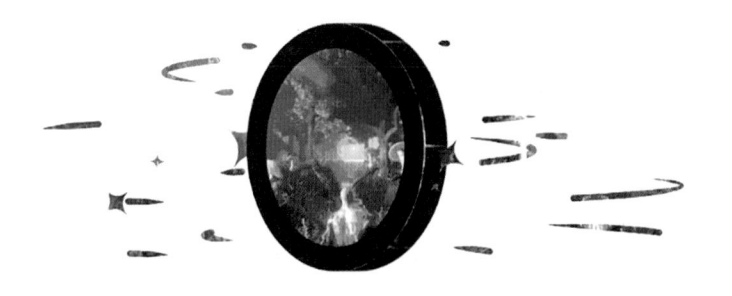

○ 슈퍼레어의 토큰은
DAO를 바탕으로 그 활용도가
무궁무진합니다.

럭셔리 브랜드 '구찌Gucci'의 경우 $25,000(약 3,000만 원 이상) 상당의
레어 토큰을 구매하여 슈퍼레어 다오의 일원이 되었고, 이를 바탕으로
가상의 NFT 전시회인 '볼트 아트 스페이스Vault Art Space'를 출시하였습
니다.

레어 토큰은 다양한 암호화폐 거래소에도 상장되어 직접 구매하거
나 판매하여 수익을 창출할 수 있다는 장점도 지니고 있습니다.

심사를 통한 작가 등록

슈퍼레어는 어떠한 마켓보다 폐쇄적인 성향이 강합니다. 작품 구매에
큰 제한은 없지만 작가로 활동하기 위해서는 슈퍼레어 팀의 엄격한 심
사를 통과해야만 하고 매달 소수의 작가들만 등록되기 때문에 웬만한

○ 신청 페이지에는 '소수의 아티스트만 등록되며 응답이 늦을 수도 있다.'고 명시되어 있습니다.

작가가 아닌 이상 등록 시도조차 어렵다고 알려져 있습니다. 이는 높은 퀄리티의 작품만 통과되기 때문에 슈퍼레어 마켓의 작품 가격은 어느 정도 보장받을 수 있다는 것을 의미하기도 합니다.

그러나 위와 같은 선별 과정 시스템은 결국 참여적인 생태계와는 모순되는 방향성을 가리키고 있다는 것을 누구나 알 수 있습니다. 팀은 이를 타파하고자 커뮤니티 참여자들에 의해 결정되는 큐레이트 확장판, '스페이스 레이스Space Race'를 도입하였습니다.

스페이스 레이스

'스페이스 레이스Space Race'는 슈퍼레어에 공식적으로 작품을 출품하는 갤러리들의 선거 대회로, 스페이스는 슈퍼레어 네트워크에서 독립적으로 운영되는 갤러리를 뜻합니다. 쉽게 보자면 운영진을 중심으로 운영되던 기존의 큐레이트 시스템에 사용자들의 참여를 가미한 확장형 모델이라고 할 수 있습니다.

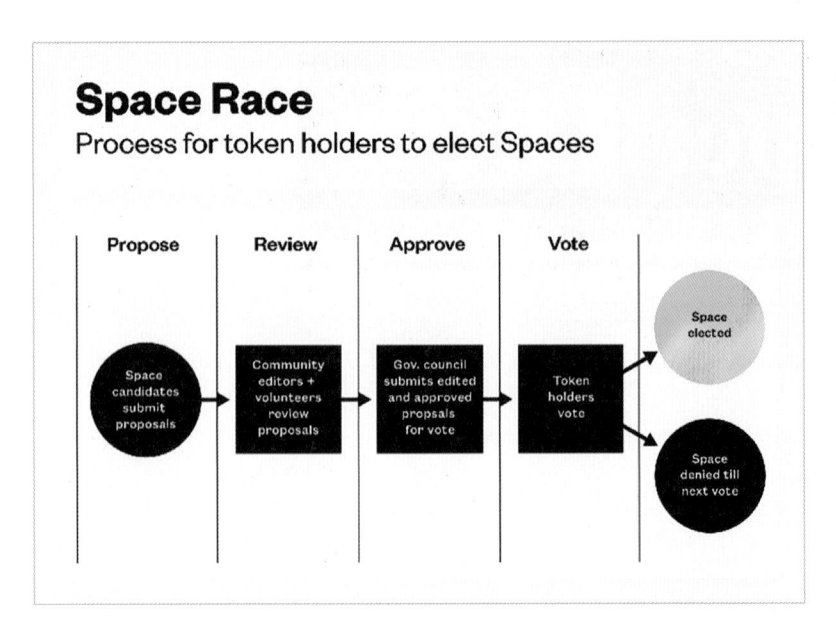

  '스페이스(갤러리)'를 운영하고 싶은 참여자가 제안서를 제출하여
1차적으로 통과한 스페이스는 거버넌스 위원회에 전달되고 레어 토큰
을 보유한 슈퍼레어 사용자들은 해당 스페이스의 소개, 이력, 계획 등
을 참고하여 투표를 할 수 있습니다. 이 중 가장 많은 표를 획득한 5개
의 스페이스가 승자로 선정됩니다.

  승자로 선정된 스페이스 운영자는 작가를 초대하여 스페이스에서
NFT를 발행하도록 도울 수 있습니다. 또한 작가와 협업하여 보상 구
조를 수정하고 NFT 경매 진행과 지속적인 큐레이트 작업을 진행할 수
있습니다.

  이 과정은 마치 미술관과 화가가 협업하여 작품을 출시하는 것과
비슷합니다.

SNS 기능 적용

슈퍼레어의 특징은 작가 팔로우나 '좋아요, 의견, 소식 받기'와 같은
SNS 기능을 적용하여 커뮤니케이션에 강하고 작가 필터링 기능을 사
용해 원하는 피드를 적용하여 사용자 맞춤 설정이 가능합니다.

○ 슈퍼레어의 웹사이트는 마치 트위터와 같은 SNS를 옮겨 놓은 듯한 인상을 줍니다.

슈퍼레어의 수수료 시스템

작가가 직접 판매하는 1차 시장 판매에서는 15%의 수수료를 슈퍼레어에 지불해야 하고 이후에 거래되는 2차 판매의 경우 원작자가 10%의 로열티를 받게 됩니다. 시장 판매에 관계없이 판매 가격의 3%는 네트워크 수수료로 부과됩니다.

컬렉터 로열티 시스템

파일럿 개념으로 2021년 7월부터 약 1년간 적용된 콜렉터 로열티 시스템은 2022년 7월 이후로 정식 적용되었습니다. 작품을 구매한 첫 번째 컬렉터(소유자)가 작품을 판매하면 1%의 로열티를 받게 되고, 두 번째 컬렉터가 제품을 판매하면 0.5%를 지급 받습니다.

이런 방식으로 제품을 판매할 때마다 컬렉터 로열티는 50%씩 감소하게 됩니다. 해당 로열티는 작품 구매 시 지불하는 네트워크 수수료 3%에서 사용됩니다.

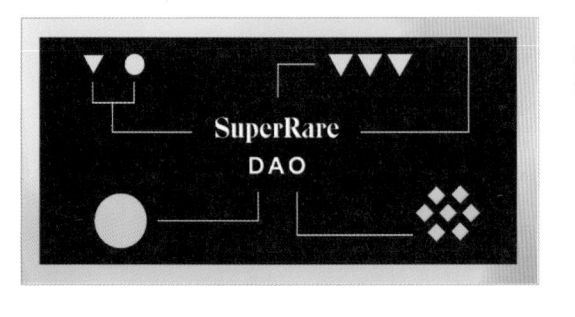

○ 슈퍼레어의 새로운 변화는 DAO로 시작돼 DAO로 끝난다고 할 수 있습니다.

슈퍼레어는 예술 작품을 중점적으로 다루는 마켓 중에서는 단연 독보적인 점유율을 보이고 있습니다. 이름 그대로 독창적인 작품만 허용하기 때문에 성공을 위해서는 최소한의 수익이 보장되는 슈퍼레어에 진입하라는 말이 있을 정도이죠.

이를 바탕으로 약 3,000억에 이르는 거래량을 보여 주는 마켓 플레이스 슈퍼레어는 디지털 예술 작품 분야에서 꾸준하게 가치를 인정받고 있습니다.

파운데이션

파운데이션Foundation은 슈퍼레어와 동일하게 '단일 에디션1/1' 중심의 디지털 예술 작품을 판매하는 NFT 마켓 플레이스이지만 초대장 시스템을 적용하여 상대적으로 작가들이 쉽게 진입하고 자체적으로 시장을 형성할 수 있는 서비스를 제공하였습니다. 특히 여타 다른 마켓들과는 다르게 로열티 분배가 최대 4명까지 허용된다는 특이점을 지니고 있습니다.

파운데이션 스플릿

파운데이션을 이용하는 작가들은 협업을 하더라도 로열티를 분배하여 지급 받을 수 있다는 장점이 있습니다.

스플릿을 사용하면 자신을 포함하여 최대 4명과 로열티를 공유할 수 있고 1차, 2차 시장에서 판매된 NFT의 수익을 모두가 얻을 수 있습니다. 다만 분배자들이 늘어날수록 가스 비용이 증가하기 때문에 최대 4명으로 제한되어 있습니다.

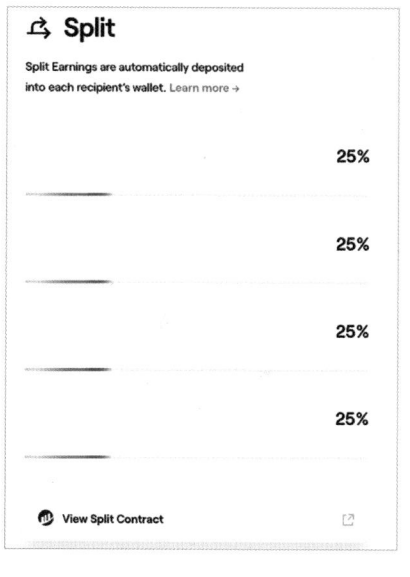

○ 로열티 분배 방법인 스플릿은 협업에 가장 큰 이점을 보여 줍니다.

파운데이션 작가 등록 방법

기존의 파운데이션은 다른 마켓들과는 조금 다른 방식의 작가 유입 방법을 선택했습니다. 퀄리티를 기본으로 작가를 선별하는 슈퍼레어와 달리 이미 활동하고 있는 파운데이션의 기존 작가들에게 초대를 받아야 활동이 가능하며 초대장 하나만 받으면 작가 등록이 가능하기 때문에 일일이 까다로운 심사를 거치는 방식에 비해 상대적으로 유입률은 늘어나고 활성 사용자들의 수도 더 높아질 수밖에 없습니다.

파운데이션은 마켓 출시와 함께 너무 빠르지도 너무 느리지도 않은 속도로 성장을 시키고 싶었기 때문에 초대장 시스템을 적용하였습

○ 파운데이션은 더 이상 초대장이 필요하지 않다고 공식적으로 안내하고 있습니다.

니다. 그러나 지금은 많은 작가들이 참여할 수 있을 정도의 규모를 만들었기 때문에 누구나 NFT 작품을 판매할 수 있도록 정책을 변경하였습니다.

파운데이션 OS와 Web3

아시다시피 Web3에 대한 새로운 도전은 다양한 분야에서 나타나고 있습니다.

물론 NFT 마켓도 예외는 아닙니다. 대부분의 마켓이 Web3 플랫폼을 출시하기 위해 새로운 서비스를 제공하거나 개발을 진행하는 중인데 파운데이션은 Web3에 걸맞은 운영 체제를 선보이고 있습니다.

파운데이션 OS는 개발자들에게 새로운 것을 구축할 수 있는 도구를 제공합니다. 쉽게 말해 해당 웹사이트에 접속하면 이를 활용하여 파운데이션을 구성하는 요소들, 스마트 계약 사용, 나만의 갤러리, NFT

○ 파운데이션이 제공하는 OS

마켓 플레이스, 멀티플레이어 게임 등 새로운 것을 창조해 낼 수 있습니다.

시장의 트렌드 파악

파운데이션에 접속하여 선호하는 작가를 팔로우 할 수 있고 자신의 메인 피드를 입맛에 맞게 수정할 수 있습니다. 또한 NFT 컬렉션, 작가, 컬렉터, 작품 경매와 같은 주제를 가격, 시간, 인기도 등으로 분류하여 현재 시장의 트렌드를 파악할 수 있는 설정 방법도 제공합니다.

파운데이션 수수료 시스템

파운데이션은 1차, 2차 시장 판매 가격의 5%를 수수료로 부과합니다. 그리고 다른 마켓플레이스에 등록되어 판매되는 경우 10%의 로열티를 지급받을 수 있습니다.

파운데이션은 약 2,000억 원의 거래량을 보여 주고 있는 예술 작품 전문 플랫폼으로 새로운 정책을 통해 작가 친화적인 플랫폼으로 거듭나고 있습니다. 현재 예술 작품 시장에서는 슈퍼레어와 더불어 가장 높은 인지도를 자랑합니다.

바이낸스 NFT

세계 최대의 암호화폐 거래소를 꼽으라면 두말할 것도 없이 '바이낸스 Binance'를 선택할 것입니다. 바이낸스는 이런 영향력을 바탕으로 NFT 전용 마켓 플레이스를 출시하였으며 거래소 웹사이트를 통해 서비스를 제공하고 있습니다. 바이낸스 NFT는 다양한 디지털 작품, 수집품, 게임과 함께 2차 마켓 플레이스, 미스터리 박스 등 다양한 카테고리와 NFT 제품을 제공합니다.

바이낸스는 자체 블록체인을 활용하여 NFT 마켓 플레이스가 구동되고 있으며 '비앤비BNB; Build N Build', '바이낸스USDBUSD', '이더ETH',

'폴리곤MATIC' 암호화폐를 지원합니다.

이벤트

바이낸스는 플랫폼 자체의 영향력을 바탕으로 아티스트, 음악가, 운동 선수, 각 분야의 셀럽, 그리고 브랜드의 독점 NFT를 제공합니다.

마켓 플레이스

NFT를 거래할 수 있는 2차 시장으로 NFT를 등록하기 위해서는 약 10분의 자동 검증 시스템을 통해 바이낸스 검토를 거쳐야 합니다. 이런 과정을 거쳐 NFT가 등록되고 나아가 판매까지 완료되었다면 1%의 고정 플랫폼 수수료를 지불해야 합니다.

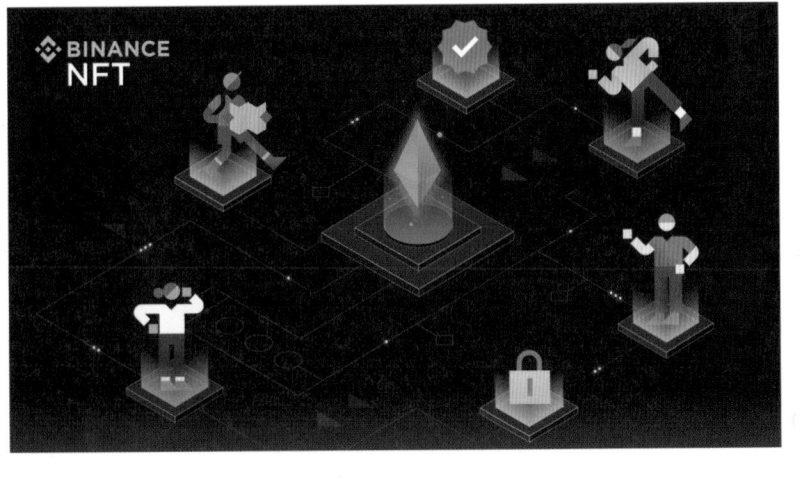

○ 바이낸스 NFT는 다양한 서비스를 제공하는 것으로 유명합니다.

바이낸스 수수료 시스템

NFT 발행 수수료는 선택하는 블록체인별로 상이합니다.

자체 블록체인인 BNB Smart Chain_{BSC}을 사용하여 NFT를 제작하면 0.005BNB를 지불해야 하고, 이더리움 블록체인을 사용하여 NFT를 제작하면 0.001ETH를 지불해야 합니다.

만약 다른 마켓으로 NFT를 전송하는 경우에는 선택하는 블록체인 수수료가 지불되고 이는 네트워크 상태에 따라 조정됩니다.

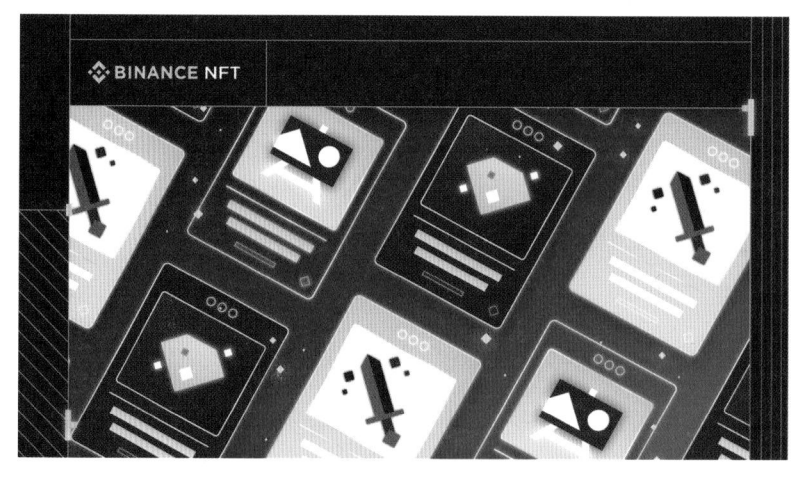

○ 바이낸스는 블록체인별로
서비스를 제공합니다.

로열티

NFT 로열티는 0~10%로 제한됩니다. 무조건 NFT를 생성할 때 설정할 수 있으며 발행된 NFT 컬렉션의 경우 모두 동일한 로열티가 적용됩니다.

미스터리 박스

특정 인물이나 프로젝트 팀, 기업 등과 함께 발행하는 것이 특징이며 박스를 오픈할 때만 공개되는 랜덤 NFT입니다. 특히 일정 시간이나 수량에 맞추어 판매를 하며 반품은 불가능하지만 개봉하지 않은 미스터리 박스는 교환이 가능합니다.

보통 미스터리 박스는 4개의 등급으로 구분합니다.

N: 노말

R: 레어

SR: 슈퍼레어

SSR: 슈퍼슈퍼레어

○ 바이낸스의 NFT 사업, 그리고 미스터리 박스의 출시는 시장을 선점하기에 충분했습니다.

미스터리 박스를 오픈하였을 때 상위 등급으로 갈수록 뽑을 수 있는 확률이 매우 낮아지고 NFT 외형은 물론 가격도 크게 차이가 납니다.

바이낸스 게이밍/IGO

바이낸스는 게임 NFT에 대한 거래 플랫폼도 제공합니다.

특히 해당 플랫폼을 통해 업계 최초로 블록체인 게임상의 NFT 자산을 판매하는 IGOInitial Game Offering 서비스를 제공하면서 게임 NFT 시장까지 장악하고 있습니다.

IGO의 특징은 공식 출시되기 전에 게임 관련 서비스를 제공 받을 수 있고 티어가 높은 NFT를 저렴하게 구입하는 등의 혜택을 받을 수 있습니다.

바이낸스는 세계 최대의 암호화폐 거래소에 걸맞게 NFT 마켓도 매우 큰 규모로 발전시키고 있으며 축구 전설 '크리스티아누 호날두 Cristiano Ronaldo'와 파트너십을 체결하면서 시장에서의 영향력을 보여주기도 했습니다.

○ 암호화폐에 ICO가 있었다면 이제는 IGO입니다.

업비트 NFT

국내 최대의 암호화폐 거래소 '업비트Upbit'에서 론칭한 '업비트 NFT'는 오픈 마켓이 아닌 '큐레이션 마켓Curation Market'으로 업비트의 사전 검증을 거치지 않으면 NFT 발행 및 판매 서비스를 이용할 수 없습니다.

짤막상식

큐레이션 마켓은 무엇일까?

'큐레이션(Curation)'의 본래 뜻은 미술관에서 좋은 작품만 선별하여 전시하는 것을 의미하며 여기서 말하는 큐레이션 마켓(Curation Market)은 퀄리티가 좋은 NFT 작품만 선별하여 제공하는 마켓을 말합니다.

업비트 NFT는 '드롭스Drops'와 '마켓 플레이스Marketplace' 두 가지의 카테고리를 제공하고 업비트 거래소와 함께 운영하기 때문에 암호화폐를 구입하여 NFT를 구매하는 것에 최적화되어 있습니다.

드롭스

유명 크리에이터, 셀럽, 스포츠 선수, 기업 등의 NFT 작품을 우선적으로 구매할 수 있는 1차 마켓으로, 종료 시점에 최고가로 입찰한 사용자가 낙찰을 받는 잉글리시 옥션 경매와 시간이 지날수록 가격이 낮아지는 더치 옥션 경매 방식, 그리고 고정가 판매를 통해 NFT를 드롭합니다. 초기에는 '비트코인BTC'을 기본 통화로 사용하여 서비스를 제공했지만 최근에는 '이더ETH'만 기본 통화로 사용합니다.

○ 1차 마켓을 드롭스로 지칭하는 마켓이 늘어나고 있습니다.

○ NFT 마켓 수수료는 생각보다 평준화되어 있습니다.

마켓 플레이스

1차 마켓인 드롭스에서 구매했거나 업비트가 제공하는 이벤트로 소유하게 된 NFT를 자유롭게 거래할 수 있는 2차 마켓으로 업비트에서 제공하는 NFT의 거래만 가능하고 '이더ETH'를 기본 통화로 사용합니다.

업비트의 수수료 시스템

드롭스를 통한 입찰에는 거래 수수료가 없으며 마켓을 통한 판매, 구매의 경우 2.5%의 수수료가 부과됩니다.

NFT 입출금 서비스

업비트는 상호적으로 신뢰가 가능한 지갑이나 거래소의 파트너십을 통해 NFT 입출금을 지원할 예정이지만 구체적인 출금 지원 시기는 종합적으로 고려한 뒤 공지하겠다고 밝혔습니다.

국내 최대 규모의 거래소라는 타이틀을 달고 나온 업비트 NFT는 아직까지는 내부에서만 거래를 허용하고 입출금이 불가능하기 때문에 구매자들이 실질적으로 활용하기에는 아쉬움이 따른다는 평가가 있습니다.

짤·막·상·식

──1차 마켓과 2차 마켓은
무엇이 다를까?

마켓마다 지칭하는 단어의 차이가 있지만 일반적으로 1차 마켓은 작가 혹은 판매 마켓이 구매자와 직접적으로 거래할 수 있는 것으로 처음으로 NFT가 거래되는 마켓을 의미합니다. 2차 마켓은 1차 마켓에서 거래된 NFT를 거래할 수 있는 마켓을 지칭합니다.

클립 드롭스

그라운드X가 운영하는 클립 드롭스Klip drops는 미술, 기획 상품 등 다양한 디지털 작품을 큐레이션 하여 판매하는 NFT 마켓 플레이스로 작가들의 시장 진입을 이끌고 있습니다. 특히 웹툰 작가는 물론 스포츠 구단들과도 다양한 콜라보를 진행하면서 새롭고 다양한 도전을 이어나가고 있습니다.

Klip Drops

ONE DAY ONE DROP

클립 드롭스의 '원 데이 원 드롭1D1D'은 국내는 물론 해외 정상급 크리에이터들과 손잡고 하루 한 명의 크리에이터들의 작품을 공개하는 마켓입니다.

1D1D
**ONE DAY
ONE DROP**

디팩토리

디팩토리는 클립 드롭스에서 제공하는 에디션 디지털 컬렉터 마켓으로 일정 기간을 두고 유명 셀럽, 크리에이터, 브랜드들의 NFT 작품을 판매합니다. 특히 구매 시 함께 제공되는 혜택을 받을 수도 있습니다.

dFactory
**DIGITAL
COLLECTIBLES**

마켓

클립 드롭스 마켓에서 구매한 NFT를 거래할 수 있는 마켓으로 외부 NFT 작품은 판매할 수 없으며 다른 마켓과 다르게 클레이KLAY 코인을 포함하여 계좌이체를 통한 구매도 가능합니다.

　클립 드롭스는 카카오가 제공하는 카카오톡 클립 지갑을 사용하여 로그인이 가능하다는 장점이 있지만 클립 드롭스에서 제공하는 NFT만 사용 가능합니다.

　클립 드롭스의 NFT 작품을 외부에 출금하는 것은 가능하지만 외부 마켓에서 판매하는 것은 금지되어 있어 상대적으로 폐쇄적인 모습을 보입니다.

제미니 거래소를 설립한 윙클보스 형제

'제미니Gemini'는 쌍둥이를 뜻하는 단어로 쌍둥이 형제인 '타일러 윙클보스Tyler Winklevoss'와 '카메론 윙클보스Cameron Winklevoss'가 창업한 암호화폐 거래소입니다. 특히 암호화폐 생태계가 형성되고 규제가 확립이 되지 않은 시기에 거래소 허가를 받고 설립하게 되면서 유명세를 떨치게 됩니다. 이 형제는 페이스북 탄생 일대기를 그린 실화 바탕의 영화 '소셜 네트워크The Social Network'에도 등장하기 때문에 암호화폐를 모르는 대중들도 한 번쯤은 들어 봤을 법한 인물들입니다.

해당 영화에서는 몇 가지의 소송이 핵심 스토리 라인으로 자리 잡고 있는데 그중 하나가 바로 페이스북의 CEO인 '마크 주커버그Mark Zuckerberg'를 상대로 제기한 윙클보스 형제의 법적 소송입니다. 이 형제가 주장하는 것은 바로 아이디어 도용.

윙클보스 형제는 페이스북이 탄생하기 전 '하버드 커넥션Harvard Connection'이라는 소셜네트워크 웹사이트를 제작하였고 개발자로 마크 주커버그를 섭외하여 뜻을 함께하게 됩니다. 하지만 이후 마크 주커버그가 이와 유사한 형식의 페이스북을 개발하고 먼저 서비스를 시작했다고 주장했습니다.

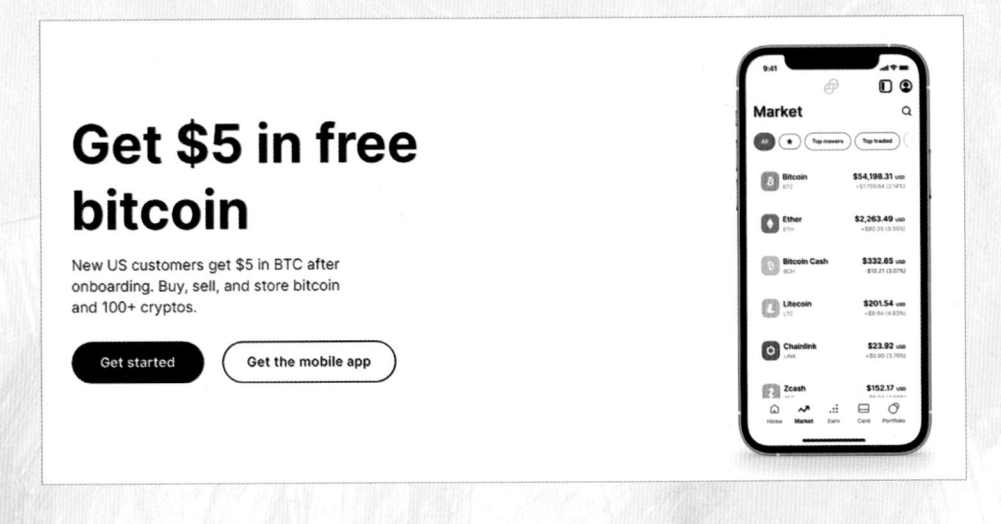

언뜻 금방 마무리될 듯해 보이던 소송은 7년이라는 긴 시간 동안 이어졌으며 그 끝은 마크 주커버그에게 거액의 현금과 페이스북 지분의 일부를 받는 조건으로 윙클보스 형제가 합의했으며 상고를 포기하면서 마무리되었습니다.

사실 윙클보스 형제는 암호화폐 억만장자 1세대로 비트코인을 이용해 거액을 만진 것으로 유명합니다. 한때는 암호화폐 억만장자 1위에 등극하며 그 영향력을 행사하였으며 지속적인 비트코인 투자를 이어 나가며 대중들에게도 비트코인 투자를 종용한 것으로 유명합니다. 초창기에는 비트코인 발행량 중 1%를 보유하고 있다는 사실이 밝혀지며 세상을 놀라게 했습니다.

민팅으로 알아보는 실전NFT

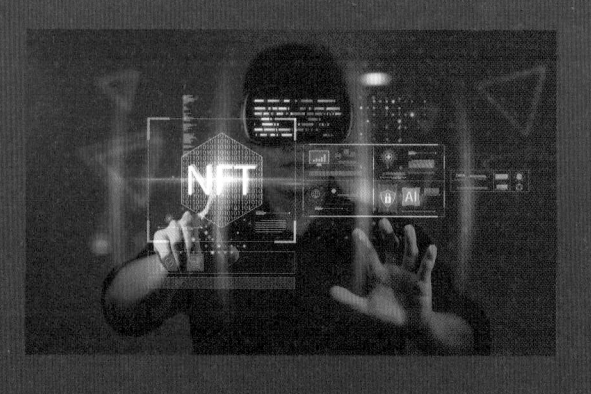

대체 불가능 토큰(NFT; Non-Fungible Token)의 역사에 대해 이해했다면 이제는 이론을 바탕으로 실전에 활용해야 합니다. NFT 시장에 대한 기대감 하나만으로 맹목적인 구매를 하는 것은 실패를 반복할 가능성이 큽니다.
우리는 이번 강을 통해 실전을 위한 사전 정보를 습득하면서 건전하고 안전한 시장 참여자가 되는 방법에 대하여 알아보도록 하겠습니다.

01 민팅이란 무엇일까?

화폐를 만들거나 화폐가 발행된 상태를 의미하는 '민트Mint', 그리고 NFT 시장에서는 이를 바탕으로 디지털 토큰을 발행한다는 의미로 '민팅Minting'을 사용합니다.

하지만 NFT 민팅 방식이 변화함에 따라 NFT 발행은 물론 구매나 판매 행위를 가리켜 민팅이라고 포괄적으로 표현하는 경우도 있습니다.

변화하는 민팅 방식

초창기에는 NFT를 전부 민팅한 뒤 참여자들에게 판매하는 방식이었지만 블록체인을 사용하여 NFT를 민팅하기 때문에 무조건 네트워크 수수료를 지불해야 했습니다. 그 결과 판매되지 않은 NFT만큼 수수료 손실이 날 수밖에 없었습니다. 쉽게 말해 총 10,000개의 옷을 미리 제작해 두고 손님들이 모두 구입하기를 기다린 것과 같습니다.

하지만 최근에는 이런 문제를 방지하기 위해 주문 제작 시스템 개념을 도입하였습니다. 참여자가 비용을 지불하면 해당 NFT만 민팅하여 전송하게 되었으며 이런 방법은 완판되지 않더라도 블록체인 수수료의 손실을 줄일 수 있다는 장점이 있습니다.

민팅 참여를 위한 준비 단계

민팅 참여를 위해서는 민팅 사이트와의 연동, 암호화폐를 이용한 결제, NFT 지급을 위한 암호화폐 지갑은 필수 요소입니다.

특히 어떤 블록체인을 바탕으로 NFT를 제작했느냐에 따라 지원하는 지갑의 종류도 천차만별이기 때문에 민팅을 처음 진행하는 참여자들은 혼동이 올 수밖에 없습니다. 이러한 혼동을 줄일 수 있도록 민팅에 사용되는 지갑의 종류와 성격에 대하여 알아보겠습니다.

○ 10,000벌의 옷을 미리 제작하였는데 판매되지 않았다면 제작비 손실을 떠안을 수밖에 없습니다.

○ 어려워 보이지만 막상 사용하다 보면 이렇게 쉽고 편한 지갑도 찾기 어렵습니다.

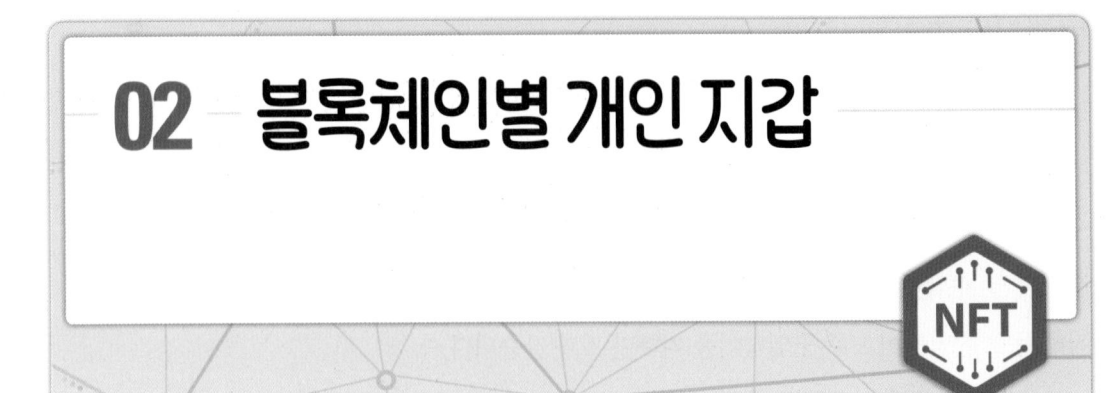

02 블록체인별 개인 지갑

민팅을 진행하는 대표적인 블록체인은 '이더리움Ethereum', '폴리곤Polygon', '솔라나Solana', '클레이튼Klaytn'을 꼽을 수 있고 사용하는 개인 지갑은 다음과 같습니다.

이더리움 대표 개인 지갑 메타마스크

메타마스크Metamask는 이더리움 블록체인 중심의 대표적인 암호화폐 개인 지갑으로, 확장 프로그램으로 실행되는 것이 특징입니다. '크롬chrome', '파이어폭스Firefox', '오페라Opera'와 같은 인터넷 브라우저를 통해 사용할 수 있고 모바일 버전으로도 출시되었습니다.

METAMASK

　　몇몇 블록체인을 제외하면 네트워크를 추가하여 이더리움 기반의 'ERC-20' 토큰은 물론 바이낸스, 폴리곤, 클레이튼과 같은 다양한 블록체인 네트워크를 사용할 수 있기 때문에 전 세계에서 가장 많이 사용하는 암호화폐 지갑으로 손꼽힙니다.

메타마스크 설치 및 지갑 생성 방법

1. https://metamask.io/에 접속하여 '크롬Chrome' 체크 후 메타마스크 크롬 설치를 클릭하여 프로그램을 설치합니다.

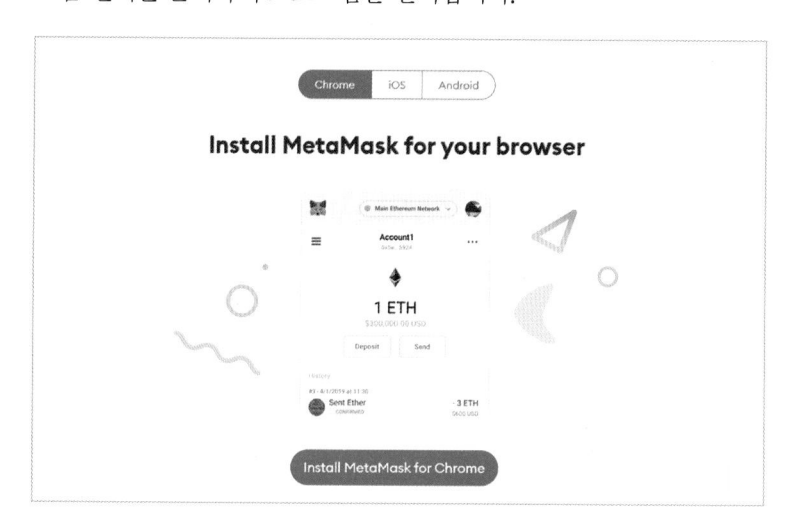

2. 'Chrome에 추가'를 선택하여 '확장 프로그램 추가'를 선택하면 설정 페이지로 이동합니다.

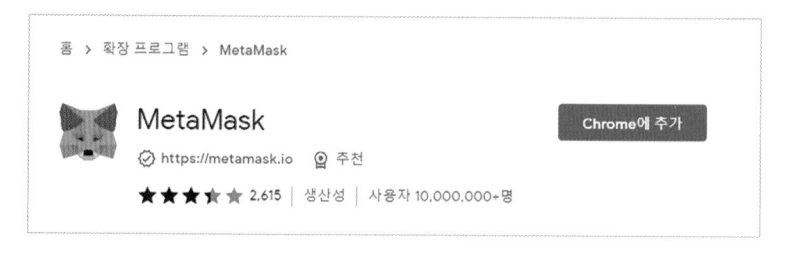

3. '시작하기' 선택 후 지갑 생성

4. '동의함' 체크 후 비밀번호를 설정하면 '이용약관' 체크 후 다음 단계로 넘어가게 됩니다.

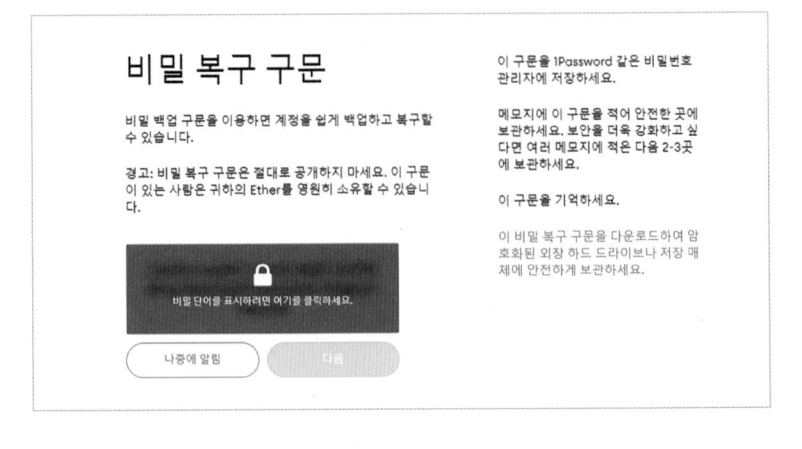

MetaMask 개선에 참여

MetaMask는 사용자가 확장 프로그램과 상호작용하는 방식을 자세히 이해하기 위해 사용 데이터를 수집하고자 합니다. 수집한 데이터는 당사의 제품과 이더리움 에코시스템의 사용 편의성 및 사용자 경험을 지속적으로 개선하는 데 활용됩니다.

MetaMask에서는..

✓ 언제든 설정을 통해 옵트아웃할 수 있습니다.
✓ 익명화된 클릭 및 페이지뷰 이벤트 보내기

✗ 키, 주소, 거래, 잔액, 해시 또는 개인 정보를 절대 수집하지 않습니다.
✗ 전체 IP 주소를 절대 수집하지 않습니다.
✗ 절대로 수익을 위해 데이터를 판매하지 않습니다!

[괜찮습니다] [동의함]

이 데이터는 집계 처리된 정보이며 일반 데이터 보호 규정 (EU) 2016/679의 목적에 따라 익명으로 관리됩니다. 당사의 개인정보보호 관행에 관한 자세한 내용은 개인정보 보호정책을 참조하세요.

비밀번호 만들기

새 비밀번호(8자 이상)

비밀번호 확인

☐ 이용 약관의 내용을 읽고 이에 동의합니다.

[생성]

5. '시드'라고 부르는 12가지 단어로 이루어진 복구 구문이 생성됩니다.

비밀 복구 구문

비밀 백업 구문을 이용하면 계정을 쉽게 백업하고 복구할 수 있습니다.

경고: 비밀 복구 구문은 절대로 공개하지 마세요. 이 구문이 있는 사람은 귀하의 Ether를 영원히 소유할 수 있습니다.

🔒
비밀 단어를 표시하려면 여기를 클릭하세요.

[나중에 알림] [다음]

이 구문을 1Password 같은 비밀번호 관리자에 저장하세요.

메모지에 이 구문을 적어 안전한 곳에 보관하세요. 보안을 더욱 강화하고 싶다면 여러 메모지에 적은 다음 2-3곳에 보관하세요.

이 구문을 기억하세요.

이 비밀 복구 구문을 다운로드하여 암호화된 외장 하드 드라이브나 저장 매체에 안전하게 보관하세요.

○ 비밀번호를 분실했거나 다른 PC를 통해 지갑에 접근할 때 시드를 이용하여 지갑을 복구할 수 있는 일종의 열쇠이기 때문에 안전하게 보관하는 것이 중요합니다.(순서도 정확해야 합니다.)

6. 5번에서 생성된 시드를 순서에 맞게 모두 클릭하면 메타마스크
   지갑이 생성됩니다.

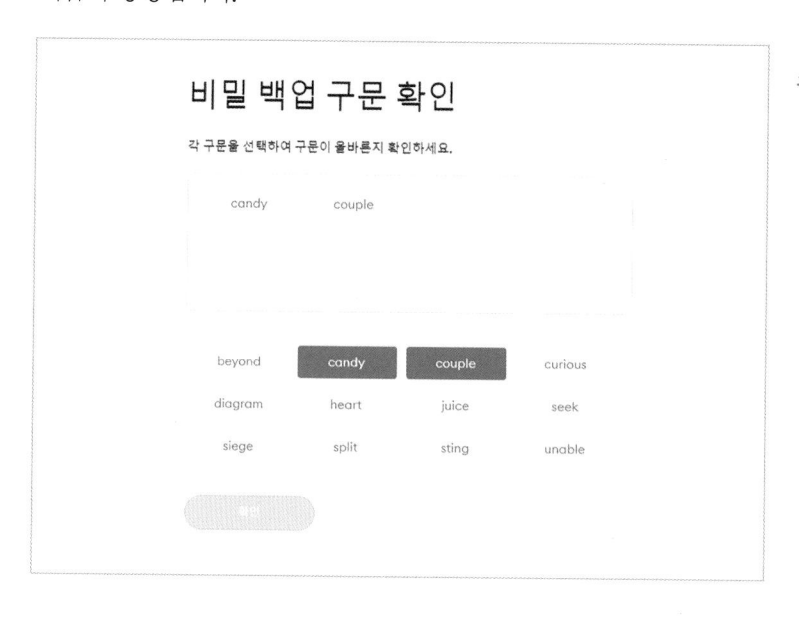

○ 시드는 순서도 정확하게
구분하여 입력해야 합니다.

7. 생성 완료된 메타마스크 지갑
   크롬 웹브라우저의 우측 상단을 확인해 보면 여우 모양의 아이콘이
   생겼을 겁니다. (이후에는 해당 아이콘을 클릭하여 로그인할 수 있고 로그인을
   요청하거나 거래를 발생시키면 여우 아이콘에 1이라는 숫자가 뜨게 됩니다.)

네트워크 추가

1. 메타마스크는 네트워크 추가를 통해 다양한 메인넷을 추가할 수 있습니다. 우측 상단의 '이더리움 메인넷'을 클릭하여 '네트워크 추가'를 선택합니다.

2. 다섯 가지 항목을 입력하면 원하는 네트워크를 추가할 수 있습니다.

3. 네트워크 추가에 대한 정보는 블록체인별로 구글에서 검색하거나 공식 웹사이트, 또는 체인리스트를 통해 한 번 클릭으로 네트워크를 추가할 수 있습니다.

4. 만약 클레이튼 메인넷을 추가하고 싶다면 https://chainlist.org/에 접속하여 Klaytn을 검색합니다. '클레이튼 메인넷 사이프러스Klaytn Mainnet Cypress'의 'Add to Metamask'를 클릭합니다.

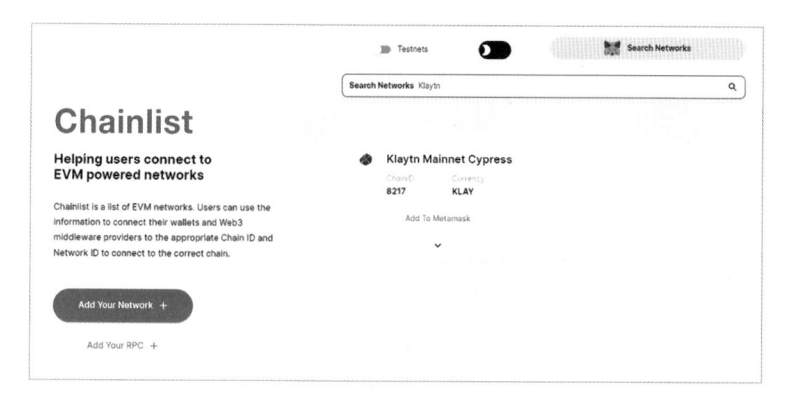

5. 메타마스크는 모든 활동에 대하여 안내 문구가 활성화됩니다. 다음과 같은 허용 안내 창이 표기되면 '승인'을 클릭하여 네트워크 추가를 완료합니다.

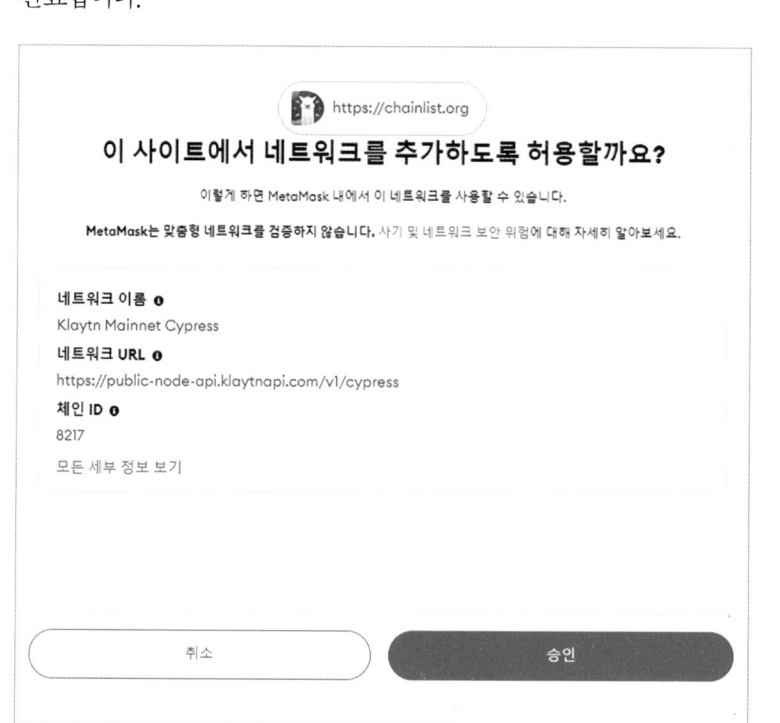

6. 메타마스크에서 활성화된 클레이튼 메인넷
   이제 클레이튼 메인넷을 통해 오픈씨에 접속할 수 있고 '클레이Klay'
   전송도 가능합니다.

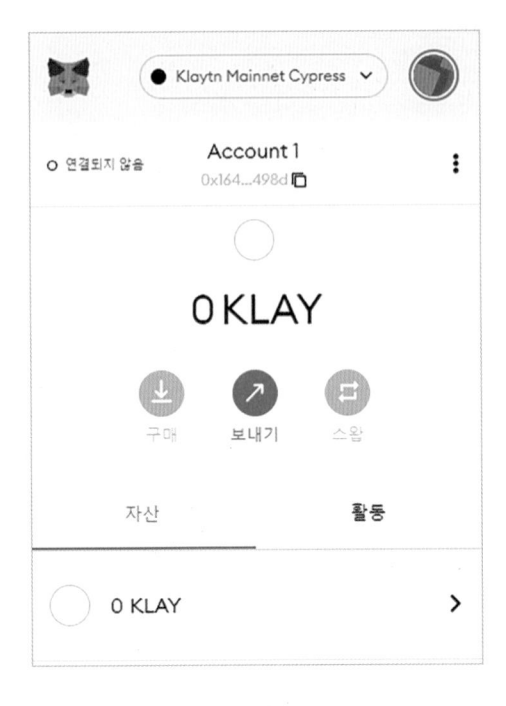

주의할 사항

다만, 모든 활동에 대해 안내 문구가 활성화된다는 것은 위험 노출을
조심하라고 경고하는 것으로 이를 수락한다는 것은 지갑 접근을 허용
하는 개념이기 때문에 항상 확인하고 주의하는 습관을 가져야 합니다.

만약 해당 사이트가 해킹을 당하거나 악의적으로 개설되었다면 접
근을 허용하는 순간 지갑의 자산을 탈취당할 수 있습니다.

클레이튼 대표 개인 지갑 카이카스

카이카스Kaikas는 클레이튼 블록체인을 지원하는 대표적인 확장 프로그램형 개인 지갑입니다. 메타마스크와 동일하게 인터넷 브라우저에서 확장 프로그램을 추가하면 쉽게 이용할 수 있고 계정 가져오기를 통해 메타마스크에서 카이카스를, 카이카스에서 메타마스크를 연동하여 사용할 수 있습니다.

카이카스 설치 및 지갑 생성 방법

1. https://docs.kaikas.io/에 접속하여 초록색으로 표기된 'here'를 클릭합니다.

Welcome

Welcome to Kaikas's developer documentation. This documentation is for learning to develop applications using Kaikas.

What is Kaikas

Kaikas is a browser extension that provides secure and usable means to interact with Klaytn network from web sites. In particular, it handles account management and connecting the user to the blockchain.

Kaikas supports Chrome on Windows, Mac, and Linux.

- You can download Kaikas for Chrome here

2. 'Chrome에 추가'를 클릭하여 확장 프로그램을 설치합니다.

홈 > 확장 프로그램 > Kaikas

 Kaikas
📍 추천

★★★☆☆ 69 | 생산성 | 사용자 200,000+명

`Chrome에 추가`

3. 설치가 완료되었다면 안내에 따라 크롬
   오른쪽 상단의 카이카스 아이콘을
   클릭합니다.

4. 비밀번호를 설정하고 '생성'을 클릭합니다.

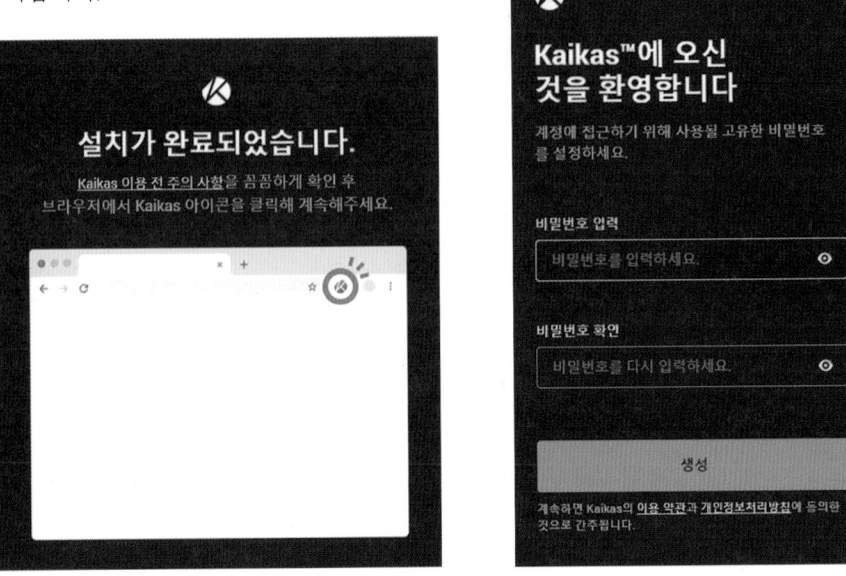

5. 계정 이름은 본인에게만 표기되기 때문에 아무거나 작성해도 무방합니다.
   '생성' 클릭 후 주의 사항을 꼭 읽으신 뒤 '다음'을 선택합니다.

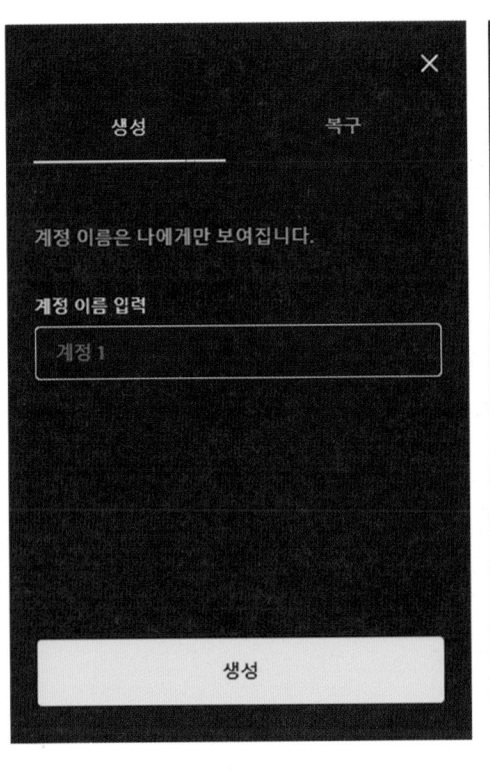

6. 좌측의 '시드 구문 보관 안내'에서 구문을 확인 후 직접 작성하거나 메모장에 작성하여 저장한 뒤 안전하게 보관합니다. 이렇게 보관한 시드 구문은 '시드 구문 확인'에서 순서에 맞게 정확하게 입력을 합니다.

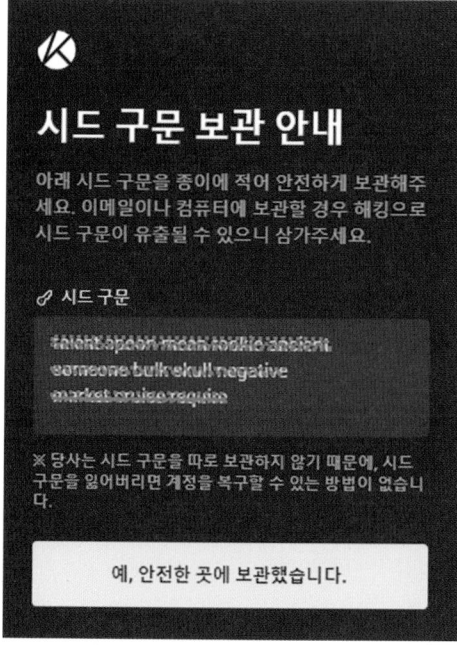 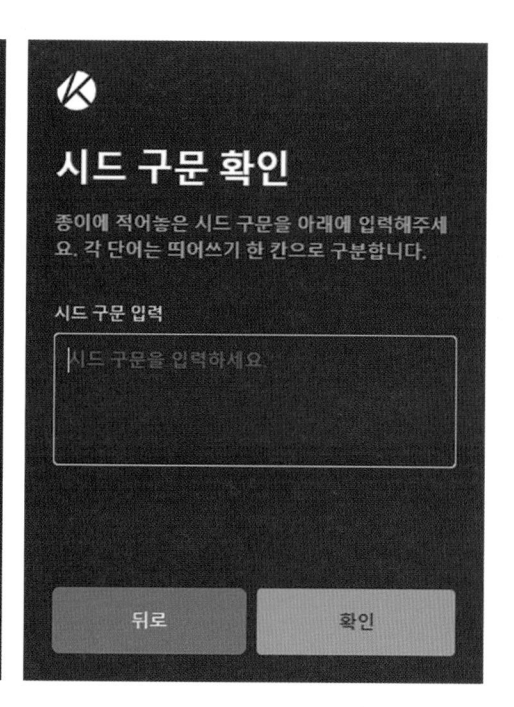

7. 카이카스 계정 생성이 완료되었습니다.

개인키 저장 방법

개인키는 일종의 비밀번호 개념으로 개인키를 사용하면 다른 PC에서
해당 지갑을 불러올 수 있습니다.

1. 7번에서 '지갑키 관리'를 클릭합니다.

2. 비밀번호 입력 후 '지갑키 내보내기'를
   클릭합니다.

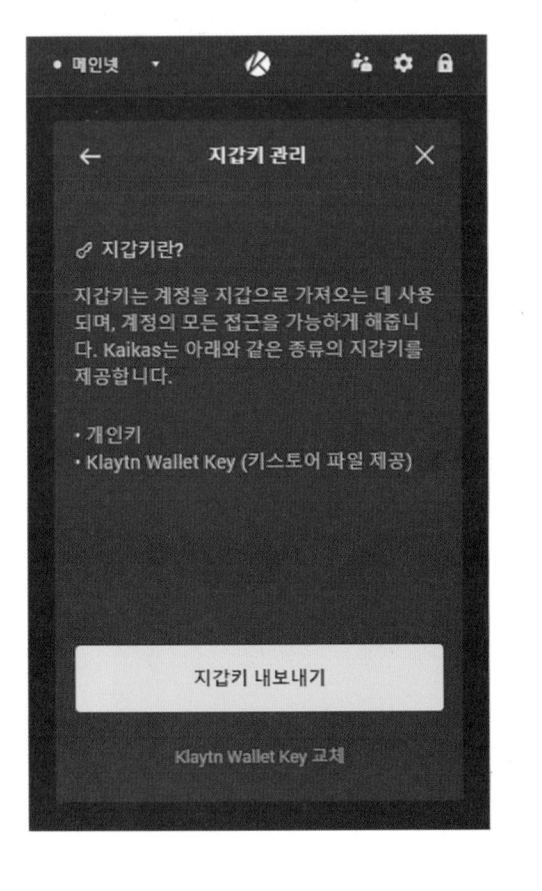

3. '개인키'와 'Klaytn Wallet Key' 우측에 '눈 모양'을 클릭하면 키가
   공개되며 이를 복사하여 저장합니다. 이 과정이 불편하다면 '키 스토어
   파일로 저장'을 클릭하여 PC에 저장합니다. 이제 개인키나 Klaytn
   Wallet Key, 키 스토어 파일을 이용하여 지갑을 불러올 수 있습니다.

현재 지갑에서 다른 지갑 계정 불러오기

1. 지갑 상단 사람 모양 아이콘을 클릭하고 '가져오기'를 선택합니다.

2. 앞의 3번에서 저장한 '개인키', 'Klaytn Wallet Key', '키 스토어 파일' 중 하나를 선택하여 입력한 뒤 '가져오기'를 클릭하면 다른 지갑을 추가할 수 있습니다.

3. 다른 지갑 주소 추가가 완료되었습니다.
   '느프트'라는 이름의 지갑이 기존에 오픈한 지갑이고 'Account 2'
   이름이 불러온 지갑입니다. 불러온 지갑은 휴지통 아이콘을 클릭하면
   삭제되고 언제든 추가를 할 수 있습니다.

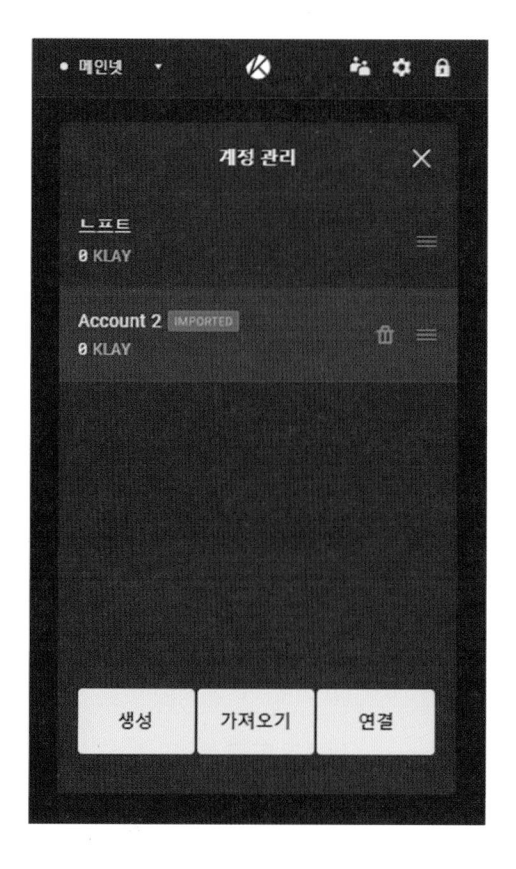

메타마스크와 클레이튼 연동하기

1. 메타마스크에서 '계정 세부 정보'를 클릭합니다.

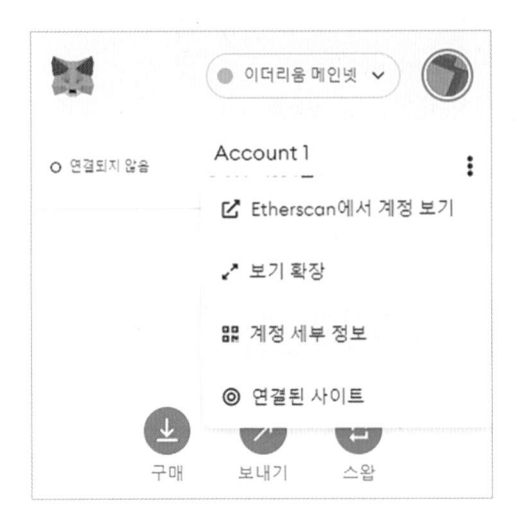

2. '비공개 키 내보내기' 선택 후 메타마스크 비밀번호를 입력하고 '확인'을 클릭합니다.

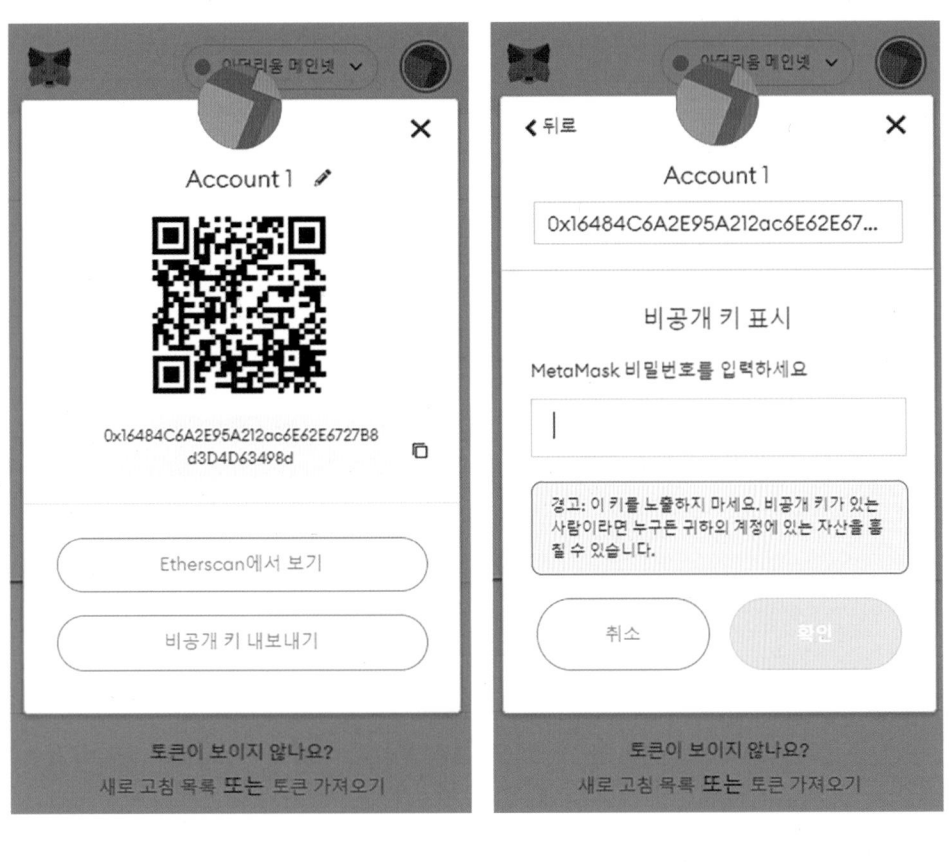

3. '비공개 키'를 복사하여 저장합니다.

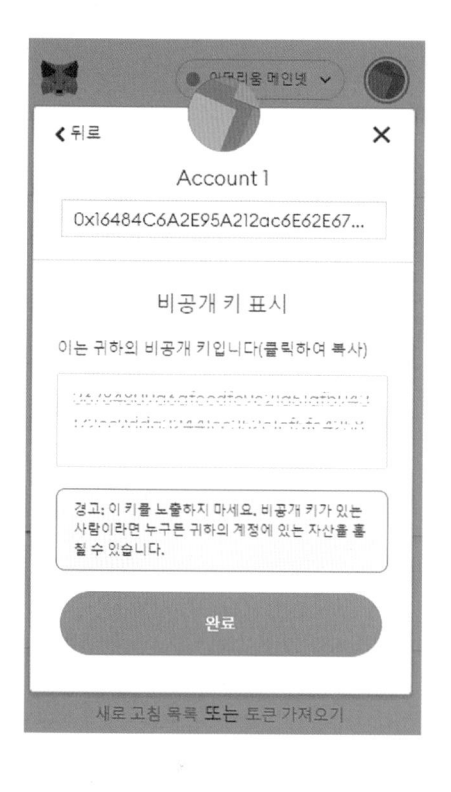

4. 앞에서 진행한 카이카스 계정 추가 방법과 동일하게 '가져오기'를 선택합니다.

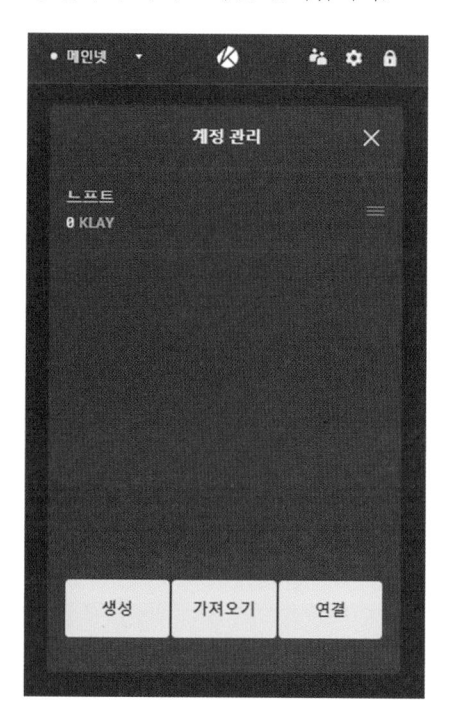

5. 메타마스크에서 복사한 '개인키'를 붙여넣기 하고 '가져오기'를 선택하면 메타마스크에서 사용하던 지갑이 추가됩니다. 반대의 경우도 동일하게 진행하면 됩니다.

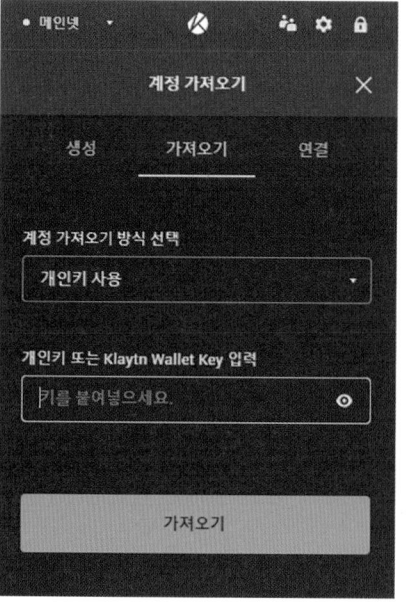

솔라나 대표 개인 지갑 팬텀

팬텀Phantom은 솔라나 블록체인을 지원하는 개인 지갑으로 메타마스크와 마찬가지로 인터넷 브라우저에서 사용되는 확장 프로그램입니다. '솔플레어SolFlare' 같은 전용 지갑도 있지만 팬텀은 확장 프로그램으로서 크롬을 활용하여 편리하게 사용이 가능하다는 장점이 있습니다. 최근 들어 솔라나의 주가가 오르면서 사용도가 높아지고 있으며 한국어를 완벽하게 지원하는 지갑 중 하나입니다.

팬텀 설치 및 지갑 생성 방법

1. https://phantom.app/에 접속하여 'Download'를 클릭하면 모바일 버전과 데스크톱 버전을 안내합니다. 일반적으로 많이 사용하는 크롬을 선택합니다.

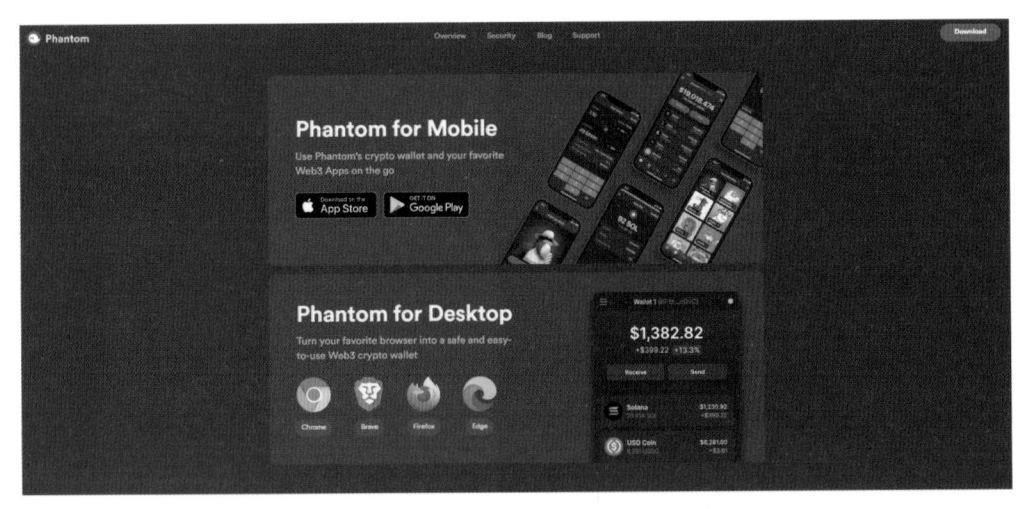

2. 팬텀 앱을 확인하고 'Chrome에 추가'를 클릭하여 설치합니다.

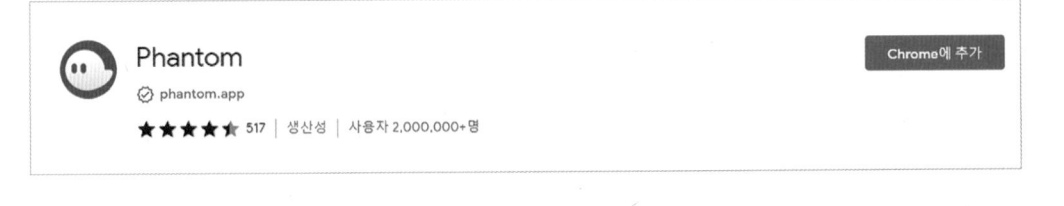

3. '새 월렛 생성'을 선택하고 비밀번호를 설정합니다.

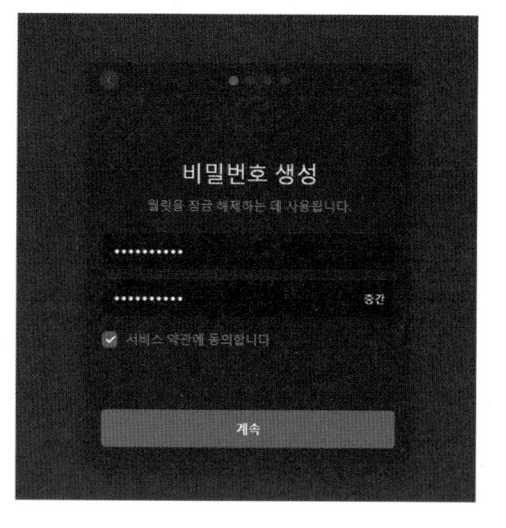

4. 다른 지갑과 마찬가지로 눈 모양의
   아이콘을 클릭하면 시드 구문이 표기되며
   이를 저장하여 안전하게 보관합니다.

5. 실행된 팬텀 지갑의 메인 화면

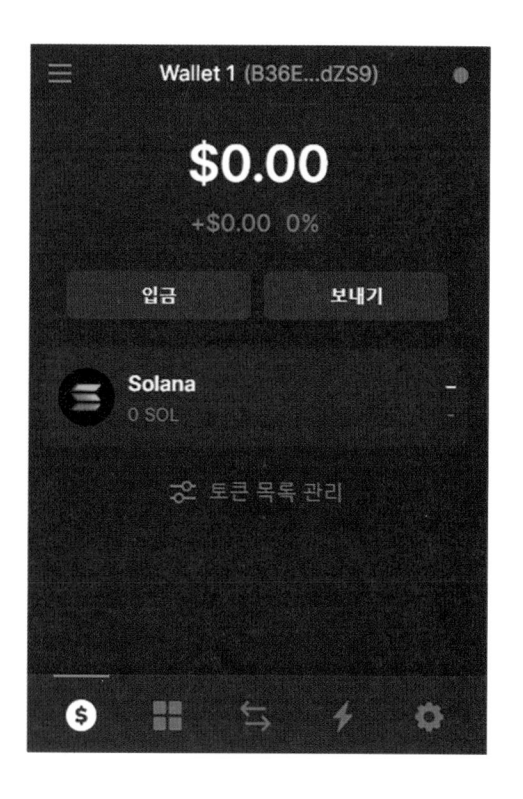

팬텀 지갑을 이용한 스테이킹

팬텀 지갑은 솔라나를 이용하여 '스테이킹' 하고 일정 비율의 솔라나를
보상으로 받을 수 있습니다.

1. 팬텀 지갑을 실행하고 'Solana 탭'을 클릭한 뒤 'SOL 획득 시작'을 클릭합니다.

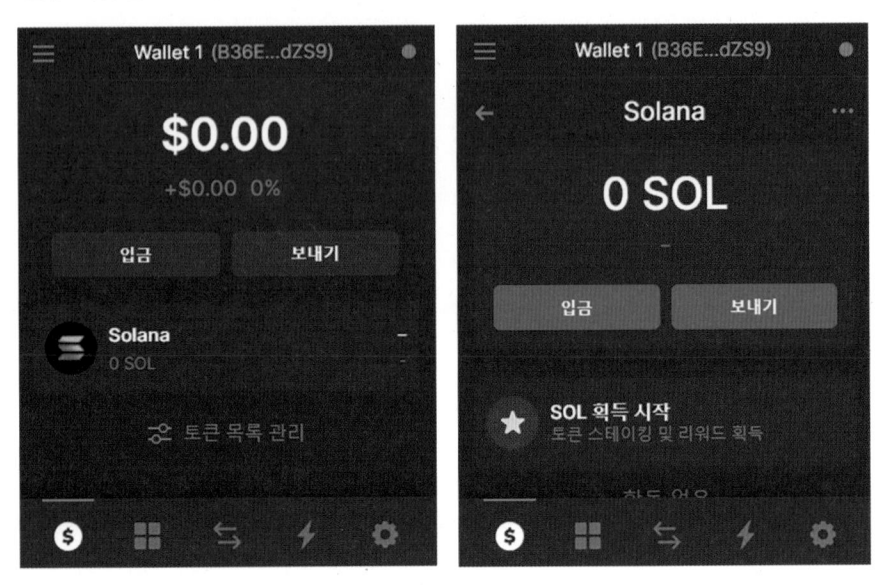

2. 검증자 목록을 확인한 후 원하는 검증자에게 솔라나를 위임해야 합니다. 즉 스테이킹을 위해
   일종의 대표자를 선택하고 10%에 해당하는 수수료를 지불하면 됩니다. 원하는 검증자를
   선택하고 위임할 솔라나의 양을 입력한 후 스테이킹 버튼을 클릭하면 시작됩니다.

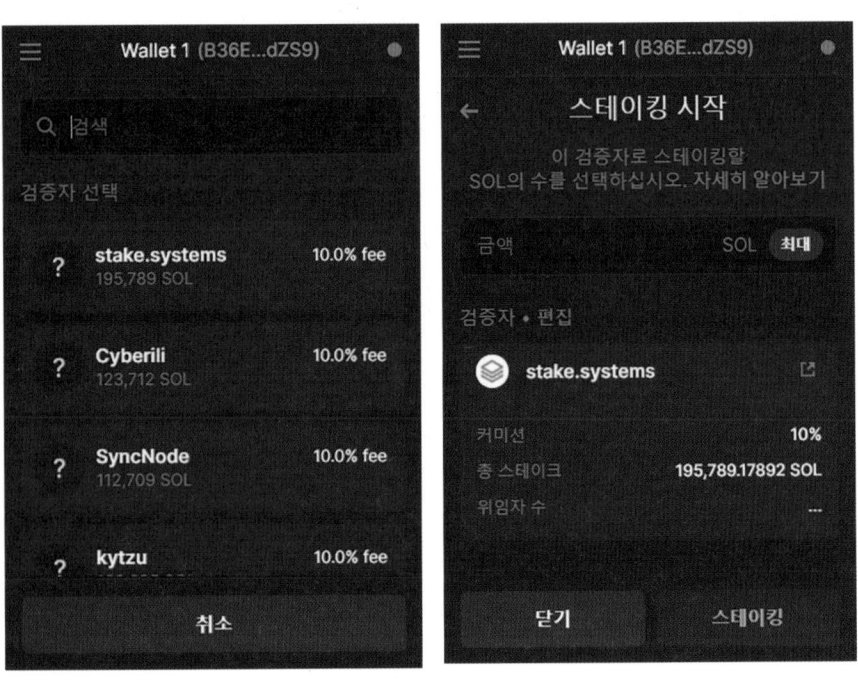

일반적으로 검증인에게 위임된 솔라나가 많을수록 '새 거래transactions' 를 기록할 수 있는 확률이 높아지고 검증자와 위임자 모두 높은 보상을 받을 수 있습니다.

다만 주의할 점은 위와 같은 스테이킹 방식에는 '슬래싱slashing'이 라는 기능이 존재하는데 검증인이 솔라나 네트워크에 문제를 일으키 는 악의적인 행동을 했을 때 지분의 일부를 소멸시킬 수 있습니다.

그렇기 때문에 위임자들은 검증인 선택을 신중히 해야 하고 슬래 싱을 감수할 정도의 솔라나만 위임하는 것이 적절합니다.

'트래블룰' 적용으로 변경된 거래소 지갑

트래블룰Travel Rule이란 디지털 자산의 움직임을 파악하기 위한 시스템 입니다. 기존 금융권에서는 해외 송금 시 국제은행간통신협회인 '스위 프트SWIFT'의 요구에 따라 정보를 모두 기록하게 되는데, 이런 시스템 대상에 암호화폐가 추가되었고, 이제 암호화폐 수신자와 발신자 모두 의 정보를 거래소가 파악해야 합니다. 거래소뿐 아니라 개인 지갑도 포 함되기 때문에 이제 암호화폐 거래소에서는 허용된 거래소나 개인 지 갑을 등록하지 않으면 송금을 할 수 없습니다.

1. 업비트Upbit

업비트에서 입출금 가능한 암호화폐 거래소

비블록, 고팍스, 캐셔레스트, 플랫타익스체인지, 에이프로빗, 텐앤텐, 프로비트, 프라뱅, 보라비트, BTX, 델리오, 비트레이드, 플라이빗, 포블게이트, 빗썸, 코인원, 코빗, 코어닥스, 후오비코리아, 지닥, 마이키핀월렛, 한빗코, 코인엔코인, 큐비트, 한국디지털자산수탁, 오아시스거래소, 코인빗

업비트에서 입출금 가능한 암호화폐 거래소 (해외)

업비트 싱가포르, 업비트 인도네시아, 업비트 태국, 오케이엑스, 바이비트, 바이낸스, 비트멕스, 하루인베스트, 비트겟, 비트트론트(출금 제한), 크립토닷컴, 후오비 글로벌

업비트에서 입금만 가능한 해외 암호화폐 거래소

오케이코인, 코인베이스, 코인베이스 프로, 비트뱅크, 크라켄, 비트렉스

업비트 지원 개인 지갑

메타마스크Metamask, 카이카스Kaikas, 팬텀Phantom, 폴카닷Polkadot, 케플러Keplr

2. 빗썸Bithumb

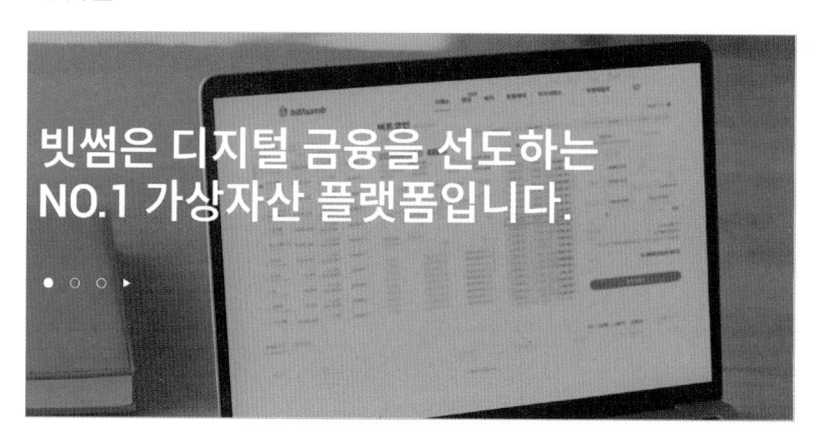

빗썸에서 입출금 가능한 암호화폐 거래소

업비트, 코인원, 코빗, 한빗코, 헥슬란트, 한국디지털자산수탁, 큐비트, 플라이빗, 델리오, 고팍스, 캐셔레스트, 오케이비트, 비블록, 카르도, 텐앤텐, 코인엔코인, 프라뱅, 플랫타익스체인지, 에이프로빗, 프로비트, 포블게이트, 후오비코리아, 보라비트, 코어닥스, 지닥, 비티엑스, 빗크몬, 마이키핀월렛, 페이코인, 코인빗, 비트레이드, 오아시스

빗썸에서 입출금 가능한 암호화폐 거래소 (해외)

코인베이스, 크라켄, 라인 비트맥스, 코인체크, 비트플라이어, 바이비트, 제미니, 코인리스트프로, 비트뱅크, 바이낸스, 후오비글로벌, 빙엑스, 비트겟, 에이큐엑스

빗썸 지원 개인 지갑

메타마스크Metamask, 카카오 클립Klip, 부리또 월렛Burrito Wallet

3. 코인원Coinone

코인원에서 입출금 가능한 암호화폐 거래소

코인원, 빗썸, 코빗, 한국디지털자산수탁, 한빗코, 헥슬란트, 큐비트, 카르도, 코인엔코인, 빙엑스, 페이코인, 비트겟, 코인빗, 업비트, 후오비 글로벌, 고팍스, 포블게이트, 프로비트, 지닥, 비티엑스, 플라이빗, 오케이비트, 비블록, 델리오, 텐엔텐, 빗크몬, 플랫타 익스체인지, 보라비트, 코어닥스, 마이키핀월렛, 프라뱅, 후오비 코리아, 에이프로빗, 캐셔레스트, 오아시스, 비트레이드

코인원 외부지갑 출금 주소 등록 가능 거래소 (해외)

바이낸스, 게이트아이오, 바이비트, 오케이엑스, 비트렉스, 비트파이넥스, 크립토닷컴, 비트멕스, 크라켄, 엘뱅크, 코인베이스, 리퀴드, 인도닥스, 비트스탬프, 제미니

코인원 외부지갑 출금 주소 등록 가능 (개인 지갑)

메타마스크MetaMask, 카이카스Kaikas, 카카오클립Kakao Klip, 밀크Milk, 디센트DCENT, 삼성 블록체인 월렛Samsung Blockchain Wallet

---

입출금 관련 거래소나 개인 지갑은 해당 거래소의 사정에 따라 변동될 수 있습니다.

'트래블룰'은 왜 시행하는 것일까?

'국제자금세탁방지기구FATF'는 공공연하게 일어나는 자금 세탁이나 테러 자금을 조달하는 범죄 방지 및 감시를 위하여 1989년 정상회의를 통해 출범한 테스크 포스입니다. 이들은 제정한 해당 범죄의 방지를 위하여 권고사항을 발의했으며 약 180여 개국에서 이를 국제기준으로 채택하고 있고 전 세계에 걸친 지속적인 공조 체제를 유도하고 있습니다. 하지만 세상이 변화하고 다양한 문명들이 발달하면서 암호화폐라는 신개념의 기술이 탄생했으며 이를 통해 범죄자나 테러리스트들의 불법적인 자금 조달과 자금 세탁에 사용되는 범죄가 발생하고 있습니다.

'FATF'는 이런 문제를 해결하기 위해 2019년 은행에 적용되는 '고객확인제도KYC; Know-Your-Customer'를 암호화폐 생태계에도 동일하게 적용하도록 권고안을 발표했습니다. 이는 모든 금융 기관, 즉 암호화폐 거래소와 같은 기관에서 자금을 송금하고 수신하였을 때 필수 정보들을 금융 기관에 전달하도록 하는 제도로 이러한 제도를 '트래블룰Travel Rule'이라고 합니다.

03 오픈씨를 이용한 NFT 활용법

NFT 민팅에 참여하기 위해서는 자신에게 맞는 마켓을 선택하고 그에
따른 지갑을 사용해야 합니다. 아무래도 처음 민팅을 진행해 보는 사용
자의 경우 큰 비용을 들이기보다 '경험한다'는 마인드를 바탕으로 시도
해 보는 것이 바람직합니다.

오픈씨에서 NFT 구매하기

1. https://opensea.io/에 접속합니다.

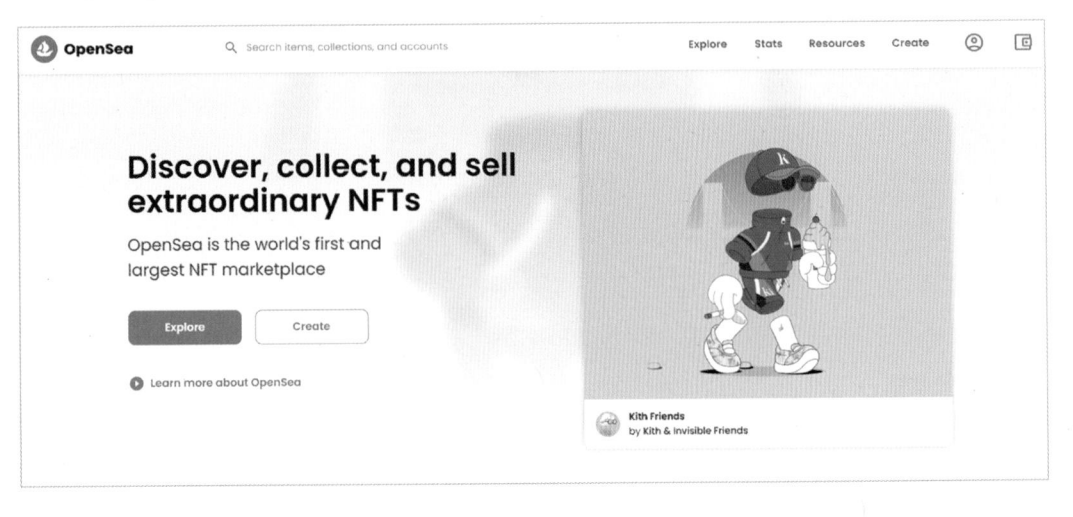

2. 우측 상단 사람 모양의 아이콘이나 지갑 모양의 아이콘을 클릭합니다.

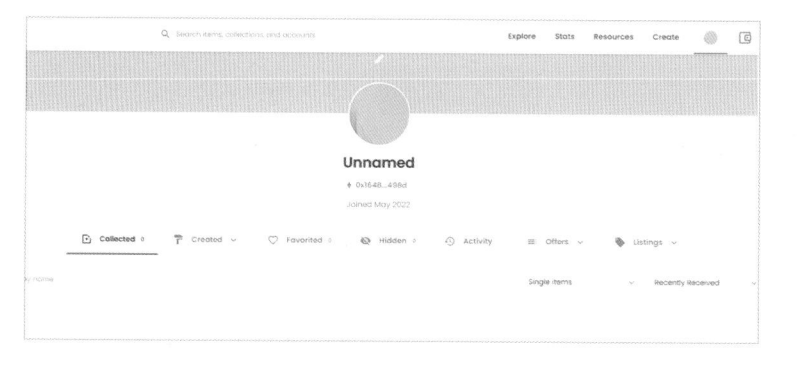

3. 'Connect your wallet' 항목이 안내되면서 원하는 지갑을 선택할 수 있습니다.
    그중에서 가장 많이 사용하는 'MetaMask' 지갑을 클릭하고 비밀번호를 입력하여 연동합니다.
    물론 카이카스나 팬텀 지갑도 동일하게 연동할 수 있습니다.

4. 지갑과 연동 완료된 오픈씨 페이지입니다. 이 페이지가 자신의 지갑과 연동된 정보를 나타내는
    프로필 페이지로, 현재 보유하고 있는 NFT나 민팅에 참여했던 기록 등 모든 정보를 확인할 수
    있습니다.

5. Explore 탭에 마우스를 올리면 모든 NFT를 비롯하여 솔라나 NFT,
   예술 작품, 컬렉션, 음악 등 원하는 장르가 스크롤 되는데 이 중 원하는
   NFT 장르를 선택 후 표기되는 컬렉션을 클릭합니다.

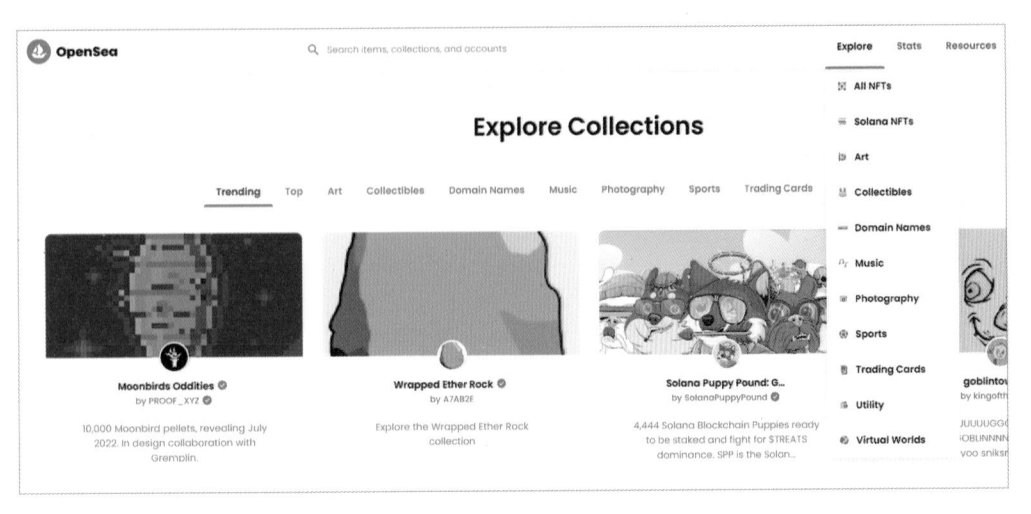

6. 예제로 가격이 저렴한 NFT를 선택했습니다. 만약 해당 NFT를
   바로 구매하고자 한다면 'Buy now'를, 해당 가격이 마음에 들지 않아
   원하는 가격으로 제안하고자 한다면 'Make offer'를 클릭합니다. 만약
   'Buy now'를 선택하면 본인이 가스 비용을 부담하고, 'Make offer'를
   선택하고 판매자가 이를 수락하면 판매자가 가스 비용을 부담합니다.

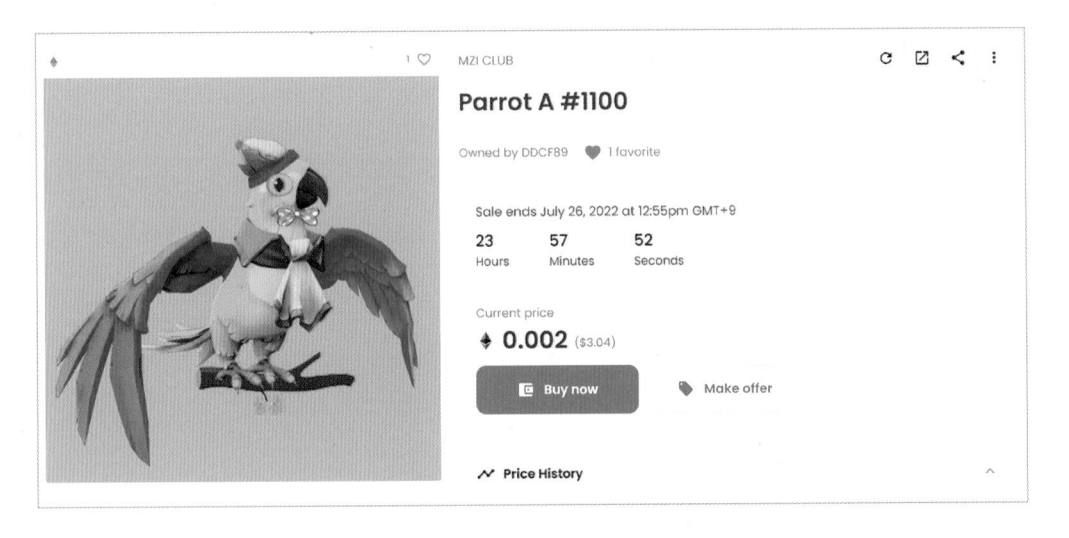

7. 'Buy now'를 클릭하면 확인 안내 페이지가 생성됩니다. 계속 진행하기
   위해 'Checkout'를 클릭합니다.

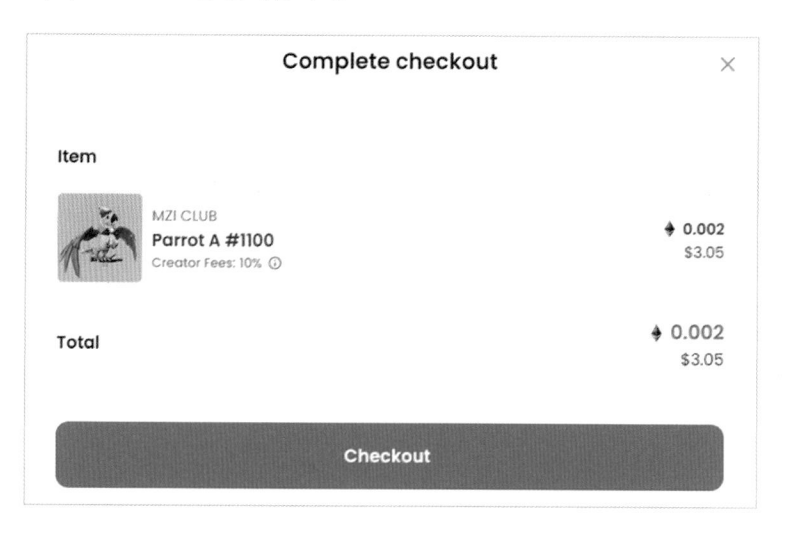

8. 컨펌을 위한 확인 절차가 시작됩니다. 오픈 된 지갑의 NFT 금액과
   예상 가스 요금(블록체인 수수료)을 확인합니다. 만약 자신의 지갑에
   구입할 수 있는 '이더ETH'가 부족하다면 이더를 입금하거나 결제하라는
   안내창이 나오게 됩니다. 지갑에서 확인을 클릭하고 서명을 완료하면
   오픈씨 페이지를 통해 구매 완료 페이지가 생성됩니다.

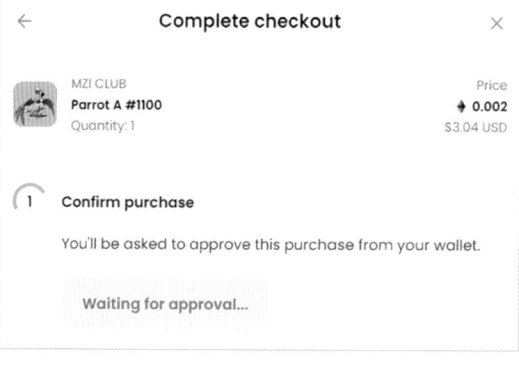
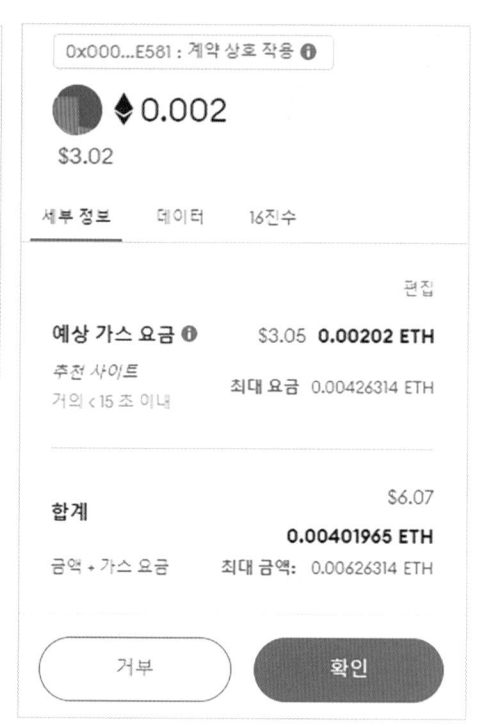

9. NFT 이름 하단에 'Owned by you'라는 문구가 표기되는 것을 확인할 수 있습니다. 자신이 NFT를 소유하고 있다는 의미로, 구매를 완료하였습니다.

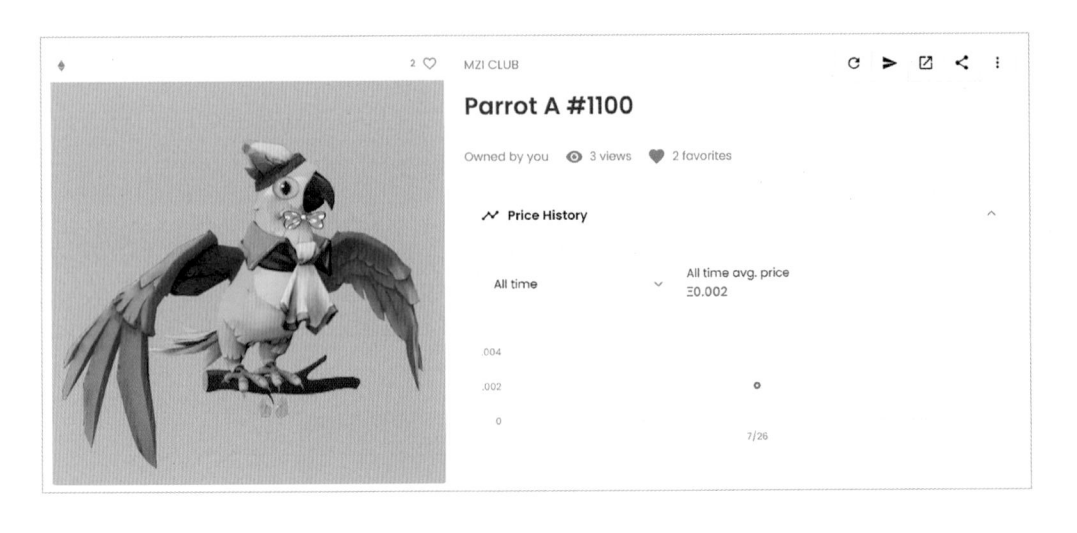

오픈씨에서 NFT 민팅하기

자신이 보유한 작품을 NFT화하는 민팅은 오픈씨 마켓을 통해 간단하게 진행할 수 있습니다. 우선 컬렉션을 생성하고 NFT를 제작하는 순서로 진행합니다.

1. 컬렉션 생성하기

컬렉션은 자신의 NFT 작품을 한 페이지에 담을 수 있는 일종의 오픈씨용 미니 홈페이지로 NFT를 대표하는 로고나 주소, 대표 이미지를 통해 자신을 나타낼 수 있습니다.

1. 지갑으로 오픈씨와 연동한 뒤 자신의 프로필에 마우스를 올리면 메뉴가 스크롤 됩니다. 그중에서 'My Collections'를 클릭합니다.

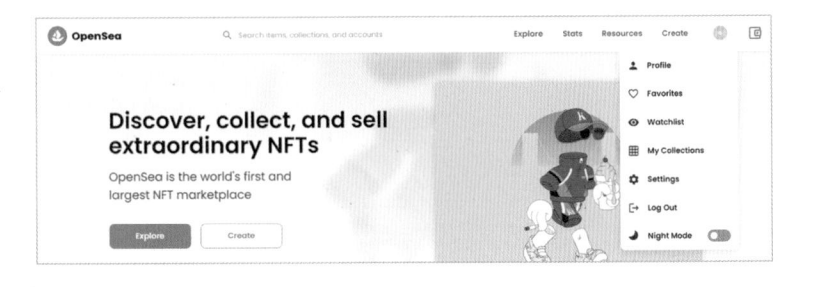

2. 'Create a collection'을 클릭하고 새로운 컬렉션 페이지를 만들어
줍니다.

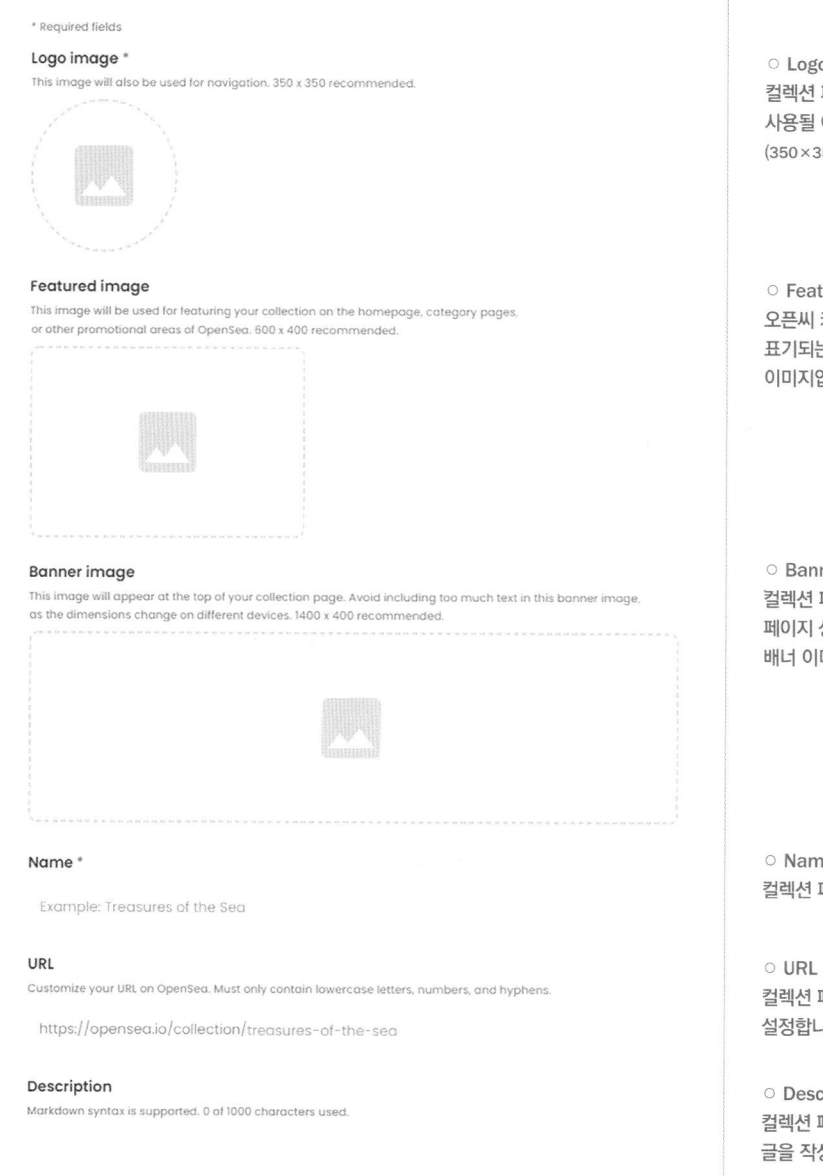

○ Logo image
컬렉션 페이지의 로고로
사용될 이미지를 선택합니다.
(350×350)

○ Featured image
오픈씨 카테고리 페이지에서
표기되는 작은 배너
이미지입니다.

○ Banner image
컬렉션 페이지에 접속했을 때
페이지 상단에 표기되는 큰
배너 이미지입니다.

○ Name
컬렉션 페이지의 이름입니다.

○ URL
컬렉션 페이지의 주소를
설정합니다.

○ Description
컬렉션 페이지를 설명하는
글을 작성할 수 있습니다.

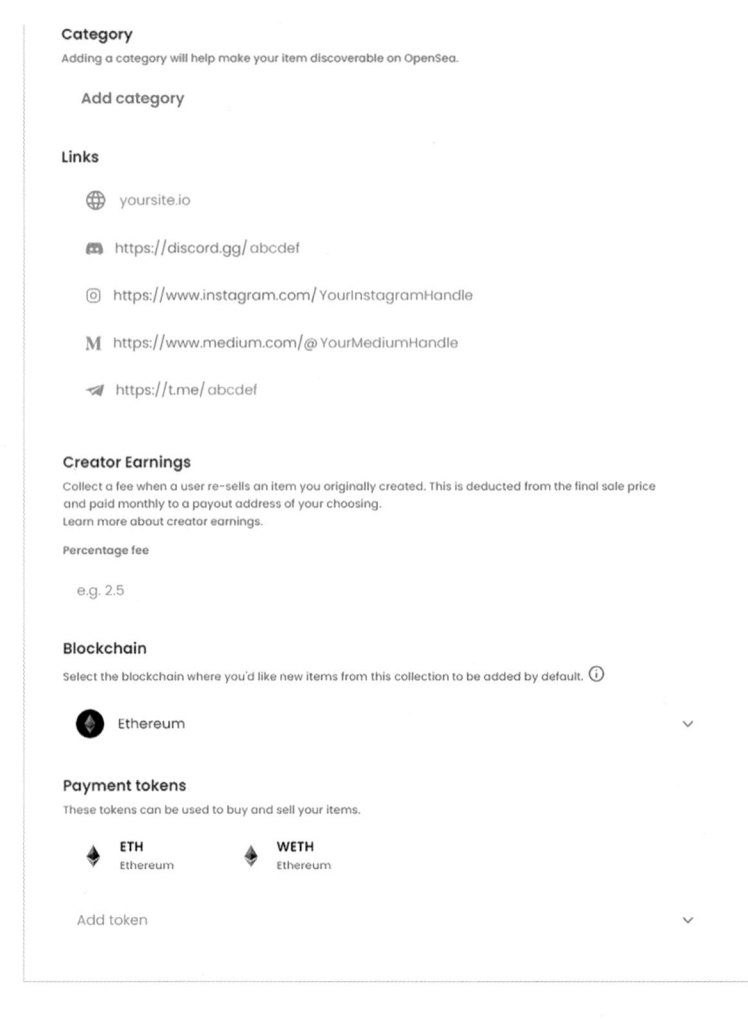

Category

Adding a category will help make your item discoverable on OpenSea.

Add category

Links

🌐 yoursite.io

💬 https://discord.gg/ abcdef

📷 https://www.instagram.com/YourInstagramHandle

Ⓜ https://www.medium.com/@ YourMediumHandle

✈ https://t.me/ abcdef

Creator Earnings

Collect a fee when a user re-sells an item you originally created. This is deducted from the final sale price and paid monthly to a payout address of your choosing.
Learn more about creator earnings.

Percentage fee

e.g. 2.5

Blockchain

Select the blockchain where you'd like new items from this collection to be added by default. ⓘ

◆ Ethereum   ⌄

Payment tokens

These tokens can be used to buy and sell your items.

◆ ETH   ◆ WETH
  Ethereum   Ethereum

Add token   ⌄

○ Category
미술품, 수집품, 음악, 사진 등의 카테고리를 추가하면 해당 카테고리에서 컬렉션 페이지가 표기됩니다.

○ Links
웹사이트, 디스코드, 인스타그램, 미디엄, 텔레그램을 추가하여 컬렉션 페이지의 연결 페이지로 사용할 수 있습니다.

○ Creator Earnings
판매에 대한 커미션을 설정할 수 있습니다. 직접 판매, 2차 판매 모두 설정되고 최대 비율은 10%를 넘을 수 없습니다.

○ Your payout wallet address
커미션을 받을 지갑 주소를 작성합니다.(커미션을 설정하면 나타납니다.)

○ Blockchain
컬렉션에서 사용할 블록체인을 정합니다.

○ Payment tokens
지불에 사용할 수 있는 토큰을 설정할 수 있습니다. '이더(ETH)', '랩이더(WETH)'를 포함하여 '에이프코인(APE)', 'USDC', '샌드(SAND)' 등 여러 가지 토큰을 추가할 수 있습니다.

○ Display theme
자신의 컬렉션에 사용할 테마를 선택합니다. 취향에 맞게 선택하면 됩니다.

○ Explicit & sensitive content
성인용과 같이 민감한 콘텐츠라고 알릴 수 있습니다.

🎗 짤 · 막 · 상 · 식 🎗

NFT가 바로 만들어지는 것이 아니다?

오픈씨 마켓에서는 자신의 작품을 NFT로 민팅할 수 있는 서비스를 지원합니다. 'Create' 탭을 통해 자신의 작품을 제작하고 이를 판매하기 위하여 등록하는 과정을 거치게 되는데, 사실 여기까지의 과정이 NFT를 만들었다는 것을 의미하지는 않습니다. 그 이유는 데이터가 블록체인에 바로 등록되는 것이 아닌 오픈씨에 저장되어 있기 때문이죠. 실제로는 작품의 거래가 이뤄져야 블록체인에 올라가며 비로소 NFT가 탄생했다고 말할 수 있습니다. 다만 여기서는 이해를 돕기 위하여 민팅이라고 표현하였습니다.

3. ‘Create’를 클릭하고 지갑의 서명을 완료하면 컬렉션이 생성됩니다.

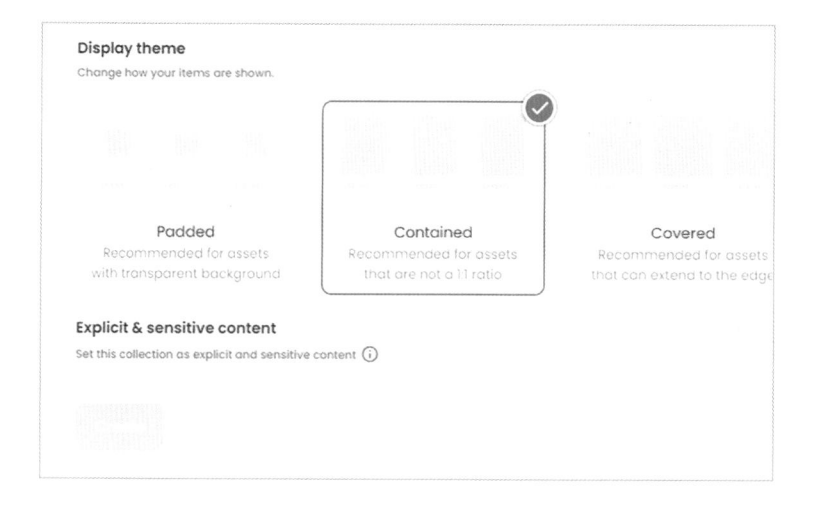

2. NFT 제작하기

민팅은 자신의 작품을 NFT화하는 작업으로 오픈씨를 활용하게 되면
자신이 구상해 둔 기본적인 정보를 입력하여 누구나 쉽게 작업할 수 있
는 서비스를 제공합니다.

1. ‘Create’ 탭을 클릭합니다.

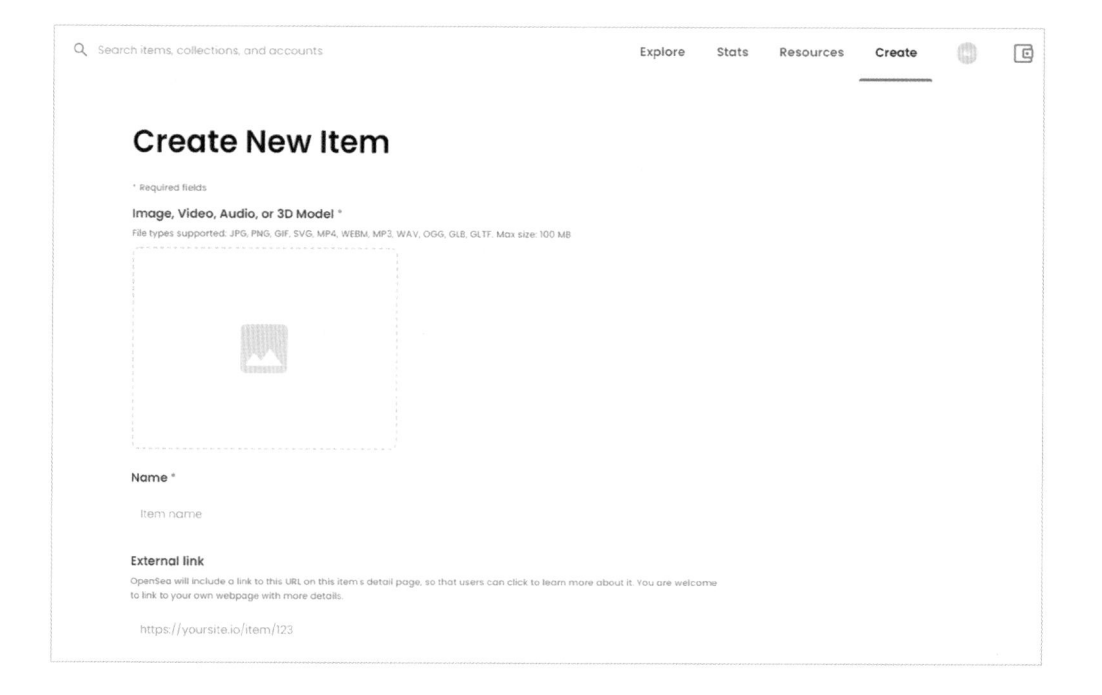

2. 각 항목에 맞게 파일 및 옵션을 선택합니다.

* Required fields

Image, Video, Audio, or 3D Model *
File types supported: JPG, PNG, GIF, SVG, MP4, WEBM, MP3, WAV, OGG, GLB, GLTF. Max size: 100 MB

Name *

Item name

External link
OpenSea will include a link to this URL on this item's detail page, so that users can click to learn more about it. You are welcome to link to your own webpage with more details.

https://yoursite.io/item/123

Description
The description will be included on the item's detail page underneath its image. Markdown syntax is supported.

Provide a detailed description of your item.

Collection
This is the collection where your item will appear. ⓘ

Untitled Collection #42364 ⌄

☰ **Properties**
Textual traits that show up as rectangles ＋

★ **Levels**
Numerical traits that show as a progress bar ＋

ⅼⅼ **Stats**
Numerical traits that just show as numbers ＋

🔒 **Unlockable Content**
Include unlockable content that can only be revealed by the owner of the item.

⚠ **Explicit & Sensitive Content**
Set this item as explicit and sensitive content ⓘ

Supply
The number of items that can be minted. No gas cost to you! ⓘ

1

○ **Image, Video, Audio, or 3D Model**
이미지, 비디오, 오디오, 3D 모델 파일을 드래그하여 넣어 줍니다. 최대 사이즈는 100mb입니다.

○ **Name**
파일의 이름을 입력합니다.

○ **External link**
세부 정보를 링크를 통해 전달할 수 있습니다. 자신을 소개할 수 있는 웹사이트를 작성해도 무방합니다.

○ **Description**
작품의 설명을 자세하게 작성합니다.

○ **Collection**
컬렉션은 자신의 NFT 작품을 한 페이지에 담을 수 있는 일종의 오픈씨용 미니 홈페이지로 위에서 생성한 컬렉션을 선택합니다.

○ **Properties**
NFT의 속성으로 배경/블랙, 모자/비니 등과 같이 세부 속성을 직접 작성할 수 있습니다.

○ **Levels**
해당 NFT가 발행량 중 몇 번째 넘버링을 가지고 있는지 설정할 수도 있으며 보유하고 있는 스탯이 어느 정도의 강도인지 숫자로 수치를 나타내 표기할 수 있습니다. 레벨은 그래프 형식으로 표기되는데 사람으로 비유하자면 스펙을 그래프화한 항목입니다.

○ **Stats**
스탯은 레벨과 같은 유형의 설정이지만 그래프로 표기되는 것이 아닌 오로지 숫자로만 표기됩니다. 레벨과 스탯 중 개인 취향에 따라 사용하면 됩니다.

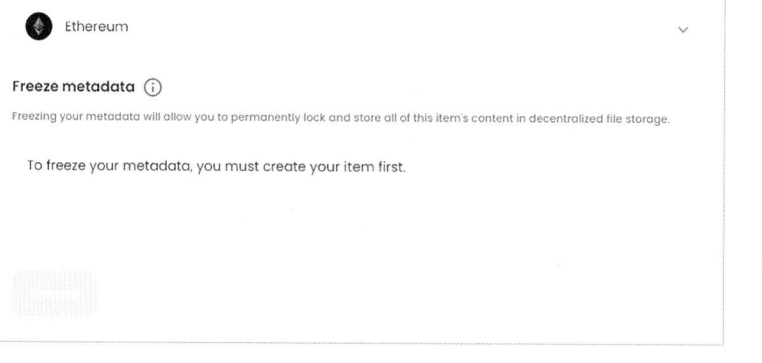

Blockchain

Ethereum

Freeze metadata (i)

Freezing your metadata will allow you to permanently lock and store all of this item's content in decentralized file storage.

To freeze your metadata, you must create your item first.

○ Unlockable Content
해당 NFT를 구매한 사람에게만 공개하는 콘텐츠로 비밀 문구나 링크를 넣어 구매자에게 제공할 수 있습니다.

○ Explicit & Sensitive Content
성인용과 같이 민감한 콘텐츠라고 알릴 수 있습니다.

○ Supply
NFT의 발행량을 조정할 수 있습니다.

○ Blockchain
NFT를 발행할 블록체인을 정합니다.

○ Freeze metadata
오픈씨에 작품을 등록하면 거래가 이루어져야 블록체인에 등록됩니다. 하지만 메타데이터 고정을 활성화시키면 그 즉시 블록체인에 등록됩니다. 다만 수정 혹은 삭제를 할 수 없으며 추가적인 가스비가 필요합니다.

보통 Create로 작품을 만들면 블록체인에 저장되는 것이 아닌 오픈씨의 중앙 서버에 저장되고 '판매 등록listing'을 완료한 뒤 거래 조건에 따라 가스비를 지불하고 블록체인에 등록됩니다.

모든 작업을 완료하였다면 생성을 완료했다는 안내 문구가 나타납니다. (예제를 위하여 백색 이미지로 작업하였습니다.)

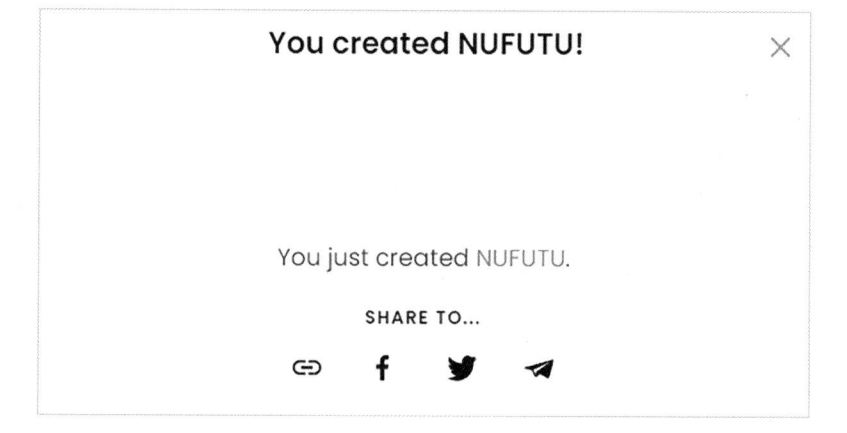

You created NUFUTU! ✕

You just created NUFUTU.

SHARE TO...

3. NFT 리스팅 하기

NFT를 제작하는 과정을 완료했다면 이제 판매를 위해 오픈씨에 작품을 등록해야 합니다. 이러한 과정을 '리스팅Listing'이라고 부릅니다. 리스팅 과정을 완료하면 다른 사용자가 해당 NFT를 구매할 수 있습니다. (폴리곤 체인을 이용하여 제작한 NFT를 리스팅 하였습니다.)

1. 제작된 NFT 컬렉션의 작품에 접속하여 우측 상단의 'Sell'을 클릭합니다.

2. 폴리곤 블록체인으로 생성하였기 때문에 판매 형식은 선택할 수
   없습니다. 이 중 'Duration' 항목을 클릭하여 판매 기간을 선택합니다.
   설정을 완료한 뒤 'Complete listing'을 클릭합니다.

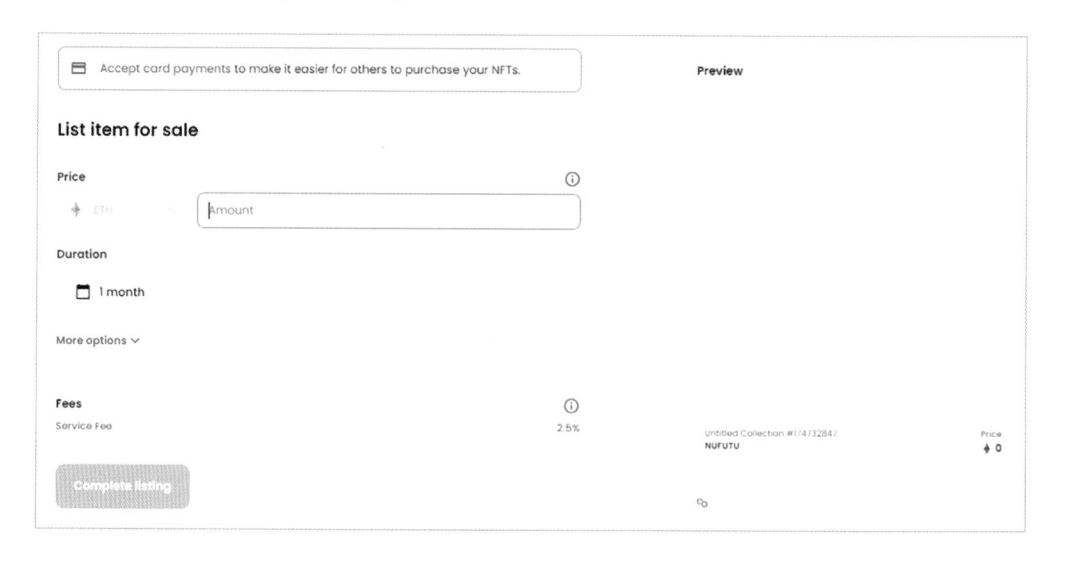

3. 리스팅을 완료하기 위하여 지갑에 서명 요청 안내가 나타납니다.
   '서명'을 클릭합니다.

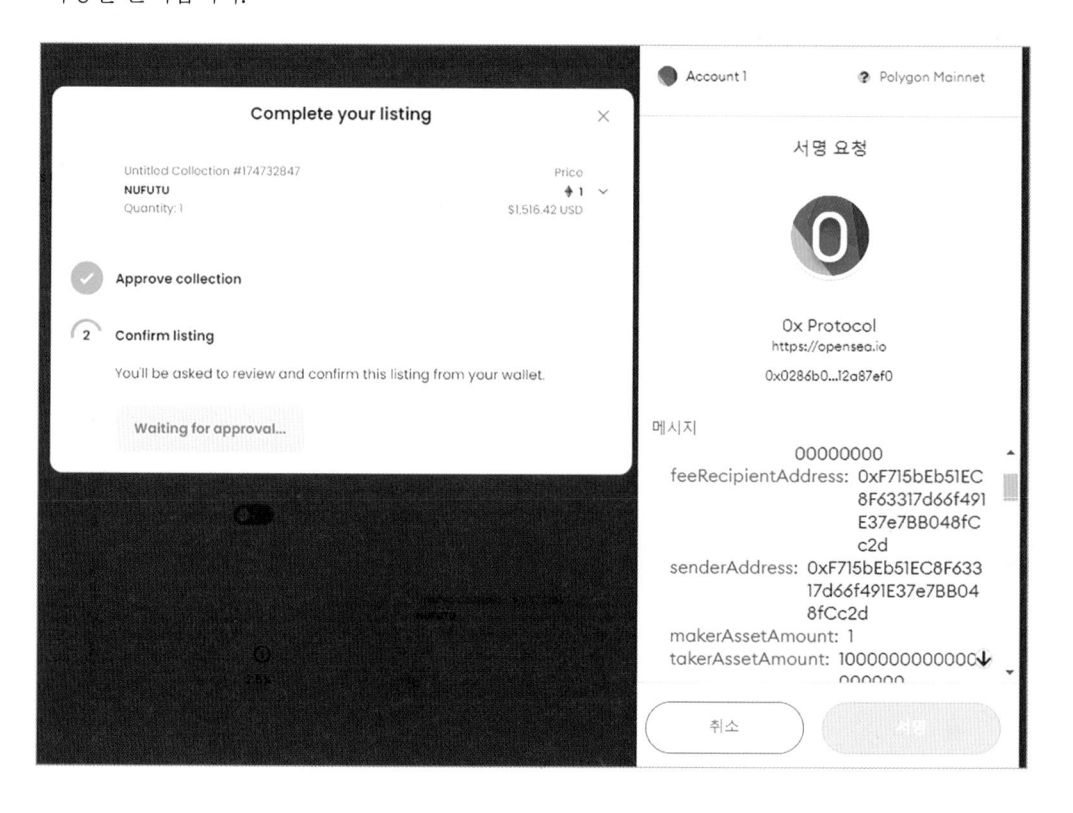

4. 컨펌을 거쳐 리스팅이 완료됩니다.

5. 이제 리스팅이 완료되어 다른 사용자가 NFT를 구매할 수 있습니다.
   만약 수정이나 리스팅을 종료하고 싶다면 우측 상단의 'Edit', 'Cancel
   ligstings'를 통해 수정하거나 판매를 종료할 수 있습니다.

6. 이더리움 블록체인으로 NFT를 생성하고 리스팅 한 경우에는 다음과
   같이 표기됩니다.

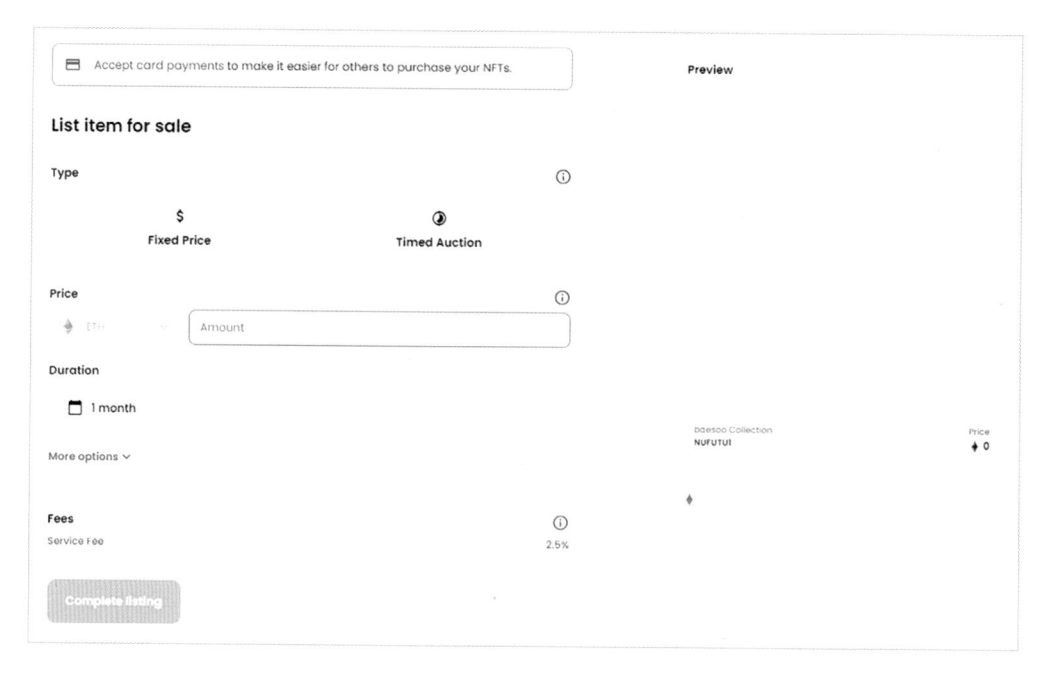

'Fixed Price'를 선택하고 리스팅을 완료하면 자신이 원하는 가격으로
고정 판매할 수 있습니다. 'Timed Auction'을 선택하게 되면 가격
경쟁을 통해 작품을 판매하는 경매 방식으로 등록할 수 있습니다.

04 가장 많이 활용되는 민팅 방법

하루에도 NFT를 발행하는 수십 개의 프로젝트팀이 쏟아져 나오고 있습니다. 이로 인해 다양한 방식의 NFT가 탄생함은 물론 특정 인원만 참여 가능한 화이트리스트, 무료로 NFT를 제공하는 프리민팅까지 서비스 방식에도 차별화가 이뤄지고 있습니다.

차별화가 이뤄지는 민팅 방식에는 어떤 것들이 있는지 알아보고 그 특징을 파헤쳐 보도록 하겠습니다.

화이트리스트

'화이트리스트WhiteList'는 NFT 생태계에서 대표적으로 사용하는 민팅 방식으로 일부 인원들에게 권한을 허용하여 민팅에 참여할 수 있도록 합니다.

현재 기본적으로 사용하는 'WLWhiteList'은 해당 프로젝트의 '트위터 팔로우', '리트윗', '디스코드 접속' 등 다양한 조건표를 제공하고 이를 달성한 인원을 선별하거나 디스코드에서 채팅을 많이 한 경우, 다른 회원들에게 정보를 자주 제공한 경우 등 프로젝트에 득이 되는 유익한 활

동을 한 인원들을 선별하여 'WL' 목록에 등록하는 방법을 취합니다. 다만 디스코드에서 채팅을 많이 하여 레벨 업 하는 '챗굴'은 '봇 프로그램'을 사용하거나 무의미한 채팅으로 도배하는 행위가 늘어나게 되면서 현재는 많이 사용하지 않는 추세입니다. 또한 WL 선정 방식은 커뮤니티의 활성화나 SNS 마케팅의 방안으로 사용됩니다. WL은 기존의 민팅보다 훨씬 저렴한 가격은 물론 선구매가 가능하기 때문에 구매자들에게는 큰 메리트로 작용합니다.

라플(래플)

'라플Raffle'은 화이트리스트와 비슷한 개념으로 사용되는 민팅 방식으로 추첨을 통해 NFT 민팅 권한을 얻을 수 있습니다. 프로젝트팀에서 제공하는 웹사이트나 민팅을 제공하는 서비스 업체를 통해 입력 페이지가 제공되면 해당 민팅에 참여하고자 하는 암호화폐 지갑 주소를 입력하면 되는 간단한 방식입니다. 이후 추첨을 통해 라플 민팅권을 제공하게 됩니다. 다만 위의 과정이 대표적인 방식이고 트위터를 팔로우하는 정도의 가벼운 미션을 부여하는 경우도 있습니다.

예를 들어 나이키 신발을 구매하기 위하여 기본 정보를 작성하고 응모하여 추첨을 통해 제품을 구매할 수 있는 자격을 획득하는 '드로우 Draw'와 동일한 방식을 취합니다.

OG

'OG Original Gangster'는 갱단에 헌신하는 연장자라는 의미로 미국의 갱 문화에서 파생된 단어입니다.

NFT 생태계에서는 프로젝트의 초기 참여자로 프로젝트의 성공 과 발전을 위해 꾸준히 활동하고 기여한 참여자를 말합니다. 쉽게 말해 NFT 프로젝트가 탄생한 뒤 오픈 한 디스코드 채널에 처음부터 입장한 인원들을 지칭한다고 생각하면 쉽습니다.

OG 권한을 얻게 되면 화이트리스트보다 먼저 우선 구매가 가능 하고 훨씬 저렴한 가격으로 참여할 수 있습니다.

민트패스

'민트패스MintPass'는 일종의 멤버십 형식의 패스권 NFT입니다.

민트패스 NFT를 구매하여 보유하게 되면 특정 NFT의 WL을 제공하거나 NFT 에어드롭, 커뮤니티 참여 권한 등 다양한 혜택을 제공합니다. 이와 반대로 특정 NFT를 구매한 보유자들에게 저렴한 가격으로 민트패스 구매 권한을 제공하기도 합니다.

민트패스는 다양한 혜택을 제공하지만 기본적으로 구매 가격이 높다는 단점이 있습니다.

프리민팅

'프리민팅FREE Minting'은 말 그대로 무료로 민팅에 참여하여 NFT를 구매하는 방식입니다. 발행되는 모든 NFT를 무료로 제공하거나 일부만 무료로 제공하는 방식으로 나뉘며 이더리움 블록체인을 사용한 프리민팅의 경우 블록체인 수수료는 자신이 부담해야 합니다.

무료로 발행한다고 해서 가격이 오르지 않을 거라고 생각하는 건 착각입니다. 실례로 크립토펑크Cryptopunks의 파생 NFT로 알려진 '더 사우디The Saudis' NFT는 발행된 모든 NFT를 무료로 민팅 하였지만 최고가가 1.1이더ETH까지 상승하기도 했습니다.

프리세일

암호화폐에 경험이 있다면 매우 익숙하게 느껴지실 겁니다. NFT 생태계에서는 화이트리스트와 연결되어 '사전 판매'라는 의미로 사용됩니다. 보통 WL에 등록된 구매자들이 민팅 하는 기간을 프리세일이라고 칭하지만 WL과 '프리세일Presale'로 판매 기간을 분류하여 구매자들을 선별하는 경우도 있습니다. 다만 이런 민팅 방법은 극소수에 해당합니다.

퍼블릭세일

화이트리스트를 획득하지 못하였을 때 민팅에 참여할 수 있는 마지막 판매 단계라고 할 수 있습니다. 공개 판매라고 부르는 퍼블릭세일 PublicSale은 암호화폐 지갑과 코인만 소유하고 있다면 누구나 참여할 수 있는 판매 방식으로 판매 가격이 제일 비싸며 수량에 제한이 있는 경쟁 응모인 경우가 많아 경쟁률이 매우 치열한 것이 특징입니다.

퍼블릭세일의 물량은 프리세일에서 완판되지 않은 잔여 물량을 제공하거나 퍼블릭세일 물량을 따로 분류하여 판매하는 편이지만 처음부터 세일을 진행하지 않는 경우도 있습니다.

특히 인기가 매우 높은 NFT의 퍼블릭세일은 몇 초 만에 완판되기 때문에 사실상 NFT를 구매하는 것은 하늘의 별 따기입니다.

05 화이트리스트를 적용한 프리세일 파악하기

최근 기발하고 새로운 방식을 적용한 NFT가 줄줄이 출시되면서 'WLWhiteList'을 제공하는 프로젝트가 점차적으로 늘어나고 있는 추세입니다. 다만 대다수의 팀은 SNS를 활용하여 소식을 알리고 WL을 제공하기 때문에 일정 확인은 물론 참여 방식을 미리 습득하고 있어야 원활한 참여가 가능할 것입니다. 그렇다면 프로젝트팀에서는 어떤 방식으로 WL을 제공하고 있을까요?

폼을 활용한 화이트리스트 응모

구글 폼forms을 활용한 응모는 가장 일반적이고 널리 활용되고 있는 방법으로 국내에서 진행하는 프로젝트의 경우 네이버 폼을 사용하기도 합니다.

폼을 활용한 응모도 크게 2가지로 분류할 수 있습니다.

1. '구글 폼' 화이트리스트 응모

위와 같은 구글 폼에는 참여자의 이름이나 휴대폰 번호, 지갑 주소 등의 기본적인 인적 사항을 작성하게 되고 특정 퀴즈의 정답, SNS 팔로우와 같은 간단한 미션 사항이 포함됩니다.

2. 글램 체크리스트 응모

구글 폼 응모에서 사용하는 서술형이 아닌 트위터 팔로우, 텔레그램 입장, 디스코드 입장과 같은 여러 가지의 미션을 부여하고 해당 조건을 모두 완료하면 자동으로 체크가 되는 폼으로 글램gleam 체크리스트는 구글 폼보다는 조금 간소화되어 미션에 초점을 두었습니다. 다만 '기브어웨이Giveaway' 이벤트와 동일한 개념으로 사용되기 때문에 구분이 애매모호한 편입니다.

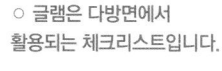

○ 글램은 다방면에서
활용되는 체크리스트입니다.

디스코드를 활용한 화이트리스트 응모

디스코드Discord에서는 특정 조건을 완료한 참여자들에게 '롤Role'을 부여하는 기능이 존재합니다. 이를 바탕으로 다양한 이벤트를 진행하고 WL까지 제공하고 있습니다.

　대표적으로 롤을 활용하여 WL을 진행하는 이벤트는 다음과 같습니다.

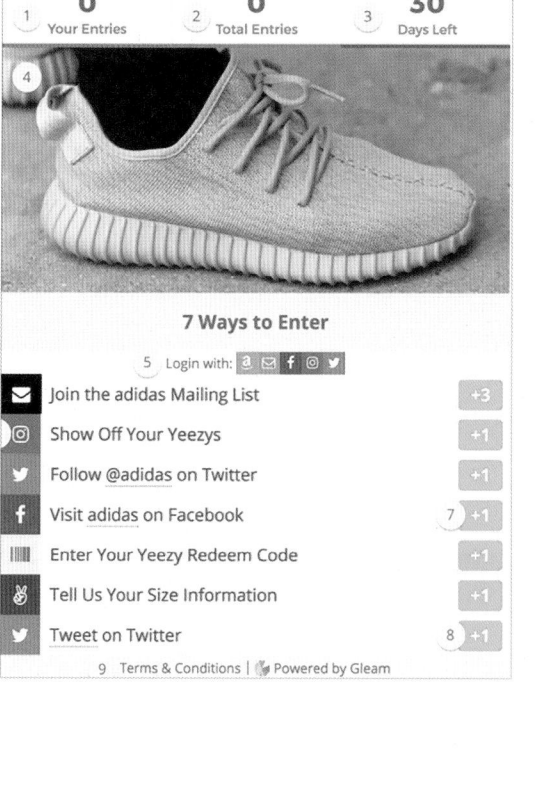

○ 원하는 대로 롤을 지정할
수 있고 특정 조건을 완료한
참여자들에게 자동으로
부여할 수 있습니다.

1. '챗굴(채팅 채굴)'이라고 부르는 기능을 통한 롤 부여

디스코드에는 마치 게임과 같이 '레벨Level'이 존재하는데 이는 채팅을 할 때마다 '경험치XP'를 제공하여 일정 기준이 넘어서면 레벨 업을 할 수 있습니다. 예를 들어 5레벨에 도달하면 5레벨 롤을 부여하고 10레벨에 도달하면 10레벨 롤을 부여하는 방법을 사용합니다. 다만 도배를 하는 인원이 늘어나면서 대부분의 프로젝트팀은 채팅 시간에 제한을 두고 이벤트를 진행합니다.

2. '밈' 이벤트

관련 NFT를 직접 그리거나 재미있게 제작한 이미지와 같은 콘텐츠를 업로드하고 참여자들의 투표나 운영자들이 선정한 제작자에게 롤을 부여합니다.

3. 홍보 이벤트

NFT를 SNS에 직접 홍보하는 글을 올리고 디스코드에 인증하여 롤을 받는 방법입니다.

　　보통 위와 같은 이벤트를 진행하면서 일정 개수의 롤을 받은 인원에게 WL을 제공하는 경우가 많으며 이와 비슷한 이벤트를 진행하면서 바로 WL을 제공하는 경우도 있습니다.

트위터를 활용한 화이트리스트 응모

앞에서 언급한 '기브어웨이Giveaway' 이벤트가 가장 활발하게 이뤄지는 트위터Twitter WL 응모입니다. 프로젝트팀에서 기습적으로 진행하는 경우가 많으며 이름이 알려진 인플루언서를 섭외하여 동시에 진행하기도 합니다. 특히 트위터를 활용하게 되면 마케팅 효과도 매우 크기 때문에 대부분의 팀에서 이를 활용합니다.

　　'기브어웨이Giveaway'는 NFT나 WL 권한을 주는 이벤트 개념으로

○ WL 기브어웨이 이벤트를 진행하는
트위터 LM DAO

위의 사진과 같이 활용됩니다. 특정 인물이나 프로젝트팀의 트위터 팔로우, 5명의 트위터 유저 태그, 리트윗, 메신저 채널 입장 등 간단한 미션을 걸어 WL을 제공합니다.

프리민트를 활용한 화이트리스트 응모

프리민트PREMINT는 민팅을 진행하는 초기 프로젝트팀과 구매자들의 원활한 민팅을 위한 서비스로 이미 다양한 팀들이 선택한 플랫폼으로도 유명합니다. 민팅을 진행하고자 하는 팀이 프리민트를 이용하여

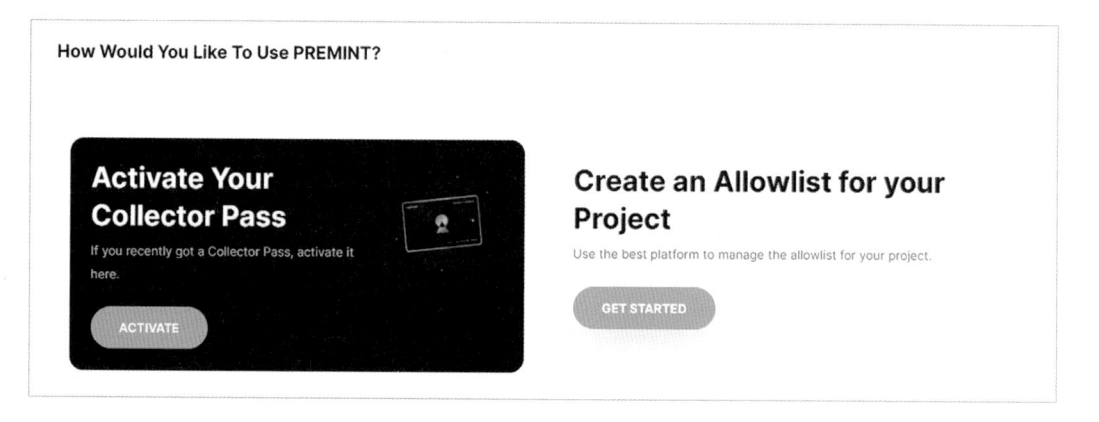

○ 프리민트는 NFT 민팅과 사용자들을 연결하는 서비스입니다.

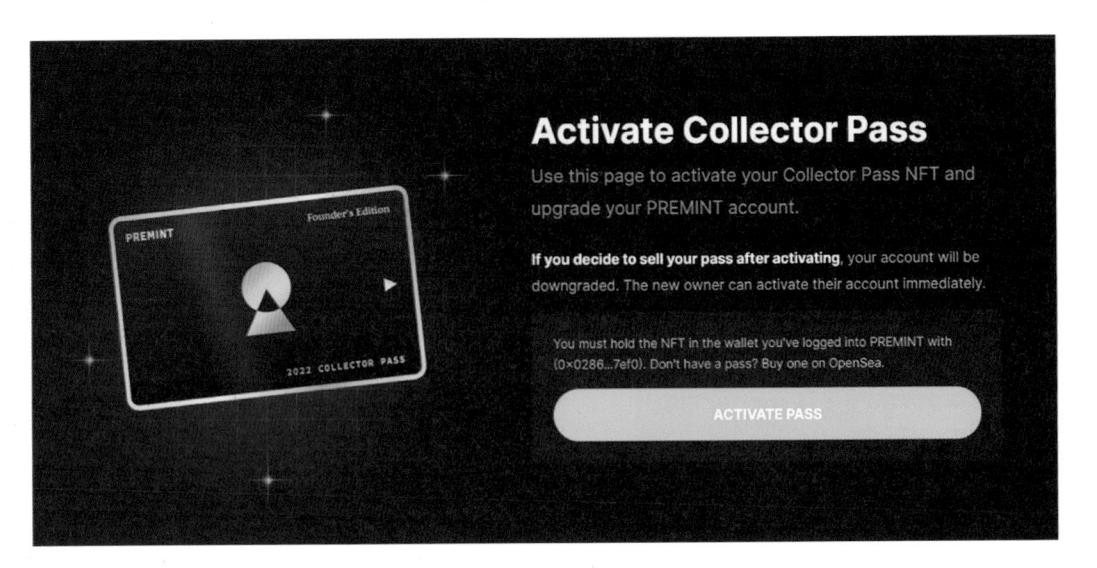

○ 모든 서비스를 이용하기 위해서는 패스권을 구매해야 합니다.

WL을 등록하면 참여자들은 본인 인증 절차를 거쳐 응모할 수 있는 기회가 주어집니다.

다만 프로젝트팀은 물론 참여자들 또한 모든 서비스를 이용하기 위해서는 프리민트 패스권 NFT를 구매해야 합니다. 앞에서 언급했던 '민트패스MintPass'가 이에 해당합니다. 오픈씨를 통해 콜렉터 패스를 구매하고 패스를 보관하고 있는 지갑을 연동하면 현재 프리민트에 등록한 프로젝트의 민팅 리스트 일정을 공유 받는 서비스를 이용할 수 있습니다. 사실상 직접 민팅 정보를 찾는 시간을 줄일 수 있다는 장점이 있으며 2022년에 비해 패스권의 가격도 매우 저렴해진 상태입니다.

물론 패스권이 없다고 프리민트를 이용한 WL 민팅에 참여를 못하는 것은 아닙니다. 프로젝트팀이 WL 제공을 위해 프리민트 링크를 제공한다면 누구나 참여할 수 있습니다.

잘나가던 프리민트도 2022년 5억 원 규모의 해킹을 당하면서 참여자들이 NFT를 도난당하는 사건이 일어났습니다. 프리민트는 모든 피해자들에게 ETH를 보상하겠다고 발표했으며 후반기에 적용 예정이던 디스코드 인증 시스템을 도입하였습니다.

블록체인을 확인하라

해당 NFT가 어떤 블록체인을 기반으로 발행되었는지 살펴봐야 합니
다. 블록체인마다 민팅 가능한 지갑이 다르고 필요한 코인도 다르기 때
문입니다. 민팅에 참여하기에 앞서 블록체인을 확인해야 합니다.

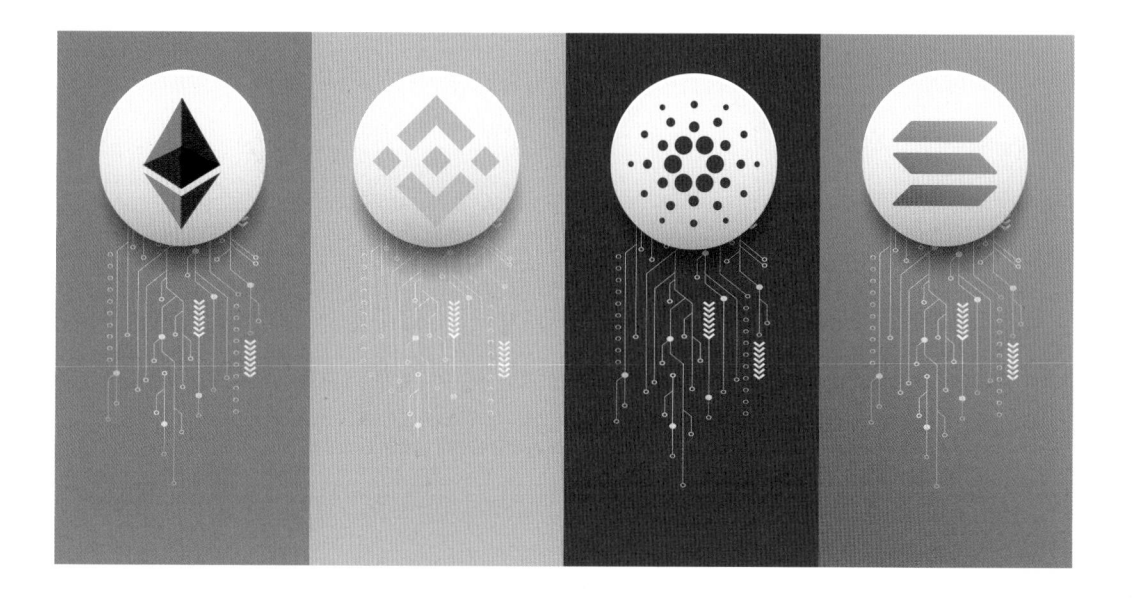

지갑에 해당 코인을 여유 있게 보유하라

○ 한 번의 실수로 새벽까지
기다리던 민팅은 실패할 수도
있습니다.

만약 이더리움 기반의 NFT라면 구매에 필요한 이더ETH를 지갑에 보
유하고 있어야 합니다. 물론 여기까지는 대부분의 초보자들도 파악하
고 있을 겁니다. 하지만 NFT 구매를 위한 이더ETH 외에 수수료 비용
이 필요하기 때문에 여유분의 자금을 보유하고 있어야 합니다. 그래서
민팅을 진행하는 팀에서 NFT 1개당 가격을 포함하여 여분의 코인, 혹
은 특정 비용을 보유하고 있는 지갑만 참여할 수 있다고 명시하는 경우
도 많습니다.

짤막 상식

'트랜잭션'이란?

블록체인 생태계에서 트랜잭션(transaction)은 거래가 기록된 데이터로 '거래 내역'이라고 표현하기도 합
니다. 예를 들어 자신이 친구에게 1이더(ETH)를 전송하였다고 가정한다면 해당 내역이 블록에 데이터로
저장되는데 그 해당 내역을 트랜잭션이라고 칭합니다.

주의 사항을 꼼꼼하게 체크하라

일반적으로 프로젝트팀들은 민팅을 진행하기에 앞서 공식 SNS나 웹사이트에 참여 제한 가이드를 제공합니다. 그중 대표적인 것은 민팅 조건입니다. 특히 지갑당 민팅 횟수, 트랜잭션당 민팅 수량 제한을 공시하는데, 한 번 민팅을 진행했을 때 민팅이 가능한 수량이나 횟수를 제한하고 있다는 뜻이며 무료 민팅의 경우 첫 트랜잭션만 무료라고 명시하는 경우가 많습니다. 이 점을 유의하여 계획하고 있는 민팅에 차질이 없도록 준비해야 합니다.

○ 무조건 FAQ나 주의 사항은 꼼꼼하게 살펴봐야 합니다.

시간을 정확하게 파악하라

국내에서 진행하는 민팅의 경우 문제될 것이 없지만 해외 팀이 진행하는 민팅의 경우 국내와 시간이 다르기 때문에 종종 시간을 착각하여 민팅을 놓치는 경우가 발생합니다. 해외 시간인 'EST'나 'UTC' 등을 'KST'로 변환하여 정확한 시간을 파악하는 것이 좋습니다.

만약 시간과 블록체인의 높이를 통해 민팅 오픈 시간을 제공한다면 블록체인 스캔 사이트를 통해 블록체인의 높이를 파악하는 것도 하나의 방법입니다.

짤·막·상·식

블록체인의 '블록 높이(Block height)'는 어떻게 알 수 있을까?

블록체인의 기록과 정보들은 스캔 익스플로러 사이트를 통해 얻을 수 있습니다. 특히 실시간으로 생성되는 블록 높이는 물론 블록의 내부 기록도 모두 파악할 수 있기 때문에 참여자들이 자주 애용합니다. 대표적인 익스플로러 사이트는 다음과 같습니다.

· 이더리움: 이더스캔 https://etherscan.io/
· 솔라나: 솔라나 익스플로러 https://explorer.solana.com/
· 폴리곤: 폴리곤스캔 https://polygonscan.com/
· 클레이튼: 클레이튼 스코프 https://scope.klaytn.com/

클레이튼과 크래프터스페이스

이더리움, 폴리곤, 솔라나 블록체인 기반의 NFT 3강 구도 체제로 굳어져 가던 국내 시장. 하지만 카카오 그라운드X의 '클레이튼Klaytn'이 참전하면서 치열한 경쟁을 예고하게 됩니다. 물론 시장을 이미 장악하고 있는 이더리움에 비하면 참여자들의 수와 사용량이 떨어질 수밖에 없다고 점쳐졌지만 간편함과 저렴한 수수료가 경쟁력을 뒷받침하여 국내에서는 큰 호평을 받게 됩니다. 특히 클레이튼 기반의 NFT를 무료로 민팅할 수 있는 크래프터스페이스KrafterSpace 플랫폼이 초보자들에게는 큰 인기를 끌게 되면서 국내 NFT 프로젝트에 활기를 불어넣어 주게 됩니다.

비록 하루 10개로 제한적이기는 하지만 NFT를 민팅 하는 데 비용이 들지 않는다는 것은 신진 작가들이나 민팅을 경험해 보고 싶은 일반 참여자들에게는 더할 나위 없이 좋은 메리트로 작용하였습니다. 상대적으로 이더리움을 활용한 NFT는 시작부터 매우 값비싼 비용을 지불해야 하고 만약 NFT가 판매되지 않으면 참여자가 지출 비용을 모두 부담하여 손해를 보기 때문에 시도조차 하지 않는 경우도 다반사였기 때문입니다.

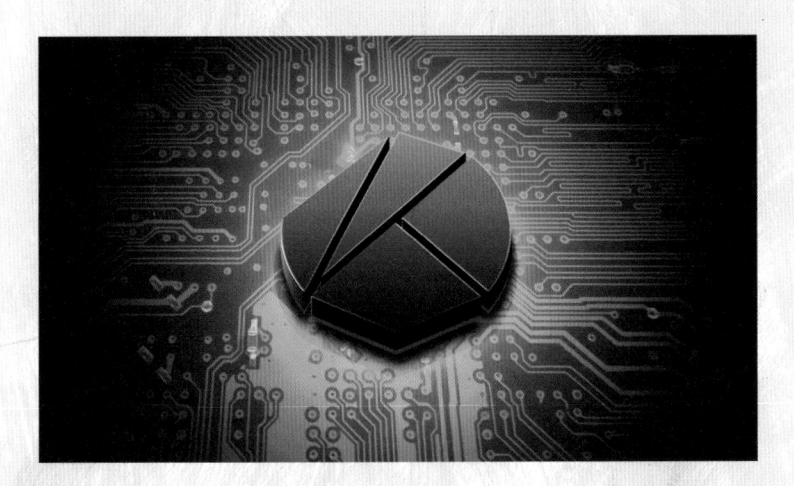

그러나 그라운드엑스는 클립 지갑을 활용한 NFT 서비스에 집중하고자 2022년 12월 8일부로 크래프터스페이스 서비스를 종료하였습니다.

제6강

NFT 정보와 러그풀

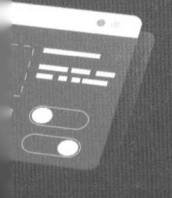

공존과 발전, 그리고 대중화 안정기에 접어들게 되면서 다양한
매체를 통해 NFT를 접할 수 있는 정보 홍수의 시대가 도래했습
니다. 우리는 클릭 한 번으로 NFT에 대한 정보를 얻어 성공적
인 민팅을 준비한다고 생각하지만 이를 뒤따르는 리스크도 적
지 않습니다. 사실이 확인되지 않은 무분별한 정보, 그리고 허
점을 노리는 사기꾼과 해커들은 먹잇감을 노리듯 숨죽여 사냥
을 준비하고 있습니다. 건강한 정보를 습득하고 해커들을 차단
하여 피해를 막기 위해서는 어떤 것을 고민해야 할까요?

01 NFT 정보는 어디서 확인할 수 있을까?

NFT 시장은 초창기와 달리 질적, 양적으로 매우 확장되었습니다. 특히 Web의 발전은 우리에게 풍족하고 여유로운 생활을 가져다 줬으며 이를 통해 다양한 정보를 접할 수 있는 생태계를 만들었습니다. 하지만 쉽게 접할 수 있는 정보일수록 선택하기 전 한 번 더 고민하고 추가 정보를 수집하는 것이 좋습니다.

생태계에 처음 발을 들여놓는 참여자들은 기본적인 정보를 얻기도 쉽지 않을 것입니다. 중요한 정보부터 부수적인 내용의 소식들, 수집의 첫걸음은 어디서 시작하는 것이 좋을까요?

느프트 카페

대한민국 최고의 NFT 정보 공유 커뮤니티인 느프트 카페https://www.nuft.kr/는 각국에 퍼져 있는 다양한 정보와 소식들을 매일 전달합니다. 특히 'NFT 빠른뉴스' 메뉴를 통해 국내 NFT, 암호화폐 소식은 물론 이해하기 어려운 해외의 소식들까지 모조리 번역하여 핵심 내용만 전

○ NFT 작가는 간단한 신청 하나만으로 다양한 서비스를 제공 받고 있습니다.

달하고 있습니다. 느프트 카페는 신진 작가 친화적인 커뮤니티이기도 합니다. 유명 작가, 대기업 등과 비교하여 상대적으로 시장 진출이 어려운 NFT 작가들에게 '메인페이지', '아티스트 박물관' 등 홍보 전용 페이지와 배너를 무상으로 제작해 주고 경쟁력 있는 작가로 발돋움할 수 있는 발판을 마련해 주고 있습니다. 그렇다면 작가가 아닌 참여자라면 어떤 정보를 얻을 수 있을까요?

위에서 언급한 NFT 소식을 포함하여 기초를 다질 수 있는 NFT 거래소 정보와 팁 그리고 NFT 민팅 일정을 제공하여 언제 어떤 작품들이 민팅을 진행하는지 한눈에 파악할 수 있고 민팅에 직접 참여할 수도 있습니다. 즉 일반 구매자는 물론 작가들 모두 원하는 정보를 빠르고 쉽게 얻을 수 있는 NFT 생태계 정보의 핵심 커뮤니티입니다.

느프트 트위터

느프트 커뮤니티는 카페 외에도 SNS를 통해 다양한 정보를 전달하고 있습니다.

NFT와 암호화폐 생태계 인사들의 중요한 트윗을 리트윗하고 각종 이벤트를 통해 혜택을 받을 수 있도록 꾸준한 정보 전달에 힘쓰고 있습니다.

느프트 트위터https://twitter.com/NftBoomup를 팔로잉하고 알람을 설정하시면 언제 어디서든 빠른 소식을 확인할 수 있습니다.

스눕독

힙합계의 대부인 래퍼 스눕독만큼 NFT에 진심인 사람은 찾기 어렵습니다. 특히 NFT에 진심인 만큼 콜라보나 관련 소식을 트위터를 통해 알리는 것으로 유명하기 때문에 쉽게 정보를 얻을 수 있습니다.

○ https://twitter.com/SnoopDogg

게리 베이너척 https://twitter.com/garyvee

○ https://twitter.com/garyvee

게리 베이너척은 사업가이자 베스트셀러 작가로 알려진 국제적인 유명 인사입니다.

포도주 사업을 시작으로 디지털 에이전시를 창업하고 자신만의 NFT 컬렉션을 출시하기도 했습니다. 특히 고가로 알려진 크립토펑크, BAYC 등 다양한 NFT 수십 개를 보유하고 있는 것으로 유명합니다.

펑크6529

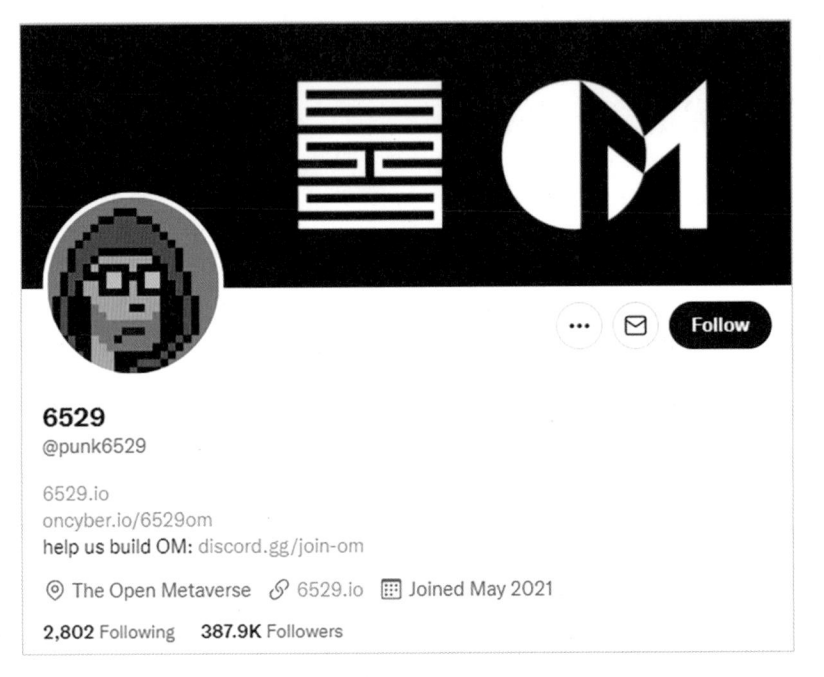

○ https://twitter.com/punk6529

익명의 트위터 펑크6529는 다양한 NFT를 보유하고 있는 것으로 유명합니다.

그는 가상 박물관 구축은 물론 NFT 투자 펀드를 출시하면서 영향력을 넓히고 있는데 자신만의 가치관을 통해 다양한 정보를 공유하기도 합니다.

지머니

NFT 컬렉터로 알려진 익명의 인플루언서 지머니는 2억 이상을 지출하여 크립토펑크를 구매하여 화제를 모았습니다. 그는 유명 브랜드와

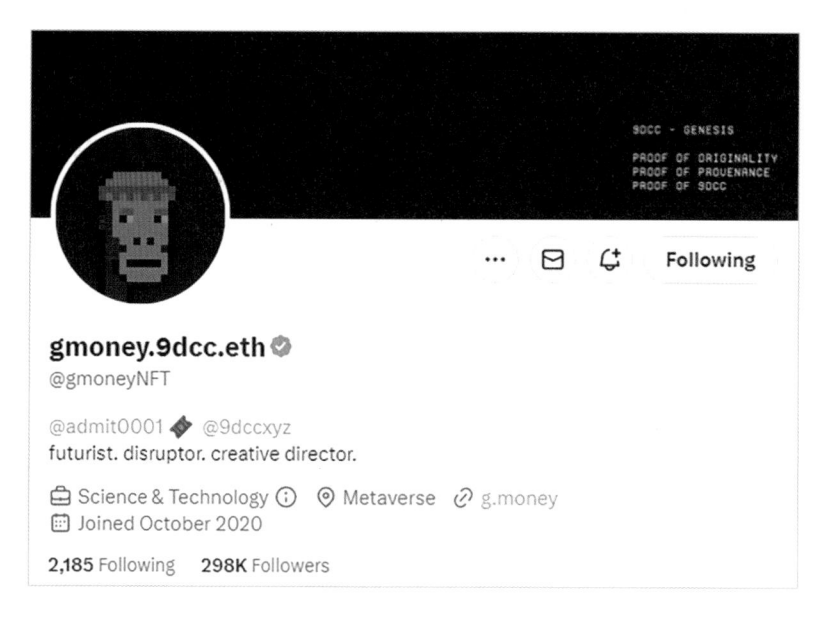

의 콜라보 NFT 행사에 초대를 받는가 하면 'Delphi Digital'과 함께 NFT 벤처 펀드를 출시하기도 했습니다. 작년 말 익명을 유지하던 지머니는 트위터를 통해 본인의 얼굴을 공개했습니다.

비플

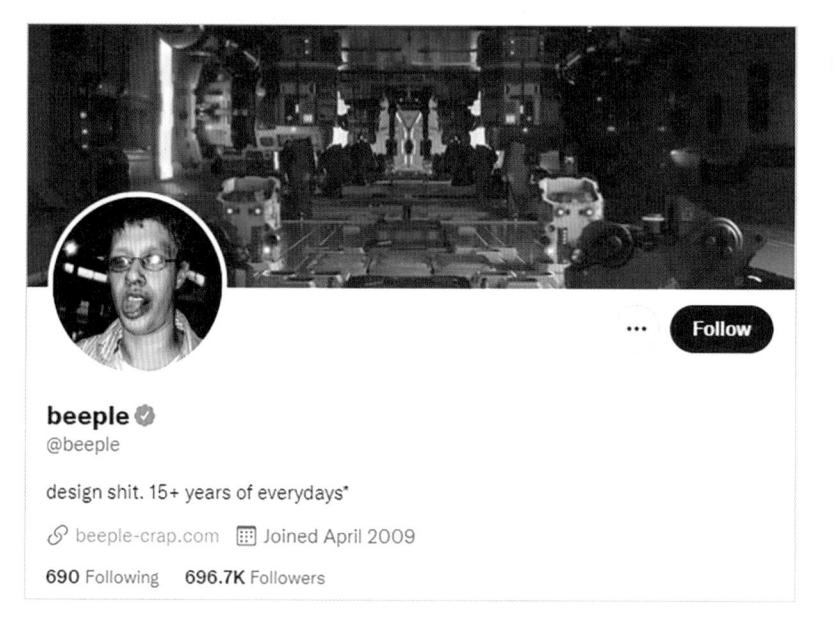

NFT 아트 시장의 한 획을 그은 작가 비플입니다. 그는 지금까지도 하

루도 빼먹지 않고 매일 자신의 작품을 트윗하고 있으며 누구나 즐길 수 있는 볼거리를 제공하고 있습니다.

유가랩스

BAYC 제작사로 유명한 유가랩스는 이미 NFT 생태계의 중심에 서 있습니다.

유가랩스 산하에 있는 모든 NFT 프로젝트의 정보는 물론 이제는 얼굴을 공개한 4명의 창립자들의 트위터도 함께 확인할 수 있습니다.

두들스

커뮤니티 중심의 NFT인 두들스의 발전은 현재 진행형입니다. 초창기에 시장에 등장하였지만 지금까지 새롭고 참신한 시도로 많은 이들의 사랑을 받고 있습니다. 특히 두들스 트위터에서는 새로운 소식은 물론 관련 굿즈나 영상을 확인할 수 있습니다.

○ https://twitter.com/
doodles

느프트 텔레그램

느프트 커뮤니티에서는 텔레그램을 통해 시크릿한 정보들을 추가로 제공하고 있습니다. 카페에 업로드된 정보는 물론 쉽게 접하기 힘든 NFT 정보, 민팅, 이벤트 등을 간편하게 확인할 수 있습니다. 느프트 텔레그램은 느프트 커뮤니티 게시판 전체 공지를 통해 쉽게 접속할 수 있습니다.

코인마켓캡

가장 유명한 암호화폐 정보 제공 웹사이트 https://coinmarketcap.com/ 입니다. 특히 NFT를 비롯하여 암호화폐, 디파이, 메타버스 등 다양한 카테고리의 정보를 확인할 수 있다는 장점을 지니고 있습니다. 시장에서 대표적인 정보 제공 사이트로 알려져 있습니다. 또한 거래소별로 분류하여 현재 생태계의 흐름을 파악할 수 있습니다.

크립토슬램

코인마켓캡이 암호화폐를 바탕으로 전체적인 정보를 제공한다면 크립

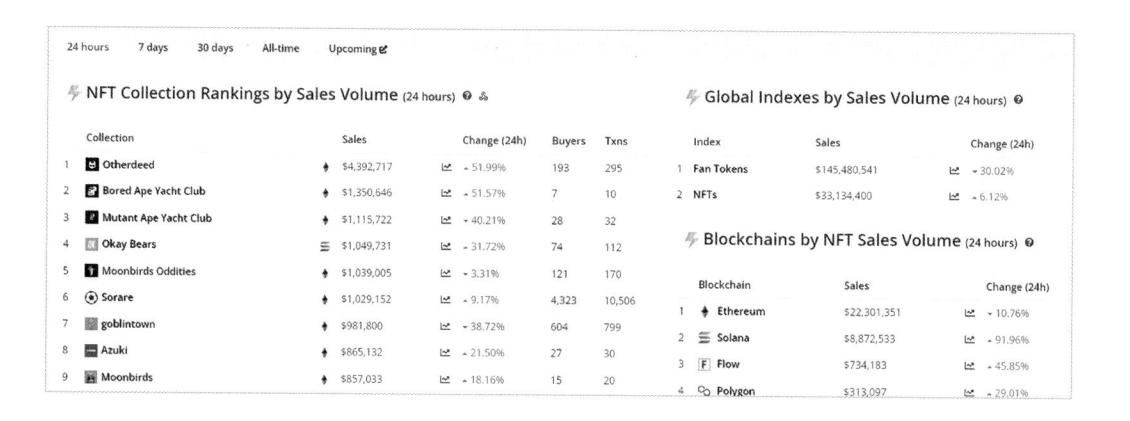

	Collection	Sales	Change (24h)	Buyers	Txns		Index	Sales	Change (24h)
1	Otherdeed	$4,392,717	↗ 51.99%	193	295	1	Fan Tokens	$145,480,541	↗ 30.02%
2	Bored Ape Yacht Club	$1,350,646	↗ 51.57%	7	10	2	NFTs	$33,134,400	↗ 6.12%
3	Mutant Ape Yacht Club	$1,115,722	↗ 40.21%	28	32				
4	Okay Bears	$1,049,731	↗ 31.72%	74	112				
5	Moonbirds Oddities	$1,039,005	↗ 3.31%	121	170		Blockchain	Sales	Change (24h)
6	Sorare	$1,029,152	↗ 9.17%	4,323	10,506	1	Ethereum	$22,301,351	↗ 10.76%
7	goblintown	$981,800	↗ 38.72%	604	799	2	Solana	$8,872,533	↗ 91.96%
8	Azuki	$865,132	↗ 21.50%	27	30	3	Flow	$734,183	↗ 45.85%
9	Moonbirds	$857,033	↗ 18.16%	15	20	4	Polygon	$313,097	↗ 29.01%

토슬램https://cryptoslam.io/은 NFT 중심적인 정보를 제공하는 웹사이트입니다. 현재 NFT 순위는 물론 거래량, 판매량, 거래 내역, 자금의 흐름 등 NFT의 모든 정보를 한눈에 확인할 수 있습니다.

댑레이더

댑레이더https://dappradar.com/는 NFT, 디파이 관련 컬렉션 순위와 가격의 흐름, 마켓 플레이스, Dapp 등을 블록체인별로 구분하여 추적, 거래에 대한 통계를 제공합니다. 특히 자신의 암호화폐 지갑과 연동하면 분석을 통해 자신만의 포트폴리오를 만들 수 있으며 댑레이더만의 블로그 카테고리를 통해 NFT 분석이나 생태계의 흐름 정보를 제공합니다.

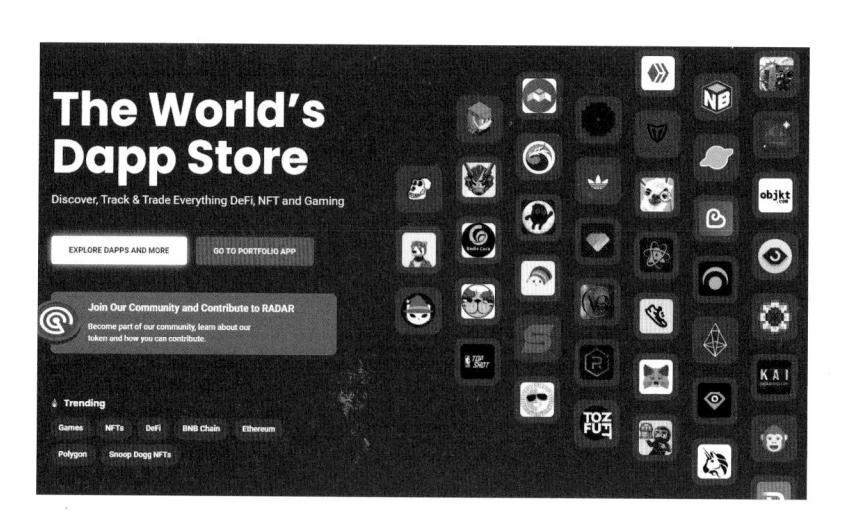

02 예제로 알아보는 NFT 러그풀

적게는 몇 만 원에서 많게는 수억 원까지 움직이는 NFT. 예술 시장에서 시작된 실험이 이제는 다양한 분야를 움직이는 하나의 작품으로 자리 잡았습니다.

하지만 그 이면에는 작품을 도용하거나 투자금을 모아 잠적하는 사건이 발생하면서 웃을 수 없는 성장통을 겪고 있습니다. 우리는 건강한 생태계 발전과 피해를 막기 위해 지금까지 일어난 피해 사례를 살펴보고 예방하는 방법을 강구해야 합니다.

쉽게 당할 수 있는 사기의 종류

러그풀

'러그풀RUG PULL'은 양탄자를 당겨 위에 있는 사람을 쓰러트린다는 뜻에 비유한 단어로 진행하던 NFT를 갑작스레 중단하여 자금을 가로챈다는 의미로 사용됩니다. 물론 중단되는 프로젝트가 모두 사기라고 단언할 수는 없지만 중단 프로젝트가 다시 활동을 시작할 확률은 낮은 편입니다. 매혹적인 단어로 투자자들을 현혹하고 투자금을 모아 잠적하는 투자 사기 러그풀은 속된 말로 '먹튀'라고도 표현합니다.

투자자 입장에서는 신뢰성 하나를 가지고 프로젝트에 투자하는 경우가 대부분이고, 팀에서 공식 웹사이트나 SNS를 모두 폐쇄하고 잠적하면 투자자가 자금을 회수하는 것은 하늘의 별 따기에 가깝습니다. 하지만 암호화폐와 NFT를 제도권에 편입시키려는 국가들이 하나둘씩 생겨나면서 러그풀 사건의 주범을 검거하는 경우도 속속 늘어나고 있습니다.

스캠

암호화폐 시장에서 빈번하게 사용하는 '스캠'은 사기를 표현한 영단어로 위에서 설명한 러그풀도 스캠의 한 종류입니다. 그럴 듯한 백서(화이트페이퍼)를 통해 투자자들을 유혹하고 투자금을 갈취하거나 보여 주기식의 코인을 개발하여 이름 없는 거래소 상장과 함께 모든 물량을 매도하는 등의 행위를 모두 스캠이라고 표현합니다.

특히 시간이 지날수록 다양하고 놀랄 만한 수법으로 투자자들의 피해를 증가시키고 있습니다.

소매넣기

현물 사기나 온라인 게임상에서 사용하던 소매넣기는 시간이 지나면서 NFT 시장에도 등장하였으며 사용자들의 허점을 노려 자금을 탈취하는 사기 수법입니다.

소매넣기는 물건을 몰래 빼 가는 소매치기와 달리 암호화폐 지갑에 NFT를 전송하여 사용자들의 지갑 서명을 유도합니다.

만약 암호화폐 지갑을 통해 오픈씨와 연동했을 경우 프로필 페이지에 구매하지 않은 NFT가 표기된다면 소매넣기를 의심해 봐야 합니다. 만약 이걸 판매하거나 전송하기 위하여 지갑 서명을 진행한다면 해

킹을 당해 보유하고 있던 암호화폐나 NFT를 탈취당할 수 있습니다.

과거에는 NFT 프로젝트팀에서 마케팅 전략으로 NFT를 무작위 에어드롭 하는 경우도 있었지만 소매넣기가 성행하기 시작하면서 점차 줄어들고 있습니다.

소매넣기는 오픈씨에서도 공지사항을 통해 주의하라고 했던 사기 수법입니다.

복제

가장 흔한 수법 중 하나로 이미 존재하는 NFT를 복제하여 판매하는 방법입니다.

예를 들어 오픈씨에 NFT를 검색하였을 때 동일한 이름의 컬렉션이 여러 개 뜨는 경우를 보셨을 겁니다. 이는 원작과 동일하게 복제하여 참여자들에게 혼란을 주고 자금을 갈취하기 위한 사기 수법입니다.

오픈씨의 경우 인증된 계정을 의미하는 '체크 배지' 서비스를 통해 계정의 신뢰성을 제공하지만 그렇지 않은 마켓 플레이스가 더 많기 때문에 항상 다음과 같은 확인 절차를 거치는 것이 좋습니다.

· 인증 계정 배지
· 공식 웹사이트에서 계약 주소Contract Address를 제공한다면 교차 확인
· 공식 웹사이트에서 제공하는 링크 확인
· 발행하는 블록체인 확인
· 지나치게 낮은 가격 유의

소수점

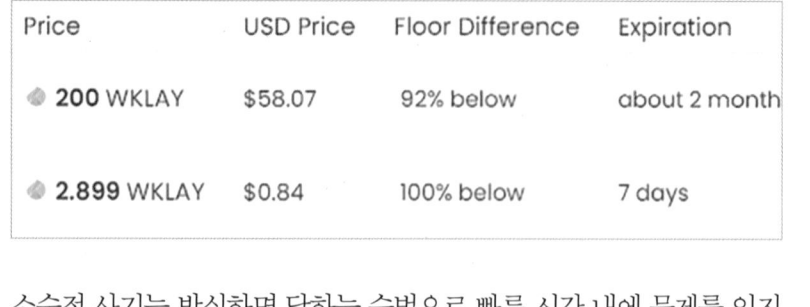

Price	USD Price	Floor Difference	Expiration
200 WKLAY	$58.07	92% below	about 2 month
2.899 WKLAY	$0.84	100% below	7 days

○ 소수점, 달러 가격을 확인하지 않으면 당할 수밖에 없는 것이 소수점 사기입니다.

소수점 사기는 방심하면 당하는 수법으로 빠른 시간 내에 문제를 인지하지 못하는 경우가 많습니다. 마켓에는 구매자가 판매자에게 가격을 제안할 수 있는 오퍼 기능이 존재하는데, 이를 악용하여 소수점과 쉼표로 혼동을 줄 수 있습니다. 예를 들어 2,600Klay(2600개)의 가격으로 NFT를 판매한다고 리스팅 하였을 때 2.899Klay(2.9개)로 오퍼를 걸어 거래를 유도합니다. 자칫 잘못하면 큰 손해를 입을 수 있기 때문에 해당 수법을 항상 인지하고 부호를 확인하는 습관을 길러야 합니다.

사칭

마켓이나 NFT 프로젝트팀을 사칭하여 자산을 탈취하는 수법입니다. 이들은 NFT 시장에서 가장 빈번하게 활용되는 디스코드, 트위터를 통하여 무료 NFT 증정, 이벤트 당첨이라는 명목의 개인 메시지를 보내고 지갑 주소와 시드 구문을 요구하거나 특정 사이트에 지갑으로 로그

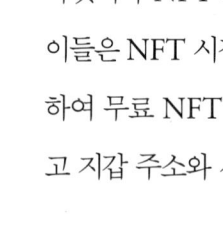

인하라고 전달합니다. 일반적으로 참여자들에게 개인 메시지를 보내 주소와 시드 구문을 요구하는 팀은 없으니 주의해야 합니다.

피싱

피싱은 사칭 사기와 연결되는 수법으로 운영자나 프로젝트팀을 사칭 하여 피싱 사이트 링크를 전달하거나 공식 웹사이트, 트위터를 해킹하 여 피싱 링크 게시물을 작성하기도 합니다. 최근에는 디스코드 봇, 트 위터 계정을 해킹하고 피싱 민팅 사이트로 유도하여 투자자들에게 큰 피해를 입히기도 했습니다. 이런 피싱 사이트들은 공식 페이지라고 해 도 믿을 만큼 정교하기 때문에 항상 주의를 기울여야 합니다.

민팅 사이트의 경우 모든 페이지를 클릭하여 일일이 확인하고 일 정과 다른 민팅 게시물은 되도록 클릭하지 않는 것이 좋습니다. 또한 민팅 페이지에 표기되는 NFT 잔여 수량이 정상적으로 증가하거나 줄 어드는지 유심히 살펴보는 것도 한 방법입니다.

오픈씨 '파란 배지'는 뭘 의미할까?

마켓 플레이스 오픈씨에서는 제작자는 물론 콘텐츠의 식별을 위해 '파란 배지' 서비스를 제공하고 있습니다. 결론적으로 말해 파란 배지를 받은 계정은 오픈씨에서 인증을 받았다고 말할 수 있습니다. 물론 콘텐츠에 붙는 파란 배지도 인증 받은 계정에서 발행한 NFT를 의미합니다. 이런 인증은 누구나 받을 수 있는 것은 아닙니다.

기본적으로 최소 '75이더ETH'에 해당하는 판매량 등이 뒷받침되어야 인증 신청을 할 수 있는 권한을 얻을 수 있는데, 이 자격을 달성하게 되면 프로필 설정 페이지나 이메일 주소를 통해 해당 내용 안내를 받을 수 있습니다.

위의 조건을 달성하였다면 계정 확인 절차를 거쳐야 합니다. 자신의 계정에 사용자 이름, 프로필 사진, 확인 완료된 이메일 주소, 연결된 트위터 계정이 있어야 가능하며 신청 후 오픈씨에서는 7일 이내에 통과 유무를 전달합니다. 만약 계정 확인 절차를 통과하였다면 프로필이 잠기게 됩니다.

두 번째로는 최소 '75이더ETH'의 거래량이 있는 컬렉션, 컬렉션의 제목, 배너, 로고, 연결된 트위터 계정, 컬렉션의 발행과 공개 여부, NFT가 원본이라는 신청자의 인증이 필수입니다. 해당 조건을 모두 완료한 뒤 신청하게 되면 7일 이내에 오픈씨의 답변을 받을 수 있으며 통과하면 파란 배지를 얻을 수 있습니다.

실제 사례로 알아보는 NFT 사기

솔라이프

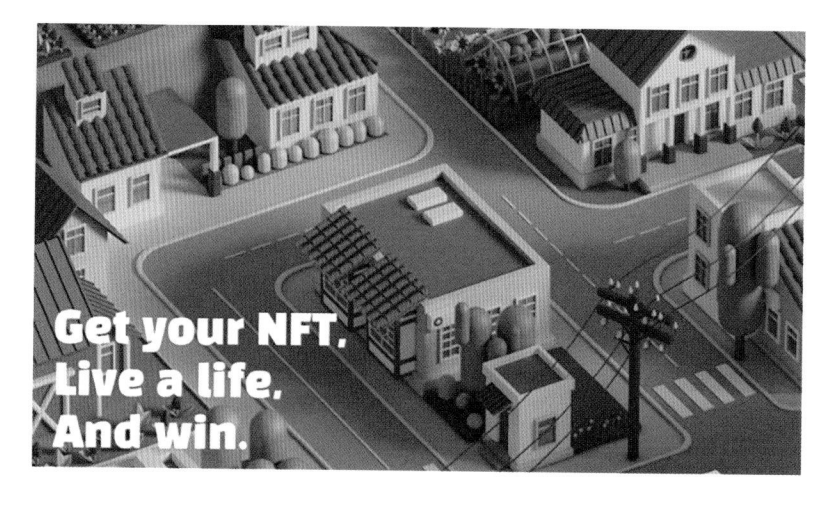

솔라나 기반의 솔라이프Solife는 NFT를 구매한 뒤 개봉하면 어린이 캐릭터를 지급 받게 되는데 이 캐릭터를 성장시키면서 인생을 개척해 나가는 방식의 P2E 게임 프로젝트입니다. 독특한 콘셉트로 인기몰이를 하게 된 솔라이프는 NFT 민팅 직후 완판되면서 최고의 기대작으로 주목 받았지만 얼마 지나지 않아 트위터나 홈페이지를 모두 폐쇄하고 잠적했습니다. 솔라나 측에서도 전적으로 밀어 주던 프로젝트였기에 그 파장은 어마어마했습니다.

빅 대디 에이프 클럽

빅 대디 에이프 클럽Big Daddy Ape Club은 솔라나 블록체인 시장에서 가장 큰 피해액을 안긴 러그풀 NFT로 손꼽힙니다. 당시 BAYC NFT의 대성공 이후 다양한 PFP NFT가 발행되었는데 BDAC도 그중 하나였습니다. 유인원을 테마로 하는 BDAC는 총 2,222개라는 소량 발행으로 희귀성을 높였습니다. 또한 이더리움 기반의 신원 확인 프로토콜인 '씨빅Civic'은 BDAC가 신원 인증을 통과했다고 알렸으며 솔라나 마켓인 '솔라나트Solanart'는 이들을 공식적으로 소개하기 시작했습니다. 투

자자들은 해당 소식을 접하게 되면서 신뢰성을 바탕으로 자금을 전송하기 시작하였는데 갑작스럽게 관련 페이지를 모두 폐쇄하고 잠적하여 러그풀이란 게 밝혀졌습니다. 뒤늦게 씨빅과 솔라나트가 이들의 계정을 추적하여 차단했지만 9,136SOL, 당시 금액으로 약 13억 원 이상의 피해액이 발생하였습니다. 당시 코인베이스의 소프트웨어 엔지니어였던 Mert는 탈취 자금 일부가 바이낸스로 이체되었다고 알렸고, 바이낸스는 문제 해결을 위해 다양한 기관과 협력할 것이라고 밝혔습니다.

아즈키

성공한 NFT 프로젝트로 분류되는 아즈키Azuki는 총10,000개가 발행된 NFT 컬렉션으로 에어드롭, 라이브 이벤트, 스트리트 웨어, 메타버스 등 추후 활용은 물론 지속적으로 혜택을 받을 수 있는 미래 지향적 프로젝트입니다. 하지만 5월 초 설립자인 'Zagabond'가 러그풀로 분류된 3가지 프로젝트에 참여했다는 사실을 공개했고 이 여파로 커뮤니티에서는 갑론을박이 펼쳐지며 아즈키 NFT의 가격은 50% 하락했습니다. 그러나 생각보다 빠르게 원상복구 되면서 현재까지도 활발한 활동을 이어가고 있습니다.

블록버스

블록버스Blockverse는 비공식 마인크래프트Minecraft PvP NFT 게임으로 '0.05이더ETH'의 초기 민팅가를 책정하여 8분 만에 500ETH, 약 15억 원 상당의 수익을 올렸습니다. 하지만 성공적인 민팅 이후 돌연 SNS 서버를 폐쇄하여 모두 러그풀이라고 확신했습니다. 아이러니하 게도 3일 뒤 망연자실한 투자자들 틈으로 프로젝트팀이 출현했습니다. 이들은 트위터를 통해 자신들은 러그풀이 아니며 개발과 확장 작업을 꾸준하게 진행하는 중이라고 말했습니다. 갑작스러운 채널 삭제는 팀 을 향한 협박이나 괴롭힘이 심해지면서 충동적으로 저지른 일이라고 덧붙였으며 빠른 시일 내에 디스코드를 오픈하겠다고 말했지만 현재 까지 이뤄지지 않고 있습니다. 한때 평균 거래가가 10이더ETH에 가까 울 정도로 높은 가격을 보여 줬던 블록버스는 현재 0.005이더ETH의 바 닥가를 가리키고 있습니다.

아이코닉

아이코닉Iconics은 솔라나 기반으로 탄생한 PFP NFT 컬렉션입니다. 3D 피규어 흉상이라는 신선한 소재를 바탕으로 사람들을 모으기 시작 한 아이코닉은 공식 트위터를 통해 총 8,000개의 NFT를 발행할 계획 이지만 사전 판매에서는 2,000개의 NFT만 선판매 한다고 발표했습니 다. 또한 아이코닉 디스코드 채널을 통해서 14개의 샘플을 선보여 투 자자들을 안심시키기까지 했습니다. 하지만 투자자들이 '0.5솔SOL'을 지불하고 받은 것은 스마트폰에서 사용하는 일반적인 이모티콘이었고

논란이 커지자 개발자는 SNS 계정을 폐쇄하고 잠적했으며 피해액만 약 1억8천만 원에 이른다고 합니다. 아니코닉은 정체 불명의 17세 인물에 의해 탄생했다는 정보만 알려져 있습니다.

이볼브드 에이프

이볼브드 에이프Evolved apes는 1차 민팅을 10분 이내에 완판했을 정도로 상당히 기대를 모은 프로젝트였습니다. BAYC 이후 이더리움 기반의 PFP NFT가 우후죽순으로 쏟아져 나왔지만 이 정도의 영향력을 선보인 경우는 드물었기 때문입니다.

특히 개발자는 PFP로 시작했지만 세계관 확장을 위해 격투 게임 '파이트 백 에이프Fight Back Apes'를 개발할 예정이고 이볼브드 NFT 보유자들은 자동으로 연결되어 새로운 세계를 즐길 수 있을 것이란 발표를 합니다. 하지만 며칠 후 개발자는 웹사이트와 트위터 계정을 삭제하고 '798이더ETH', 약 30억 원에 해당하는 자금을 가로챈 뒤 사라졌습니다.

러그풀이라고 알려진 뒤에도 오픈씨에서는 약 600여 개 이상의 NFT가 거래되었으며 '0.004이더ETH'의 바닥가를 형성하고 있습니다.

03 NFT 스캠 피해를 예방하는 방법은?

NFT에 눈길을 돌리는 대중들이 늘어나면서 이를 노리는 NFT 스캠이 기승을 부리고 있습니다. 투자자들을 현혹하는 러그풀부터 피싱, 사칭 등 투자금을 갈취하려는 해커들의 수법은 날로 과감해지고 있으며 메타버스가 산업혁명의 한 축을 맡게 되면서 대중들의 관심은 투자금과 직결되고 있습니다. 하지만 아직까지는 국가적 차원의 투자자 보호 시스템이 미비하고 부족한 부분이 많다 보니 NFT 스캠 피해 금액이 함께 커지고 있다는 것이 더 큰 문제입니다. 항상 긴장하고 주의하지 않는다면 언제 자산을 탈취당할지 모르는 현실. 피해를 예방하기 위해서 우리는 무엇을 생각하고 어떻게 행동해야 할까요?

공식 사이트에 접속하여 프로젝트의 구성을 살펴라

아무리 심플하게 시작하는 프로젝트라도 공식 웹사이트를 통해 기본

적인 정보는 제공합니다. 우리는 웹사이트에 접속하여 구성 요소를 살펴봐야 합니다. 이들이 그리고 있는 로드맵, NFT의 화이트페이퍼, 팀의 구성원과 이력을 살펴보는 것은 기본 중의 기본입니다. 이들이 생각하고 구상하고 있는 내용, 즉 로드맵이 실현 가능한 것인지 우선 파악합시다.

이더스캔을 활용하여 민팅하라

만약 해커들이 제공한 피싱 사이트를 통해 민팅을 진행하게 된다면 어떻게 될까요?

피싱 사이트와 지갑이 연동되어 자산을 탈취당할 수 있는 가능성이 높아집니다. 이를 방지하기 위해 이더스캔을 활용하여 민팅 할 수 있습니다. 민팅을 준비하는 프로젝트는 기본적으로 '계약 주소Contract Address'를 제공합니다. 이 주소를 활용해야 합니다.

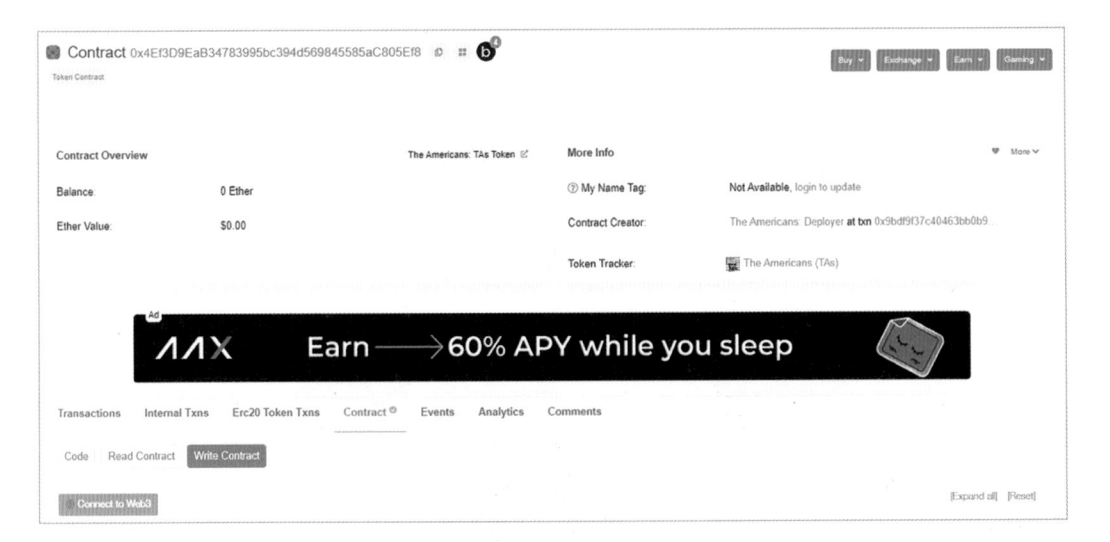

계약 주소를 클릭하거나 이더스캔을 통해 검색하게 되면 위의 사진과 같이 표기됩니다. 여기서 'Contract' - 'Write Contract' - 'Connect to Web3' 순으로 탭을 클릭합니다. 'Connect to Web3' 탭을 클릭하면 메

○ 예제로 무작위 NFT 계약 주소를 사용하였습니다.

타마스크 연동 페이지가 나타나며 지갑을 로그인하여 연동시켜 줍니다.

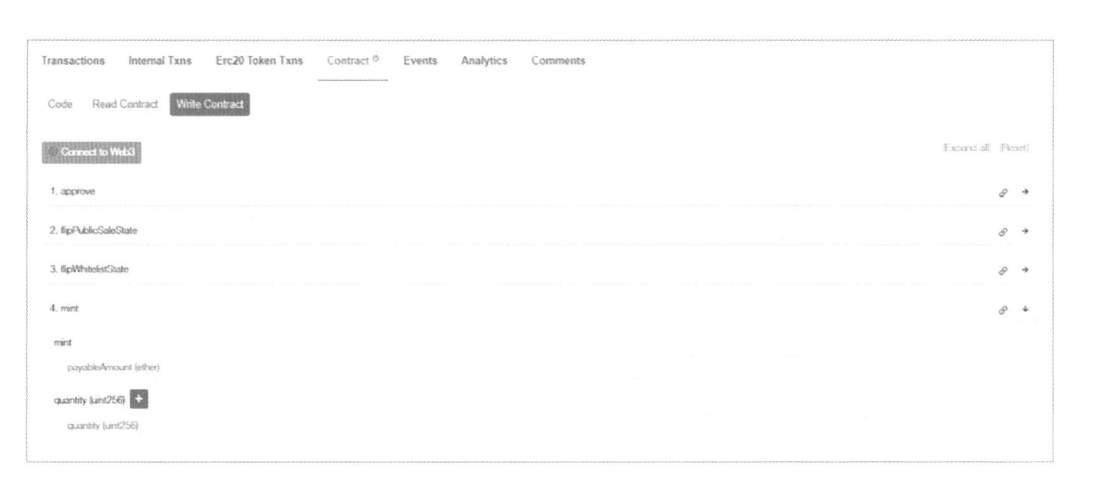

　'Write Contract'를 클릭하였을 때 하단에 표기되는 것 중 '4.mint'
를 클릭합니다. (여기서 표기되는 mint는 프로젝트마다 이름이 조금씩 다릅니다.)

　'mint(payableAmount (ether))' 구간에는 민팅 가격을 작성하고
'quantity(uint256)' 구간에는 민팅 개수를 작성합니다. (이 부분도 마찬가지로
프로젝트마다 이름이 조금씩 다릅니다.)

　여기서 주의할 점은 민팅 가격이 없는 무료 민팅은 0을 작성하고
트랜잭션 수량 제한이 있다면 그 이내로 작성해야 합니다.

　만약 '계약 주소Contract Address'를 제공하지 않는다면 민팅이 시작
되면서 오픈씨에 연동되어 나타나는 NFT를 통해 확인할 수 있습니다.

　해당 과정을 완료하게 된다면 메타마스크에서 지불 요청이 나타납

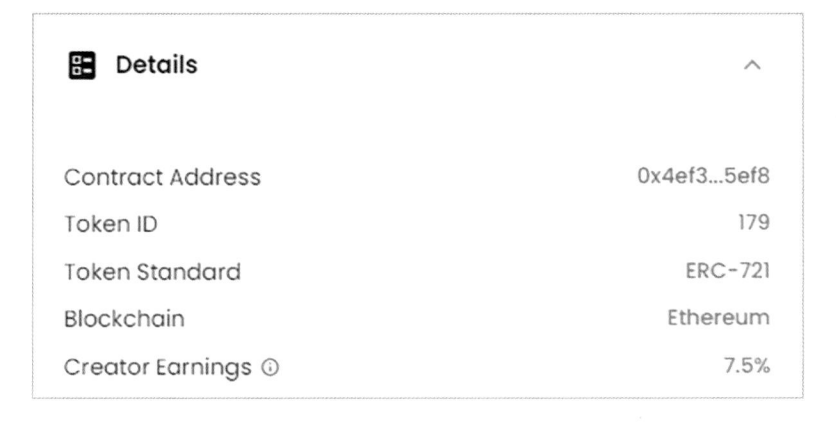

○ NFT를 확인해 보면
디테일 탭을 클릭하거나
인터넷 주소창에 계약 주소가
표기됩니다.

니다. 만약 민팅이 종료되었거나 문제가 있다면 비상식적인 가격을 요
청할 수 있기 때문에 계약 내용을 다시 한번 확인하여 재진행해야 합니
다. 만약 이 과정이 어렵다면 민팅 하고자 하는 팀의 웹사이트, SNS를
교차 확인하면서 정확한 접속을 통해 진행하는 것이 좋습니다.

이더 스캔을 활용하여 실시간 민팅 상황을 살펴라

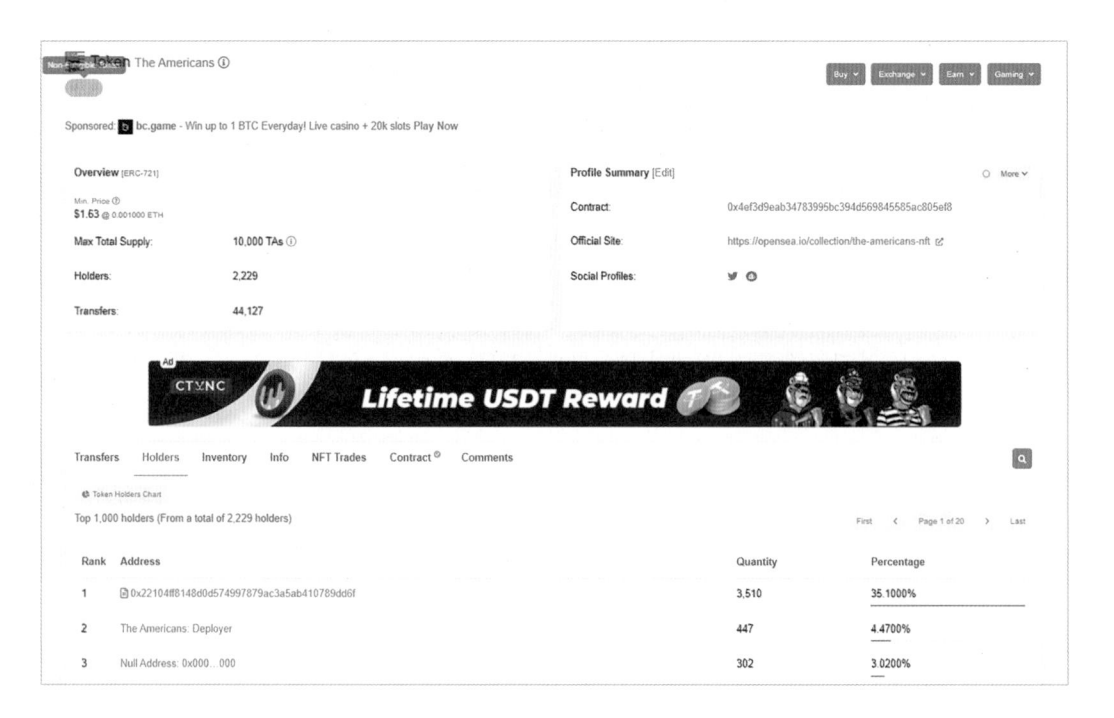

이번에도 역시 계약 주소를 활용하는 방법입니다. 우측 하단의 'Token
Tracker'의 프로젝트 이름을 클릭합니다.

상단의 'Holders'와 하단의 'Holders' 탭을 확인하면 실시간으로 민
팅에 참여하는 참여자들을 확인할 수 있습니다. 민팅에는 지갑당, 트랜

잭션당 민팅 수량을 제한한다고 말씀드렸습니다. 그런데 만약 제한하는 수량보다 더 많은 NFT를 한 번에 민팅 한 정황이 보인다면 이는 의심해 볼 필요가 있습니다.

투자사를 확인하라

대부분의 NFT 프로젝트는 투자사가 없는 스타트업이 대부분입니다. 그러나 명심해야 하는 것이 있습니다. 투자사가 있다는 것은 그만큼의 사업 자금을 확보할 수 있다는 것이며 성공 확률을 올릴 수 있다는 것을 의미합니다. 물론 투자사 없는 스타트업이 사기성 프로젝트는 아니지만 출발 선상이 다르다는 것을 기억해야 합니다.

NFT 물량의 움직임을 확인하라

프로젝트의 화이트페이퍼나 로드맵을 살펴보고 전체 물량의 비율을 확인하는 것이 좋습니다. 지속적으로 언급했듯이 NFT는 블록체인을 활용하기 때문에 지갑과 지갑의 이동이나 마켓 이동 등 모든 움직임을 파악할 수 있습니다. 이를 바탕으로 운영자에게 할당된 수량이 다른 지갑으로 이동되었거나 지속적으로 줄어든다면 현금화 후 잠적하려는 가능성이 있으니 주의해야 합니다.

정확한 주소를 몇 번이고 체크하라

프로젝트의 공식 웹사이트, 민팅 사이트, 마켓, SNS 채널 등은 각 사이트를 접속하여 교차 확인한 다음 정확한 주소를 통해 접속하는 것이 좋습니다.

자산은 분할하여 보관하라

보유하고 있는 NFT, 암호화폐는 1개의 지갑이 아닌 몇 개의 지갑으로 분할하여 보관하는 것이 안전합니다. 수수료의 부담이 있을 수 있지만 해킹을 당했다고 가정하였을 때 자산의 피해를 최소화할 수 있습니다.

프로젝트 SNS의 흐름을 파악하라

NFT 프로젝트는 일반적으로 SNS를 통해 자신들의 공지 사항이나 정보를 배포합니다. 하지만 가끔씩 공지한 일정에 맞지 않는 민팅 시작이나 민팅 사이트, 웹사이트 변경과 같은 공지를 올리는 경우가 있습니다. 이는 해킹을 당한 것으로 프로젝트가 작성했던 SNS의 흐름을 파악하여 조금이라도 이상하다면 유심히 살펴보는 것이 좋습니다.

창립자, 팀의 SNS를 확인하라

NFT 프로젝트의 공식 SNS와 창립자, 팀 멤버의 SNS를 비교하는 것도 피해를 예방하는 하나의 방법입니다. 공식 SNS가 의심된다면 창립자의 SNS에 직접 물어보는 것도 좋습니다.

오픈씨의 아이템 수량을 확인하라

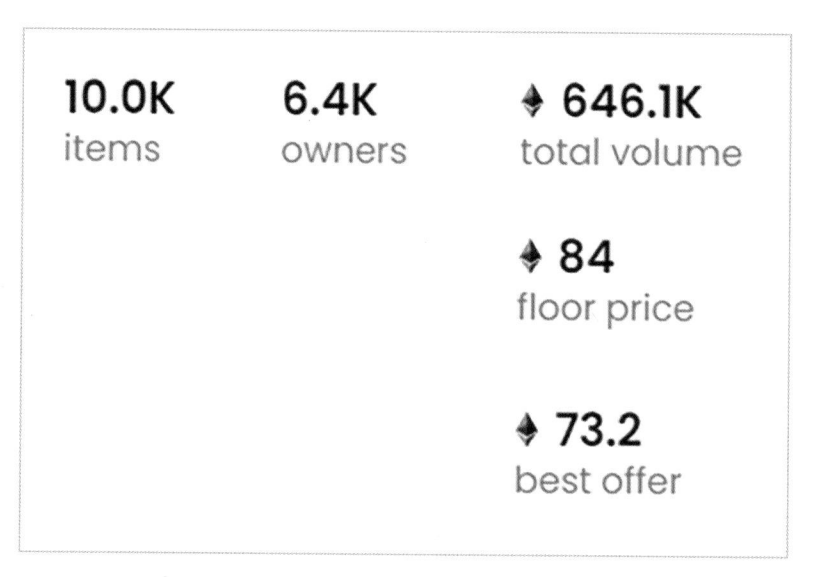

오픈씨는 가장 대표적인 NFT 마켓으로 대부분의 NFT가 민팅을 통해 오픈씨 페이지를 제공합니다. 특히 정상적으로 민팅을 시작했다면 NFT 프로젝트팀의 오픈씨 페이지의 아이템 수량이 늘어나기 시작합니다. 하지만 정상적으로 진행하지 않은 민팅의 경우 아이템 수량이 늘어나지 않습니다.

민팅 속도를 확인하라

SNS의 팔로워 수가 높은 프로젝트일수록 빠른 시간에 완판되는 경우

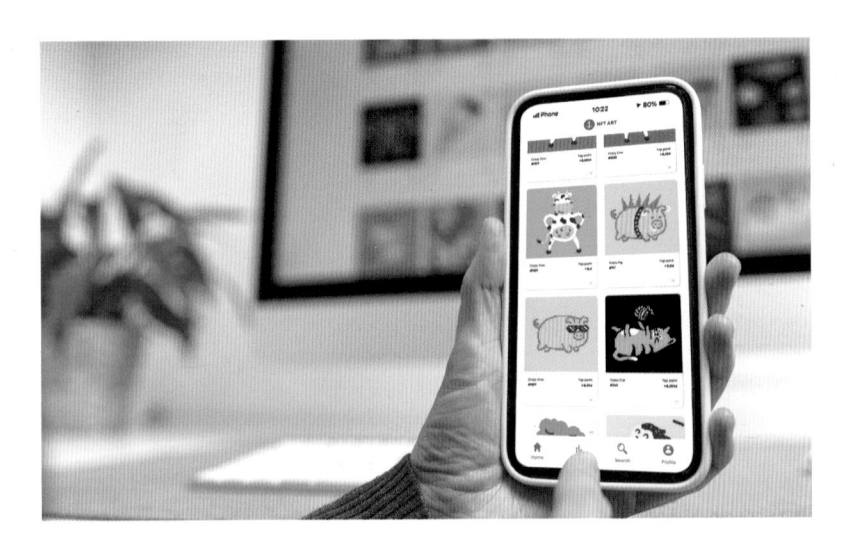

가 많습니다. 하지만 트위터나 디스코드의 팔로워는 많은데 민팅 진행률이 지지부진하다면 의심해 볼 필요가 있습니다.

에어드롭 NFT는 각별히 주의하라

에어드롭 된 NFT가 팀에서 전달한 진짜 NFT인지 아니면 소매넣기로 자산을 탈취하려는 것인지 파악해야 합니다. 블록체인 스캔 사이트를 통해 팀의 주소에서 전달된 것인지 확인하고 SNS를 통해 따로 올라온 공지가 있는지 파악합니다. 만약 잘 모르겠거나 의구심이 든다면 절대 건드리지 않는 것이 좋고 오픈씨 마켓을 사용한다면 해당 NFT는 'Hidden' 탭으로 이동시켜 두는 것이 가장 적절한 방법입니다.

소수점을 확실하게 파악하라

NFT 거래 전 나에게 제시된 금액에 쉼표가 있는지 소수점이 있는지 잘 살펴보는 것이 중요합니다.

다이렉트 메시지를 조심하라

프로젝트팀이나 유명인들은 절대 직접 연락하지 않습니다. 디스코드, 트위터, 텔레그램 등 자신을 초대한다는 내용이나 에어드롭, 지갑 요구 등과 같은 메시지가 도착하면 대응하지 않는 게 좋습니다. 특히 어떤

경우에도 지갑의 시드 구문은 절대 알려 주지 않는 것이 중요합니다.

공식 마켓 프로필의 진위 여부를 파악하라

프로젝트의 진위 여부는 항상 확인하는 것이 좋습니다. 오픈씨에 작품을 검색했을 때 동일한 이름의 NFT가 검색된다면 프로필과 계정을 살펴보고 공식으로 인정받은 일명 '블루 배지'가 있는지 확인합니다. 다만 블루 배지가 없는 진짜 프로젝트도 있기 때문에 기반이 된 블록체인은 무엇인지, 발행량, 바닥가, 거래량을 살펴보는 것이 중요합니다.

복제 NFT의 경우 가스비가 저렴한 폴리곤 체인을 사용하는 경우가 많습니다.

04 법적으로 처벌 받은 NFT 러그풀 사례

초창기의 NFT 시장은 이렇다 할 법적 조항이나 근거가 없고 이를 교묘하게 피해 갔기 때문에 사기를 친 사람에게 법적 책임을 묻기 어려웠습니다. 특히나 해외를 기반으로 진행한 프로젝트에 투자하여 사기를 당했다면 용의자를 찾는 것은 물론 보상을 받을 수도 없었습니다.

하지만 시대의 흐름에 따라 NFT가 대중화되기 시작하면서 국내를 비롯한 해외에서는 NFT를 제도권에 편입시키려는 움직임이 일어나고 있습니다.

이렇게만 본다면 법적인 문제가 긍정적으로 흘러간다고 생각할 수

있지만 NFT 규제는 관련 산업의 저해로 이어질 수도 있다는 우려 섞인 의견과 팽팽한 줄다리기를 이어 나가고 있습니다. 이 와중에 국내와 미국에서는 NFT 관련 사건을 법적으로 처벌하는 사례가 나타나 주목을 받았습니다.

적극적으로 단속에 나선 미국

2022년 3월 미국 법무부는 NFT 시장에서 발생하는 러그풀 단속에 나섰습니다.

지난 1월 '에단 은규엔Ethan Vinh Nguyen', '안드레 라쿠나Andre Marcus Quiddaoen Llacuna'는 '프로스티스Frosties'라는 이름의 NFT를 발행했습니다. 총 8,888개를 발행한 프로스티스는 아이스크림 모양의 캐릭터로 브리딩(교배) 기능을 제공하고 프로스티스 소유자들은 추가적인 에어드롭은 물론 다른 프로젝트가 탄생하였을 때 독점 민팅이 가능한 민트패스 혜택을 제공한다고 홍보했습니다.

하지만 성공적으로 민팅을 완료한 뒤 SNS 채널을 폐쇄하고 모인 자금을 여러 개의 지갑으로 송금한 뒤 잠적했습니다. 이에 미국 법무부

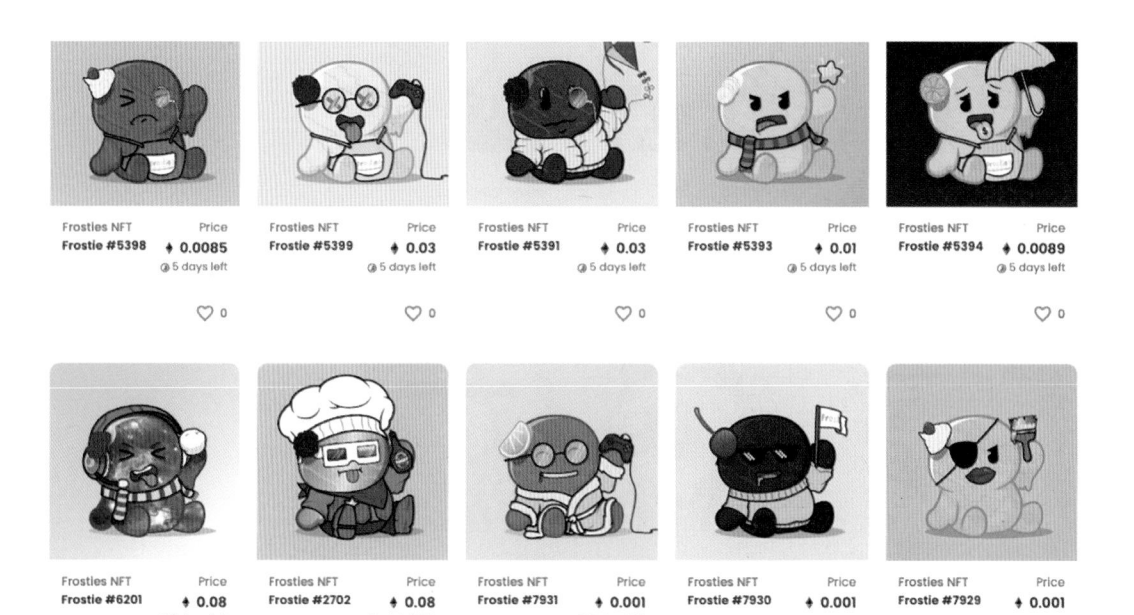

는 이 둘을 송금 사기, 자금세탁 혐의로 체포하였는데, 충격적인 것은 이들이 체포되기 전까지도 두 번째 NFT를 판매할 계획을 세우고 있었다는 것입니다. 해당 사건은 미국 법무부가 NFT 러그풀 사기를 기소한 첫 번째 사례로 알려져 있습니다.

국내에서 일어난 NFT 러그풀 사건

클레이튼 기반의 한국형 프로젝트 '캣슬Catsle'은 총10,000개의 고양이 캐릭터가 발행된 PFP NFT입니다. 특히 '디파이De-fi' 시스템을 적용하여 고양이 NFT를 구매하면 암호화폐를 지급하는 방법으로 홍보하여 많은 관심을 모았습니다.

캣슬은 오픈씨 클레이튼 랭킹 상위권에 오르면서 투자자들의 신뢰를 얻었고 이 행복은 오래갈 것이라고 예상되었습니다. 하지만 캣슬의 운영자가 메인 계정 해킹으로 프로젝트를 진행할 수 없다는 다소 황당한 채팅을 남기면서 오픈채팅방을 종료하였고 그 외의 모든 페이지를

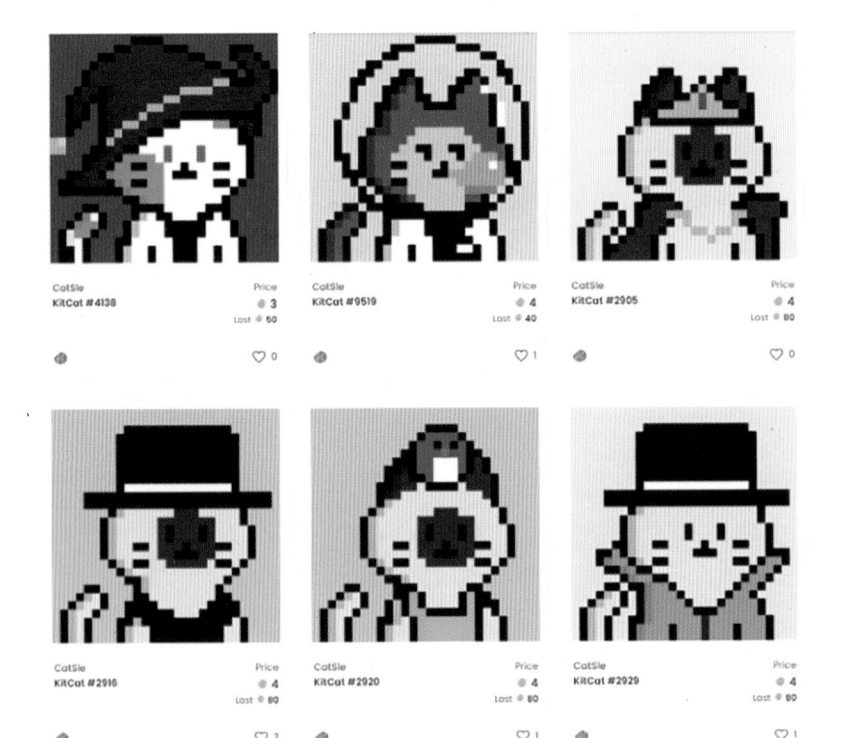

폐쇄하고 잠적하였습니다.

이때 알려진 피해액만 2억 원에 이르렀으며 경찰은 수사에 착수하게 됩니다. 난항을 겪을 것으로 예상된 수사는 생각보다 빠르게 진행되었으며 얼마 지나지 않아 서울경찰청 사이버수사과에서는 NFT를 판매하고 계약을 지키지 않은 A 씨와, 범행을 공모한 공범 4명을 사기 혐의로 검거했습니다.

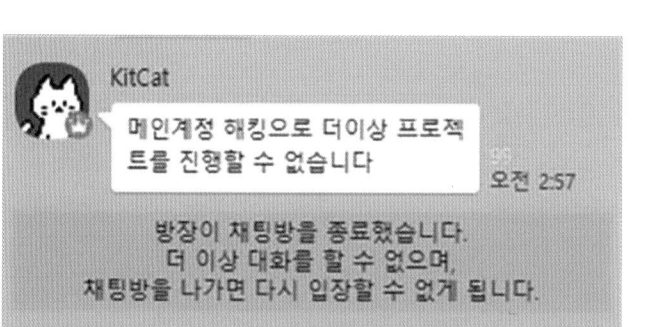

투자자들에게 충격을 안기는 러그풀, 암호화폐 시장은 어떨까?

우리가 모르는 곳에서도 적지 않게 일어나는 각종 사기 범죄. 러그풀은 그중 하나로 NFT 시장은 물론 암호화폐 시장에서도 큰 골칫거리로 전락했습니다.

특히 작년에 일어난 '디파이100Defi100' 러그풀은 투자자들에게는 물론 사회적으로도 큰 충격을 안긴 사건으로 그 내용은 가히 모욕적입니다.

바이낸스의 스마트 체인을 기반으로 개발된 '디파이100Defi100'은 한때 가장 주목을 받은 디파이 시장의 투자 수단으로 사용되도록 설계된 프로젝트입니다. 디파이 시장의 성장과 함께 어마어마한 기대를 모은 디파이100은 성공적인 투자 모금은 물론 코인 'D100'의 가격도 급상승하게 됩니다. 하지만 디파이100의 공식 웹사이트https://defi100.org/에는 충격적인 메시지가 올라옵니다.

"우리는 사기를 쳤고 너희들은 아무것도 할 수 없다."

이 모욕적인 메시지는 생태계에 큰 충격을 안겨 줬으며 투자자들의 분노를 사기에 충분했습니다. 특히 매스컴이나 유명 분석가들은 디파이100이 약 3,200만 달러(한화로 약 400억 원 이상)의 피해를 발생시켰다고 앞다투어 알리기 시작했습니다. 사건이 일어나고 얼마 지나지 않아 디파이100

의 공식 트위터에는 이를 부정하는 공지가 올라옵니다.

"3,200만 달러의 사기를 쳤다고 알려졌지만 현재 알려진 프로젝트 중 최고로 알려진 시가 총액은 200만 달러 미만이었습니다. 또한 우리의 프로젝트는 투자 펀드(투자 자금)가 없었으며 해당 사기 소문은 거짓입니다. 물론 원하는 것을 달성하지 못하면서 투자자들에게 큰 손실을 입힌 것은 사실이지만 프로젝트를 다시 정상적으로 되돌릴 방법을 찾고 있으며 사기가 아닙니다."

디파이100 측은 공식 트윗 외에 공식 웹사이트의 투자자 조롱 메시지에 대해서는 해킹을 당했다고 주장하였으며 관련 내용은 모두 삭제했습니다.

하지만 이와 별개로 코인마켓캡에서 D100코인을 검색해 보면 '사기로 종료되었다는 보고를 받았으니 주의하라'는 안내 문구가 표기되고, 이 이후로 공식 웹사이트 복구, 트윗은 업데이트되고 있지 않습니다.

NFT와 다가오는 미래

중앙화된 현대 금융 시스템의 불합리함을 타파하고자 암호화폐, 비트코인이 탄생했지만 아이러니하게도 느린 전송 속도와 유동성으로 이를 실생활에 활용하기는 어려웠으며 실제로 사용하는 사람도 몇몇 소수를 제외하고는 전무하다시피 했습니다. 그런데 현재는 어떤가요? 하나의 자산으로 인정받은 것은 물론 국가적 차원에서 제도권 내에 편승시키려는 노력을 기울이고 있습니다. NFT도 마찬가지입니다.

본질보다는 가격에만 맞춰진 초점을 바탕으로 대중과 언론의 반응은 냉담했지만 긴 터널을 지나온 현재는 예술, 스포츠, 패션, 게임 시장 등 불황의 활로를 꿰뚫는 미래 시대의 먹거리로 인정받았습니다. 또한 신진 작가는 물론 일반인들까지도 자신의 창작물을 하나의 가치로 인정받는다는 것에 긍정적으로 반응하고 있습니다. 아직 초창기 시장으로 평가 받는 NFT… 그렇다면 미래는 어떤 모습일지 상상이 가시나요?

01 변화해 가는 NFT 트렌드

전통 방식의 예술품

NFT는 실물 예술품이 디지털 작품으로 진화하게 되면서 대중의 관심과 호응을 얻기 시작하였습니다. NFT는 무명이었던 작가가 시장에 진입하고 이름을 알릴 수 있는 발판으로 자리 잡았고, 유명 작가들은 작품의 저변을 넓힐 수 있는 매개체로 발전하면서 그 규모는 점진적으로 확장됩니다. 특히 전통적인 방법을 고수하여 거래를 진행하던 예술 시장에서는 NFT를 예술 작품으로 인정하게 되면서 오랜 역사와 전통을 자랑하던 '소더비'와 '크리스티' 경매 기업이 앞다투어 NFT를 다루고 있습니다.

대중화의 시작 PFP NFT

세계 각국의 셀럽들에게 유인원 캐릭터 NFT가 유행하게 되면서 시장은 한 번 더 도약할 수 있는 기회를 얻게 됩니다. NFT 캐릭터가 자신인 양 SNS의 프로필 사진을 변경하고 수억 원을 호가하는 NFT를 구매하는 것이 활발해지면서 대중들에게는 NFT의 존재가 강렬하게 각인됩니다. 이제는 NFT의 가격을 떠나 자신의 SNS 프로필 사진을 NFT로 변경하는 사람들이 크게 늘었고 그 여파로 SNS 기업에서는 NFT와 연동하여 작품을 뽐내거나 이미지를 변경하는 서비스를 제공하고 있습니다.

현재 진행형인 기업들의 NFT

스타트업들의 NFT 시장 참전은 어찌 보면 당연한 결과였습니다. 하지만 우리가 예측하지 못한 것이 하나 있는데 바로 대기업들의 진입입니다. LG, 삼성, 현대자동차, 나이키, 맥도날드, 구찌 등 이름만 들어도 알 수 있는 굴지의 대기업은 NFT를 기업의 먹거리 요소로 내다봤습니다.

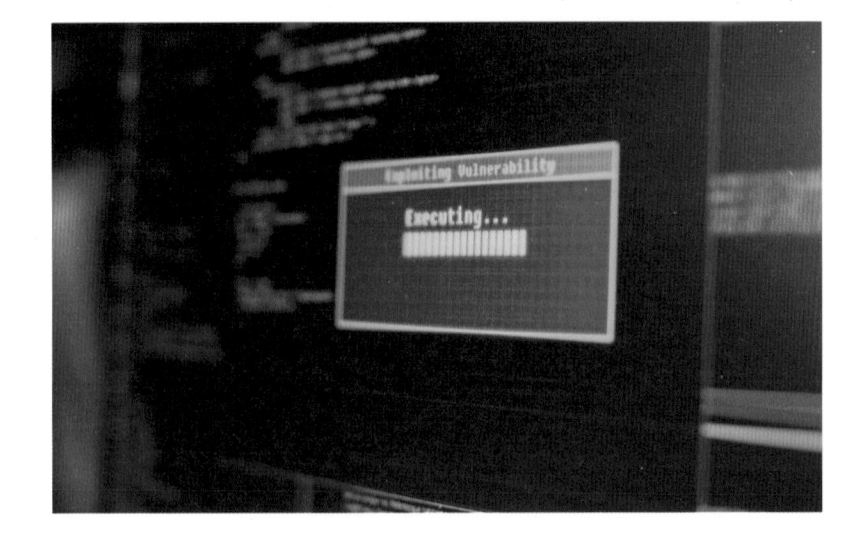

미래 온라인 시장을 사업 확장은 물론 전략적 요충지로 확신하여 비즈니스 전략에 NFT를 사용하고 있습니다. 실제로 미디어 매체들을 살펴보면 현재 전 세계의 글로벌 기업들은 대부분 블록체인과 NFT 시장에 진출하였으며 파트너십을 체결하여 사업을 확장하고 있습니다.

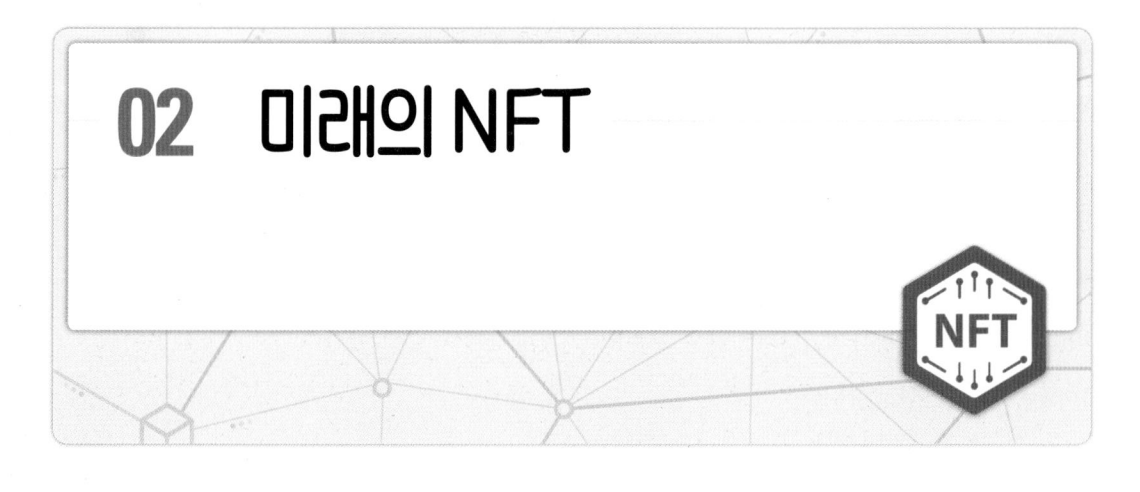

02 미래의 NFT

벌써 탄생한 지 13년이 지난 비트코인. 세상에 처음으로 고개를 내민 비트코인은 실제 자산으로 가치가 없다는 평가와 함께 금융 전문가는 물론 각국의 정부까지 합세하여 비트코인을 규제하거나 금지해야 한다는 의견을 내기 시작합니다.

하지만 현재의 평가는 어떤가요? '가치 없는 위험 수단'이라는 표현은 선진국의 '디지털 자산 제도권 편입'이라는 행동으로 변화하였습니다. NFT도 이와 비슷한 길을 걷고 있습니다. NFT가 대중화되기 시

○ 미래의 NFT는 어떤 모습일까요?

작하면서 단순 투기 수단에 지나지 않는다는 목소리가 높아졌지만 선진국에서는 제도권에 편입시키기 위해 가이드라인을 제작하고 건강한 생태계를 만들기 위한 노력에 힘쓰고 있습니다. 특히 대기업의 NFT 활용은 비판을 반전시키고 대중화를 가속시키는 발판이 되었고 이는 메타버스 진출을 위한 첫 번째 단계로 작용하게 됩니다. NFT는 메타버스와 서로를 작용하게 만드는 연결 고리이고 생태계를 확립해 나가는 공존 관계로 상생합니다.

메타버스를 주목하라

혹자들은 미래 NFT는 가치가 무에 수렴할 것이라고 말하곤 합니다. 현재 NFT에는 거품이 가득하다는 것이 주된 이유이죠. 하지만 이런 의견에도 대기업들은 꾸준하게 NFT 산업에 발을 들이밀고 있습니다.

이익을 기본으로 여기는 대기업이 지속적으로 NFT 시장에 진출하는 것은 아직 드러나지 않은 NFT의 가치를 파악했기 때문입니다. 현재의 가격적인 측면으로 이야기하자면 혹자들의 의견이 완전히 틀렸다고 보긴 어렵지만 이제는 그 기준점을 다르게 잡고 접근하여 이에 맞는 투자를 이끌어 나가야 합니다. PFP, 아트 NFT와 같은 1차적인 측면으로 바라본 NFT를 1세대라고 칭한다면 메타버스와 공존해 가는

2세대 NFT를 주목할 필요가 있습니다.

3강에서도 설명하였지만 메타버스는 우리가 활동할 수 있는 새로운 생태계라고 할 수 있습니다. 마치 지구를 떠나 우주를 정복하고자 하는 미지의 개척지와 같다고 할 수 있죠. 메타버스에서 보안과 검증이 이뤄지는 블록체인 기반의 암호화폐와 NFT는 생태계를 순환시키는 주원료의 역할로 자리를 잡아 가고 있습니다. 즉 지금까지의 NFT 시장이 1차적인 거래를 통해 기반을 마련하였다면 미래의 시장은 생태계를 구성할 수 있는 핵심 요소로 작용할 것입니다.

메타버스는 생각보다 우리 곁에 가까이 다가와 있습니다. 메타버스의 하위 개념으로 온라인 생태계에서 활동을 제공하는 경우가 늘어나고 있기 때문입니다. 메타버스에서 탄생한 가상의 집을 구입하고 토지를 획득하여 홍보 수단으로 사용하는가 하면 나의 분신과도 같은 아바타를 활용하여 실제 상품을 구매하거나 유명 가수들의 팬 사인회를 진행하기도 합니다. 초창기의 NFT가 메타버스로의 가능성을 제공했다면 이제 NFT는 메타버스로 편입되어 다양한 확장성을 제공하기 시작합니다.

메타버스를 움직이는 열쇠

현실 세계의 모든 것을 온라인 가상 세계로 옮겨 놓은 메타버스에서 가장 중요한 요소는 현실과 동일해야 한다는 것입니다. 다양한 콘텐츠, 화폐, 현실과의 연동 등이 주요 조건이고 이런 생태계의 구조를 설계하고 움직이게 하는 것은 디지털 자산인 NFT라는 열쇠입니다. NFT가 거론될 때 메타버스가 움직이고 메타버스가 거론될 때 NFT가 움직이는 것은 당연한 이치입니다.

○ 게임에 등장한 대선
후보자들의 선거 유세

매스컴에서 메타버스가 미래의 핵심 산업이라고 연이어 보도하는데, 이것이 빈말이 아니라는 것은 지난 미국 대선 기간에 여실히 드러났습니다. 당시 민주당 대선 후보였던 조 바이든 미국 대통령은 닌텐도 게임 '동물의 숲'을 통해 QR코드를 스캔하면 관련 표지판을 받아 팻말과 깃발 등으로 사용할 수 있는 이벤트 겸 가상세계 속 선거 유세를 펼쳤습니다.

한편, 국내에서는 메타버스와 마니아적 요소가 결합된 이벤트 활용이 돋보였습니다. 현대자동차는 메타버스 플랫폼을 통해 쏘나타 N 라인 시승 이벤트를 진행하였고 젊은 층의 세대는 이곳에 접속하여 가상세계에서 드라이빙을 하고 포토박스에서 사진 기록을 남기는 등 큰 호응을 보였으며, 이는 새로운 비즈니스 모델로 인정받았습니다.

국가적, 기업적 입장에서 메타버스는 두말할 필요 없이 중요한 사항이지만 기존의 모델들은 단순 체험 정도에서 그치는 경우가 많았습니다. 현재 탄생하고 있는 프로젝트를 포함하여, NFT를 가미하여 얼마나 완성도 높은 비즈니스 모델을 제시하느냐가 미래를 판가름하는 주요소일 것입니다.

NFT 토큰을 필두로 토크노믹스를 설계하여 수익 창출은 물론 확실한 보상 체계로 대중들의 관심과 참여도를 높여 메타버스와 NFT 생태계를 확장하는 것이 미래 산업의 주요 과제가 아닐까 싶습니다.

메타버스는 Web3.0의 미래일까?

Web3.0은 한 문장으로 요약하여 표현하기에는 어려움이 있습니다. 전문가마다 의견이 다르고 아직 완성형 모델도 출시되지 않았기 때문입니다. 하지만 전문가들이 입을 맞춰 이야기하는 것은 Web3.0의 완성형이 메타버스가 될 가능성이 매우 높다는 것입니다.

중앙화되어 있는 현대 구조 시스템이 미래에는 개인에게 부여되는 형식으로 변화하여 개인과 개인의 거래 활동이 크게 늘어날 것으로 예측되고 있습니다. 이 모든 것은 메타버스 세계에서 일어날 것이고 블록체인 기반으로 소유권이 보장되는 NFT의 거래량은 지금과는 비교할 수 없을 정도의 규모로 성장하여 메타버스 생태계에서 활발한 경제 활동을 만들어 내는 주축이 될 것이라는 의견입니다.

Web3와 NFT

월드와이드웹www의 탄생은 현재까지도 회자될 정도로 혁명적이었습니다. 이를 시작으로 웹 브라우저인 넷스케이프, 인터넷 익스플로러가 탄생하였으며 천리안, 하이텔 등의 PC 통신을 사용하던 우리들에게 신세계를 경험하게 해 주었습니다. 대단한 것은 초창기 웹, 즉 Web1.0이 탄생한 지 30년이 지났다는 것입니다.

현재 웹 시장을 살펴보면 플랫폼이나 콘텐츠는 다양하게 발전했지만 웹의 근간은 전혀 변하지 않았습니다. 월드와이드웹을 개발한 '팀 버너스리'는 Web 탄생 30주년 행사인 Web3.0을 통해 "처음 개발할 때에는 모든 사람들이 자유롭고 공정하게 정보에 접근하고 권력에 의한 중앙화를 타파하고자 했지만 현재의 웹은 그렇지 않다."라고 말하기도 했습니다. 이렇듯 현재 웹 시장의 화두는 탈중앙화된 웹의 세계, Web3.0입니다. 바꿔 말하면 Web3.0은 블록체인이 적용되어 권력에 의해 좌지우지되지 않으며 누구든 쉽고 공평하게 검증된 정보에 접근할 수 있는 인터넷이라고 말할 수 있습니다.

하지만 Web3.0에 대하여 쉽사리 말하기 어려운 이유는 Web3.0을 지향하는 서비스들이 개발, 혹은 탄생하고 있지만 성공적이라고 말할 수 있는 프로젝트가 보이지 않는 상황이기 때문입니다. 또 Web3.0에 대한 정의도 전문가마다 모두 다르기 때문입니다. 아직 탐험하지 못한 미지의 세계, 미래의 인터넷 Web3.0에 대한 예견이 각기 다르다는 것도 한몫합니다.

블록체인에서 중요한 것은 정보의 검증, 그리고 개인의 데이터가 보호되어야 한다는 것입니다. 여기에 NFT를 더한다면 완벽한 시장이 창출될 수 있습니다.

가치가 부여된 NFT 콘텐츠를 통해 서비스를 제공하고 동시에 작가, 크리에이터들은 수익 창출과 소유권 증명을, 블록체인은 수수료를 받고 검증과 내역을 기록하는 모습을 보여 줄 수 있습니다. 또 이러한 행위의 보상으로 토크노믹스를 설계한다면 대중들의 참여는 더욱 가속화될 가능성이 높습니다. 현재 NFT 시장에서 행해지는 모습과 동일하지만 블록체인 기반의 Web3.0 시장에서 쉽게 적용할 수 있는 방법입니다.

현재 웹상에서 자신의 정체성을 드러내는 하나의 수단으로 자리 잡고 있을 만큼 어찌 보면 NFT가 흔해지고 있습니다. 만약 3.0으로의 진화가 완성된다면 현재의 문화가 이어질 가능성이 높습니다.

무엇이든 새로운 것이 나타났을 때에는 망상 아닌 망상으로 치부하고 논란을 잠재웁니다. 하지만 월드와이드웹이 탄생하고 현재까지 이어져 오고 있는 것과 마찬가지로 NFT 또한 미래를 움직일 가능성이 높습니다.

03 아직 갈 길이 먼 게임 시장의 NFT

아직 갈 길이 멀다고 평가 받는 시장도 존재합니다. 게임 시장이 그 주 인공입니다. 2021년, 비디오 게임 기업인 '유비소프트Ubisoft'는 직접 개 발한 NFT 플랫폼 '쿼츠Quartz'를 공개하였는데 이는 NFT 적용으로 이 어졌고 '고스트 리콘: 브레이크포인트' 게임에 NFT를 도입한다고 발표 했습니다.

유비소프트의 NFT는 일정 시간을 플레이하면 NFT 아이템을 지 급하는 방식으로 플랫폼 쿼츠를 통해 거래할 수 있는 시스템이었지만 게이머들의 반발과 항의는 시간이 갈수록 강해졌습니다.

유비소프트는 이를 무시하고 NFT를 도입하였지만 결국 거센 반발을 하는 게이머들에게 백기를 들면서 앞으로의 업데이트를 종료한다고 발표했으며 추후 다른 게임에서 NFT를 선보인다는 예고만 남긴 채 쓸쓸히 퇴장했습니다.

EA, 블리자드, 세가 등 쟁쟁한 게임 기업들은 NFT에 대해 조심스럽거나 긍정적으로 생각하여 게이머들의 눈치를 본 경우도 있었지만 지금은 한발 물러선 상태입니다.

왜 PC, 콘솔 게이머들은 NFT에 부정적일까?

게이머의 입장에서 보면 NFT는 새로운 시도가 아니라 게임사들이 돈을 벌기 위한 또 다른 수단이라고 생각할 수 있습니다. 게이머들의 입맛에 맞는 게임 제작은 뒷전이고 어떻게 해서든 수익만 올리려는 게 게임사라는 부정적인 생각이 뒤엉켜 있습니다.

게임이라는 분야가 직업으로 자리를 잡을 만큼 규모도 나날이 성장하고 있지만 과금만 유도하는 방식은 적절치 않다는 것입니다.

온라인 게임 시장에 그치지 않고 PC, 콘솔게임에서도 그러한 과정이 되풀이된다는 생각이 든다면 게이머들의 반발은 어찌 보면 당연한 것일지도 모릅니다.

게임사의 입장은?

하지만 게임사의 입장은 조금 달랐습니다. 유비소프트 전략혁신 부사장 니콜라스 푸어드Nicolas Pouard는 외신 언론과의 인터뷰를 통해 "게이머들은 NFT가 환경 오염을 야기하고 투기 수단이라고 믿고 있다."라고 말하며 "실제로는 게이머들이 사용했던 아이템들을 재판매하여 다른 방면으로 수익을 창출할 수 있는 일"이라고 안타까움을 표출하기도 했습니다.

모바일 게임 시장의 NFT

아이러니하게도 모바일 게임 시장에서의 NFT는 좀 다른 양상을 보입니다. 물론 국내에서는 게임 산업 진흥에 관한 법률로 인해 관련 서비스가 어렵지만 NFT를 활용한 게임을 해외에서 제공하는 게임사의 주가가 계속 상승세를 타고 있고 게이머들의 유입도 늘어나고 있습니다. NFT를 아이템으로 활용하여 게임 시장에 성공적으로 안착시켰다는 평가가 나오는 이유입니다.

모바일 게임의 경우 NFT를 목적으로 진입하는 게이머들이 다수 존재한다고 하여도 모바일 시장의 분위기는 NFT의 도입이 어느 정도 인정을 받고 있는 분위기로 흘러가고 있습니다.

그렇다면 앞으로는 어떨까?

PC, 콘솔 게이머들이 NFT에 대해 상당한 거부감을 내비치는 것으로 보아 당분간 게임사와의 의견 차이를 좁히기는 어려워 보입니다. NFT를 도입하고자 한다면 명확한 이유를 제시하는 것이 중요합니다. 기존에 제공하던 수익 모델의 진화를 위한 NFT 도입이 아닌 양질의 게임 제작을 바탕으로 게이머, 그리고 커뮤니티를 위해 NFT를 도입하는 것임을 증명할 수 있어야 합니다.

04 소유권과 저작권의 해결

해결되지 않은 저작권 이슈

세계 곳곳에서 NFT 저작권이 이슈화되면서 다양한 분쟁이 일어나고 있습니다.

NFT 제작자인 '메이슨 로스차일드Mason Rothchild'는 명품브랜드 에르메스 버킨백을 주제로 '메타버킨스Meta Birkins'라는 NFT를 제작하여 판매하였습니다.

○ 큰 논란을 불러일으킨 버킨백 주제의 NFT

하지만 에르메스 측은 NFT 제작에 동의한 적이 없다고 반발하며 상표권은 물론 저작권을 침해했다는 이유로 소송을 제기하였고 법정 공방을 벌였는데, 지난 2월 법원은 에르메스의 손을 들어줬습니다.

이는 비단 해외에서만 있는 일은 아닙니다. 법적 분쟁은 국내에서도 일어났습니다. 국내 한 경매업체가 근현대미술의 거장 이중섭, 박수근, 김환기 작가의 작품을 NFT로 발행하여 경매를 진행하려 했지만 실물 소유권자, 저작권자의 동의를 구하지 않았다는 유족의 반발로 인해 사과문을 내고 경매를 중단하는 일이 있었습니다.

소유권? 저작권?

NFT는 단순히 말하면 작품을 데이터화해 블록체인에 저장하는 것입니다. 이렇게 제작된 NFT를 구입하게 된다면 구매 내역, 작품 소유권을 위변조가 불가능한 블록체인에 기록하기 때문에 이를 언제든 증명할 수 있습니다. 이러한 장점을 바탕으로 NFT는 예술 시장에서 더욱 주목받고 있습니다.

하지만 많은 구매자들은 저작권까지 모두 획득했다고 착각한다는 것이 문제입니다.

기본적으로 NFT를 구매하게 된다면 저작권이 아닌 소유권을 획득하는 것이고 저작권은 별개의 문제입니다. 구매 과정에서 소유권과 저작권은 분리되기 때문에 시장의 확대와 대중화를 위해서는 저작권 이슈를 해결하는 것이 선행 과제로 꼽히고 있습니다. NFT 민팅, 구매, 활용 과정에서 고의적 행동이 없었다고 하더라도 저작권법에 대한 이해가 부족하면 법적 분쟁이 언제든지 발생할 수 있기 때문에 항상 주의할 필요가 있습니다. 다만 최근에 탄생하고 있는 NFT의 경우 이 같은 문제를 해소하기 위해 상업적 사용을 허용하는 '지식 재산권IP'을 부여하는 경우도 늘어나고 있습니다.

만약 본인 스스로 작품을 창작하여 민팅 했다면 저작권 및 소유권을 자연스럽게 취득하는 것이기 때문에 문제가 없습니다. 그러면 어떤 경우에 저작권 침해 문제가 생길 수 있을까요?

다른 작가로부터 NFT를 구매했다면 저작권은 어디 있을까?

원작자가 존재하는 NFT를 직접 구매했을 경우 저작권과 소유권은 분리되어 소유권을 얻을 수 있습니다. 물론 저작권은 원작자에게 있습니다.

원작자 동의 없이 NFT화했다면?

만약 원작자가 존재하는 작품을 동의 없이 NFT화했다면 복제권 침해에 해당할 수 있습니다. 위에서 말한 에르메스 버킨백이나 이중섭 작가의 황소 사례를 살펴보면 쉽게 이해할 수 있습니다.

원작자에게 NFT 발행을 허락 받았다면 세부 사항을 변경해도 될까?

원작자에게 저작물의 NFT 발행을 허락 받았을 때 메타데이터(세부 사항)를 변경한다면 어떻게 될까요? 여기서 말하는 메타데이터는 NFT의 이름이나 콘텐츠 제작자 등 세부 사항을 말하는데 이를 변경하기 위해서는 무조건 원작자에게 메타데이터 수정 허락을 받아야 합니다. 이를 어길 시 저작권 침해가 발생할 수 있습니다.

공동으로 제작한 NFT를 한 명이 임의대로 판매하면 어떻게 될까?

공동으로 제작했다는 것은 저작권을 공동으로 가진다는 것을 의미합니다. 어떤 행위를 할 때 저작권자 전원의 합의를 통해 진행되는 것을 원칙으로 하기 때문에 법적 분쟁이 일어날 수 있습니다.

NFT를 구매하면 개인적으로 사용할 수 있을까?

원작자가 존재하는 NFT를 구매하는 것은 저작권이 아닌 소유권만 취득하는 것입니다. 그렇기 때문에 개인 SNS의 게시물이나 프로필 사진에 사용하고자 한다면 원작자에게 허락을 받아야 합니다.

하지만 예외가 존재합니다. 흔히 알고 있는 'BAYC', '두들스'와 같은 NFT는 처음부터 지적 재산권IP을 허용한다고 공시하고 있습니다. 물론 저작권은 원작자에게 있지만 구매자에 한하여 PFP 사용, 굿즈 제작 및 판매, 미디어 삽입 등 다양하게 사용할 수 있도록 혜택을 제공합니다.

NFT는 예술품, 게임, 엔터테인먼트, 금융 산업 등 다양한 분야에서 새로운 기회를 창출하고 있고 대중들은 물론 작가들에게도 접근이 쉽고 진입 장벽이 낮아 창작과 간편한 유통을 통한 수익 창출, 그리고 투자의 기회를 제공하기 때문에 미래의 잠재력은 이미 인정받고 있습니다.

작품의 소유권을 증명할 수 있다는 NFT의 취지는 매우 좋지만 저작권, 이용 가이드 등의 기술을 결합하여 저작권 보호는 물론 구매자와의 법적 분쟁을 차단하는 솔루션을 제공하는 것이 급선무입니다.

이러한 문제들이 해결된다면 국내는 물론 해외 곳곳에서도 지금보다 더 활발한 투자와 새로운 방식의 프로젝트들이 탄생할 수 있습니다.

NFT 용어 백과

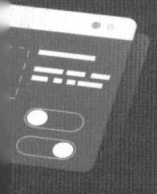

가스Gas

블록체인을 통해 송금하거나 스마트 계약을 실행하면서 내역의 검증, 블록체인 기록으로 발생하는 일종의 수수료입니다. 이더리움 네트워크를 사용한 비용으로서 가스 비용은 네트워크 참여자인 노드의 보상으로 지불되고 가스 비용의 크기에 따라 전송 속도를 조절할 수 있습니다.

거버넌스Governance

통상적으로 중앙집권적인 통치에서 벗어나 운영, 정책 수립, 예산 편성, 집행 등 모든 의사결정 과정과 공동의 관심사에 대해 다양한 행위자들이 네트워크를 구축하여 참여하는 행위를 말합니다.

게임파이Game-Fi

게임Game과 파이낸스Finance의 합성어로 P2EPlay to Earn와 단어는 다르나 게임파이의 하위 카테고리의 개념이 P2E라고 할 수 있습니다. 게임을 즐기면서 돈을 번다는 것으로 특정 플레이를 통해 NFT 보상을 얻거나 캐릭터, 무기, 아이템 등을 NFT화하여 경제적으로 수익을 얻을 수 있도록 설계되었습니다.

기가 웨이Gwei

이더리움 플랫폼에서 사용하는 기축 통화 이더ETH의 하위 단위로 가장 작은 단위를 웨이wei라고 부르며 그 위로는 킬로웨이Kwei, 메가웨이Mwei가 있고 그다음 단위를 기가웨이Gwei 혹은 기위라고 부릅니다. 1,000,000,000Gwei는 1ETH와 같습니다.

기브어웨이Giveaway

NFT나 화이트리스트 권한 등을 제공하는 일종의 이벤트로 특정 조건을 완료하면 추첨을 통해 지급하는 에어드롭과 비슷합니다.

노드Node

블록체인에서 말하는 노드Node는 블록체인 네트워크를 구성하고 있는 참여자를 뜻합니다. 블록체인을 사용하였을 때 발생하는 내역, 즉 데이터를 네트워크에 참여하고 있는 모든 노드가 저장하는 방식으로 이뤄지고 있습니다. 모든 데이터를 저장하는 참여자는 풀노드Full node, 중요 데이터만 저장하는 참여자는 라이트노드Light node, 채굴자들은 채굴노드Mining node라고 부릅니다.

다오DAO

다오Decentralized Autonomous Organization는 탈중앙화 자율 조직으로 중앙집권적 형태가 아닌 구성원들의 제안 및 투표를 통해 합의가 이뤄지는 자율적인 조직을 말합니다.

대퍼랩스Dapper Labs

크립토키티CryptoKitties와 NBA탑샷NBA Topshot, 플로우Flow 블록체인을 개발한 기업입니다.

댑Dapp

'댑' 또는 '디앱'으로 부르며 탈중앙화 애플리케이션을 뜻합니다. 중앙 서버를 통하지 않고 분산화된 블록체인을 기반으로 작동하는 애플리케이션입니다.

더치옥션Dutch Auction

네덜란드 경매라고도 부르며 호가를 점점 낮춰 진행하는 경매 방식입니다. 저가에서 호가를 높이며 경쟁하는 잉글리시 옥션English Auction과 대비되는 방법입니다.

드롭Drop

에어드롭과 동일하게 무료로 지급하는 이벤트를 말하거나 출시일, 가격 등의 세부 정보를 포함한 NFT 출시를 의미하기도 합니다.

디스코드Discord

채팅, 음성, 화상통화를 지원하는 메신저로 게임 지원을 통해 출시했습니다. NFT 시장에서는 필수적인 소통 메신저로 활용되고 있습니다.

디파이De-Fi

디파이는 탈중앙화된 금융Decentralized Finance 의 약자로 블록체인을 활용한 금융서비스를 말합니다. 일반적으로 암호화폐를 담보로 금액을 대출 받거나 다른 담보를 통해 암호화폐를 대출 받는 형태입니다.

라플/래플 Raffle

직역하면 '추첨'이라는 뜻으로 사용자들을 무작위로 추첨하여 혜택을 제공합니다. 보통 지갑 주소를 등록하면 화이트리스트를 부여하는 경우가 많습니다.

러그풀Rug Pull

양탄자를 당겨 위에 있는 사람을 쓰러트린다는 의미로 진행하던 프로젝트를 갑작스레 중단하는 경우를 말합니다.

로드맵Roadmap

구체적으로 목표를 세운 뒤 목표 달성을 위하여 작성된 가이드라인을 말합니다.

리빌reveal

NFT 후 공개 방식으로, 민팅을 먼저 진행하고 일정 시간에 NFT를 공개합니다. 쉽게 말해 일종의 랜덤박스와 같습니다.

리스팅Listing

NFT를 판매하기 위해 거래소에 등록하는 것을 말합니다.

메인넷Mainnet

독립적으로 생태계를 구축한 네트워크를 말합니다. 이와 대비대는 단어로는 메인넷을 운용할 준비가 되었는지 확인하기 위한 테스트넷Testnet 이 있습니다.

메타마스크Metamask

웹브라우저에서 플러그인 형태로 사용하는 확장 프로그램형 암호화폐 지갑입니다.

메타버스Metaverse

초월을 의미하는 메타META와 우주, 세계를 의미하는 유니버스Universe 의 합성어로 하위 개념에는 가상현실Virtual Reality, 증강현실Augmented Reality 이 포함됩니다. 전문가들마다 메타버스에 대한 정의가 다르기 때문에 확립된 뜻이라고 말하기는 어렵습니다.

민팅Minting

민팅에서 'Mint'는 화폐를 주조한다는 의미로 블록체인을 이용하여 자산을 생성하는 과정을 말합니다. NFT 시장에서는 사진이나 그림과 같은 작품을 디지털 토큰으로 발행한다는 의미로 '민팅 Minting'을 사용합니다.

바닥가Floor price

FP라고도 부르며 NFT 컬렉션/프로젝트에서 가장 낮은 가격을 말합니다. 쉽게 말해 최저가를 말합니다.

백서White Paper

프로젝트의 기술, 방향성, 계획 등에 대한 설명을 정리한 서류로 일종의 사업계획서를 뜻합니다.

블록 높이Block height

지금까지 생성된 블록의 수를 말합니다. 처음 생성된 블록은 제네시스 블록이라고 칭하며 블록 정보의 가장 상단에 표기됩니다. NFT 민팅 시 블록이 생성되는 시간을 고려하여 특정 블록 높이에서 진행한다고 공지하는 경우도 있습니다.

블록체인Blockchain

데이터를 검증하고 분산 저장하여 위변조가 불가능한 데이터 처리 기술로 데이터가 저장된 블록들이 체인 형태로 연결되어 있는 것을 말합니다.

비딩Bidding

'입찰'이라는 의미로 경매에 특화되어 있는 방식입니다. NFT를 구입하기 위해 희망가를 적어 내는 행위를 뜻합니다.

소더비Sotheby's

영국에서 설립된 미국의 다국적 예술품 거래 기업으로, 상장 경매 기업으로 잘 알려져 있습니다. 1744년 서점 주인이었던 새뮤얼 베이커가 서적 경매를 시작하면서 출범했다고 알려져 있습니다.

스마트 컨트랙트Smart Contract

1994년 닉재보Nick Szabo가 논문을 통해 처음 고안하였고 2015년 비탈릭 부테린이 이더리움 플랫폼을 개발하고 실제로 구현하였습니다.
스마트 컨트랙트는 특정 조건(규칙)을 코드로 지정하고 조건(규칙)이 충족되면 제3자의 개입이 없어도 개인과 개인의 거래(계약)가 체결되도록 하는 기술입니다.

스테이블 코인stable coin

변동성이 심한 기존의 암호화폐와 달리 특정 화폐에 고정된 암호화폐를 말합니다. 종류는 다양하지만 법정화폐인 달러(1달러)에 고정한 테더Tether가 가장 많이 알려져 있습니다.

스테이킹staking

블록체인 네트워크의 보안 유지와 운영을 위한 기술로 암호화폐를 동결해 그에 대한 보상으로 일정량의 암호화폐를 지급 받는 행위를 말합니다. 쉽게 말해 채굴을 하는 하나의 방법입니다.

시드 구문seed phrase

무작위로 지정된 단어들의 조합으로 암호화폐 지갑의 소유권을 확인할 수 있는 일종의 비밀번호입니다. 지갑 생성 시 지급되며 계정을 분실했을 때에도 시드 구문으로 계정을 복구할 수 있습니다.

에어드롭Airdrop

공중에서 떨어뜨린다는 의미로 암호화폐나 NFT, 화이트리스트 등을 배분하는 것을 말합니다. 보통 이벤트 형식으로 많이 사용합니다.

에이핑Apeing

암호화폐나 NFT를 철저한 사전 조사 없이 출시된 직후에 바로 구매하는 행위를 말합니다.

오퍼Offer

NFT를 구매하기 위하여 구매자가 판매자에게 역으로 가격을 제안하는 것을 말합니다.

오픈씨OpenSea

세계 최대 규모의 NFT 마켓 플레이스입니다.

와그미WAGMI

'우리 모두가 해낼 것we're all going to make it'의 줄임말.

유가랩스Yuga labs

B.A.Y.C NFT를 제작한 기업으로 그 밖에도 다양한 NFT 컬렉션을 제작하였습니다.
또한 크립토펑크CryptoPunks나 미비츠Meebits의 지적 재산권Intellectual Property을 인수하기도 하였습니다.

유니스왑Uniswap

이더리움 블록체인을 바탕으로 구축된 탈중앙 거래소DEX; Decentralized Exchange입니다. 이더ETH와 ERC-20 토큰을 자동으로 교환할 수 있는 서비스를 제공합니다.

잉글리시옥션English Auction

잉글리시 옥션은 저가에서 시작해 호가를 높이며 경쟁하는 경매 방식으로 고가에서 호가를 낮추는 더치옥션Dutch Auction과 대비되는 방법입니다.

챗굴chat mining

디스코드 메신저에서 채팅을 작성하면서 채굴을 한다는 의미로 채팅 작성량에 따라 레벨을 올리는 것이 가능합니다.
해당 레벨은 프로젝트팀에서 화이트리스트를 부여하는 조건으로 사용하기도 합니다.

카이카스 Kaikas

PC 웹 브라우저 확장 프로그램 형태의 암호화폐 지갑입니다. 클레이튼 기반의 암호화폐를 관리할 수 있습니다.

코인Coin

독립적인 생태계를 구성한 메인넷을 통해 발행된 암호화폐입니다.

콜드월렛Cold wallet

암호화폐 지갑의 종류로 인터넷과 연결되어 있지 않으며 외형 때문에 하드웨어 월렛이라고도 부릅니다.

크리스티Christie's

소더비와 마찬가지로 경매 전문 기업으로 알려져 있으며 소더비와 크리스티는 경매 시장에서 양대 산맥으로 평가 받고 있습니다. 크리스티는 소더비보다 늦은 1766년 설립되었지만 미술품 경매는 크리스티가 먼저 시작한 것으로 알려져 있습니다.

클립Klip

카카오톡에서 사용할 수 있는 암호화폐 지갑으로 클레이튼 블록체인에서 발행하는 토큰 사용과 디지털 토큰인 NFT를 저장하고 전송할 수 있습니다.

클립드롭스Klipdrops

회화, 미디어 아트, 크리에이터까지 다양한 아티스트와 디지털 아트 서비스를 제공하는 국내 큐레이션 갤러리입니다.

타임스탬프Time stamp

특정 시간을 표기하거나 기록하는 문자로 블록체인의 타임스탬프는 블록에 블록 생성 시간이 표기됩니다. 타임스탬프를 확인하면 블록체인에서 특정 시간에 거래가 이루어졌고 해당 내역이 위변조되지 않았다는 증명을 할 수 있습니다.

탈중앙화 거래소Decentralized EXchange

중앙 서버를 거치지 않고 블록체인을 활용하여 사용자들끼리 개인 간의 거래P2P가 가능한 방식으로 운영되는 거래소를 말합니다.

토크노믹스Tokenomics

토큰Token과 경제Economics의 합성어로 암호화폐, 토큰을 활용하여 이윤 창출과 보상은 물론 사람들의 참여를 유도하는 방법으로 내부, 외부 경제 세계의 상호작용을 위해 설계된 구조를 말합니다. 풀어서 토큰 이코노미Token Economy라고도 부릅니다.

토큰Token

자체적인 메인넷 없이 다른 플랫폼을 바탕으로 작동하며 서로 호환되는 것이 특징입니다. 유틸리티, 시큐리티, NFT, 거버넌스 등 특정한 목적을 위해 사용되는 것입니다.

트래블룰Travel rule

암호화폐 송수신자의 정보를 모두 파악하여 자금 세탁을 방지하는 법안입니다. 국제자금세탁방지 기구FATF가 트래블룰 대상에 암호화폐를 추가하여 정보를 수집해야 하는 의무를 부과하였습니다. 국내 빅4 암호화폐 거래소는 트래블룰을 시행하고 있고 거래소가 제공하는 특정 거래소나 개인지갑 외에는 암호화폐를 전송할 수 없습니다.

트랜잭션Transaction

흔히 거래 내역이라고도 부르며 영어로 간략하게 Tx라고 표기하기도 합니다.
예를 들어 A가 B에게 암호화폐를 전송하였을 때 전송과 수신이 완료되었을 때 남는 기록입니다.

팬텀Phantom

솔라나 기반의 지갑 중 하나로 메타마스크나 카이카스와 동일하게 웹 브라우저에서 플러그인 방식으로 사용 가능한 확장 프로그램 지갑입니다.
다른 지갑들과는 다르게 지갑 내에서 스테이킹 Staking 기능을 제공합니다.

퍼드FUD; Fear, Uncertainty and Doubt

공포, 불확실성, 의심을 뜻하는 단어로 하락장의 두려움을 느껴 판매를 하는 행위를 말합니다. 또 근거 없는 유언비어나 가짜뉴스를 유포하여 시장에 공포 분위기를 조성하는 것을 말하기도 합니다.

퍼블릭세일Public-sale

해당 지갑과 암호화폐만 보유하고 있으면 누구나 참여할 수 있는 민팅으로 프리세일보다 가격이 높은 것이 특징입니다.

펌프 앤 덤프pump and dump

가격 상승을 조작하여 재빨리 매각함으로써 시세 차익을 취하는 사기 수법입니다.

포모FOMO; Fear of Missing Out

"좋은 기회를 나만 놓치는 것 아닐까" 생각하는 불안한 마음을 말합니다. 암호화폐나 NFT 시장에서 가격이 상승할 때 지금 사지 않으면 수익을 올릴 수 없다는 조급함을 느껴 구매하는 것을 빗댄 단어입니다.

프리세일Pre-sale

화이트리스트와 같이 허가 받은 참여자만 민팅 할 수 있는 방법으로 화이트리스트 세일 혹은 프리세일이라고 말합니다.

플로우Flow

크립토키티CryptoKitties, NBA탑샷NBA Topshot의 대퍼랩스Dapper Labs가 개발한 NFT에 특화된 블록체인 플랫폼입니다.

핑프Finger princess

핑거프린세스의 줄임말로 스스로 검색하거나 찾아보지 않고 다른 사람들에게 질문하여 정보를 얻으려는 사람을 말합니다.

하잎/하이프HYPE

사전적 의미는 '(과장된) 광고를 하다'이지만 NFT에서는 '주목, 관심도'라는 의미로 사용합니다.

핫월렛Hot wallet

온라인에 연결되어 언제든지 거래에 사용할 수 있는 암호화폐 지갑을 말합니다.
사용하기에는 편리하지만 해킹에는 취약할 수 있습니다.

호들HODL

Hold의 오타에서 시작된 밈으로 암호화폐나 NFT를 판매하지 않고 계속 보유하는 것을 말합니다.

호들러Hodler

호들에서 파생된 단어로 계속 보유하고 있는 사람, 즉 홀더를 뜻합니다.

화이트리스트Whitelist

화이트리스트는 일부 인원들에게 특정 권한이나 접근을 허용하는 방식으로 NFT 화이트리스트는 해당 프로젝트 트위터 팔로우, 리트윗, 디스코드 접속 등 다양한 조건표를 제공하고 이를 달성한 인원을 선별하여 등록하거나 디스코드에서 다양한 활동을 한 인원들을 선별하는 일종의 허용 명단입니다. 보통 커뮤니티 활성화나 마케팅의 방법으로 사용되고 기존의 민팅보다 훨씬 저렴한 가격은 물론 선구매가 가능한 것이 일반적입니다.

1/1 NFT

단 1개만 존재하는 NFT 작품을 이야기합니다.

A.M.AAsk me anything

"무엇이든 물어보세요."라는 의미로 질의응답이라고 표현합니다.
일반적으로 참여자들과 소통하기 위하여 프로젝트팀에서 A.M.A 세션을 만들어 제공합니다.

ATHAll Time High

역대 최고가를 말합니다.

DYORDo Your Own Research

투자의 근거가 되는 정보를 확실하게 조사하라는 뜻으로 스스로 공부하고 분석하면서 프로젝트를 파악하라는 일종의 충고입니다.

M2EMove-to-Earn

P2EPlay-to-Earn에서 파생된 신조어로 움직이는 행위, 즉 운동을 하면서 돈을 버는 서비스를 말합니다.

NFTNon-Fungible Token(대체불가토큰)

'대체불가토큰'의 약자로 블록체인을 활용하여 자산의 소유권을 증명할 수 있는 토큰입니다.

OG

Original Gangster의 약자로 초창기에 진입한 참여자를 말합니다. 보통 프로젝트를 믿고 커뮤니티에 참여했다는 공로를 인정하여 OG권을 부여하거나 화이트리스트와 통합하여 민팅 권한을 부여합니다. 순서는 일반적으로 OG 민팅을 가장 먼저 진행합니다.

P2EPlay-to-Earn

게임을 하면서 돈을 번다는 의미로 특정 플레이를 통해 NFT 보상을 얻거나 캐릭터, 무기, 아이템 등을 NFT화하여 경제적으로 수익을 얻을 수 있도록 설계되었습니다.

PFPprofile picture

프로필 픽처의 약자로 프로필 사진으로 활용할 수 있는 NFT 컬렉션의 한 종류입니다.

WEB1.0

소수의 콘텐츠 제작자, 다수의 콘텐츠 소비자 비율로 상호작용이 없는 초창기의 웹World Wide Web 시장을 말합니다. 야후Yahoo와 같은 포털사이트들이 개발되던 시기입니다.

WEB2.0

대중화를 겪으며 제작자와 소비자가 양방향으로 소통할 수 있었고 상호작용이 극대화된 시기입니다. 싸이월드, 블로그와 같은 소셜 미디어 플랫폼들이 탄생했습니다.

WEB3.0

아직까지 명확하게 정립이 되지 않은 미래의 웹 시장입니다. 블록체인을 도입하여 중앙집권적인 서비스를 타파하고 건강한 정보 전달과 보안을 중요시하는 것을 핵심 과제로 꼽고 있습니다.